한국인의 문화유전자

한국인의
문화유전자

한국국학진흥원 엮음 | 주영하 외 지음

아모르문디

문화유전자로 본
한국 문화의 전통과 개성

박종천(한국국학진흥원 고전국역실장)

21세기는 한류 문화의 시대

한류(韓流)라는 이름의 문화 전염병이 세계를 강타하고 있다. 20세기 산업화 시대에 경제적 기적을 이루어내며 이웃 나라들의 경탄을 자아낸 한국인의 열정은 21세기 문화의 시대를 맞아 문화적 유행을 선도하며 세계인의 공감을 이끌어내고 있다. 중국이나 일본 등 이웃 나라는 물론이고 중동 지역에 이르기까지 전 세계 사람들이 한국 드라마에 배어 있는 한국인의 정(情)에 공감하여 울고 웃으며, 한국어를 배우고 한국 문화를 체험하려 한다. K-팝 스타들의 흥겨운 노래와 신명 나는 몸짓은 미국과 유럽의 사람들까지도 함께 따라 하게 만드는 중독성이 있다.

한국인의 정을 선보이며 이웃 나라 사람들의 가슴을 적신 한류 드

4

라마가 한류 1.0을 선도적으로 이끌었다면, 배달겨레의 흥을 드러내며 전 세계인들을 춤추게 만든 K-팝 열풍은 한류 2.0의 가능성을 한껏 발산하고 있다. 현재 유행하고 있는 한류 1.0과 2.0은 모두 대중매체와 인터넷의 기술적 발전, SNS를 활용한 새로운 소통방식이라는 시대적 여건을 효과적으로 활용한 대중문화 혹은 문화 산업 분야에 속한다.

그렇다면 한류는 반드시 대중문화 또는 문화 산업에만 국한되는 것일까? 대중문화 분야에서 한국인의 정과 흥이 문화 산업적으로 만개한 것은 사실이지만, 한국 문화에는 정과 흥 외에도 가능성을 지닌 문화적 전통과 개성이 많이 있다. 문화에는 산업화된 대중문화 외에도 순수예술 분야도 있고, 의식주의 기본적 생활양식을 보여주는 생활문화, 한민족의 얼과 결이 담긴 정신문화, 더불어 살아가는 지혜가 담긴 공동체 문화도 있다. 이런 문화들이 어우러진 한국 문화의 넓은 마당에서 정과 흥이 빚어진 것이고, 현재 유행하는 한류 문화는 그러한 정과 흥을 문화 산업화하여 성공한 경우라고 할 수 있다. 따라서 대중문화 분야에서 성공을 거둔 한국 문화에 배어 있는 정과 흥의 문화적 근원을 살펴보고, 새로운 한류의 가능성을 지닌 문화적 인자를 찾아볼 필요가 있다.

2012년에 주목할 한국인의 문화유전자

한국국학진흥원은 이런 문제의식 아래 문화체육관광부의 지원을 받아 한국 문화의 전통적 특성과 보편적 가치 및 문화적 개성을 발굴하여 지속 가능한 한류 발전 기반을 조성하기 위해 2012년부터 한국문화유전자포럼을 열어 한국인의 문화유전자를 발굴하고, 그것을 통해 현재 세계적으로 유행하는 한류 문화가 지닌 매력의 근원을 분석하고 새로운 한류의 가능성을 모색하는 작업에 착수했다.

한국 문화의 참모습을 온전히 이해하기 위해서는 과거로부터 현대에 이르기까지 다양한 모습으로 변용되는 가운데 일정하게 지속되는 역사적 연속성(시간 차원), 다른 지역의 문화와 구별되는 문화적 개성(공간 차원), 특정 분야나 장르를 넘어 다양한 문화적 영역에서 공통적으로 확인되는 사회적 공통성(인간 차원) 등에 대한 충분한 설명이 필요하다. 이 세 가지 요소는 각각 천(天), 지(地), 인(人)의 삼재(三才) 또는 시간(時間), 공간(空間), 인간(人間)의 삼간(三間)이 종횡으로 엮이면서 습득·모방·변용되는 문화적 성질이라는 점에서 '문화유전자'라고 부를 수 있다. 요컨대, 문화유전자는 한 문화권 내에서 역사적 전통과 사회적 공통성 및 문화적 개성을 담고 습득·모방·변용되는 문화적 성질이라고 정의할 수 있다.*

이러한 문화유전자 개념으로 한국 문화의 정체성을 본격적으로 연구하기에 앞서 한국 문화에 대한 한국인들의 인식 조사가 필요하다는 판단 아래, 문화체육관광부와 한국국학진흥원은 2012년 4월 한길리서치에 의뢰해 한국 문화 관련 대학교수와 연구원 등 전문가 100인을 대상으로 심층 설문조사를 실시하고 그 결과를 바탕으로 다시 일

---

* 문화유전자는 습득과 모방을 통해 문화를 복제하고 전달하는 점에서 리처드 도킨스의 '밈'(meme) 개념을 수용하지만, 역사적 연속성, 사회적 공통성, 문화적 개성 등을 구체적인 문화권 단위에 적용한다는 점에서 '밈'을 발전시킨 개념이다.

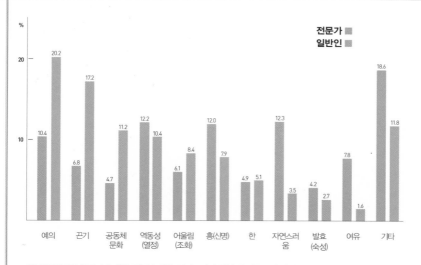

%

20 — 20.2
     17.2   18.6
10 — 10.4   11.2 12.2   12.0   12.3   11.8
        6.8   10.4 8.4 7.9   7.8
            4.7   6.1   4.9 5.1   4.2   1.6
                     3.5   2.7

     전문가 ■
     일반인 ■

예의　끈기　공동체
문화　역동성
(열정)　어울림
(조화)　흥(신명)　한　자연스러
움　발효
(숙성)　여유　기타

한국인의 문화 유전자에 대한 전문가 심층 면접조사와 일반인 설문조사 결과

반인 1000명을 대상으로 전화 설문조사(95% 신뢰 수준, 오차 범위 ±3.1%) 를 실시했다.

　전문가들은 2012년에 주목할 한국인의 문화유전자로 자연스러움 (12.3%), 역동성/열정(12.2%), 흥/신명(12.0%) 등을 높게 평가했고, 예의 (10.4%), 여유(7.8%), 끈기(6.8%), 어울림/조화(6.1%), 한(4.9%), 공동체 문 화(4.7%), 발효/숙성(4.2%) 등이 그 뒤를 이었다. 이에 비해 일반인들은 예의(20.2%)를 가장 높게 평가했으며, 끈기(17.2%), 공동체 문화(11.2%), 역동성/열정(10.4%), 어울림/조화(8.4%), 흥/신명(7.9%), 한(5.1%), 자연스 러움(3.5%), 발효/숙성(2.7%), 여유(1.6%)를 선택했다.

　이 결과를 분석해보면, 전문가와 일반인의 인식은 우선순위에서 분명한 차이가 드러난다. 전문가들은 자연스러움, 역동성/열정, 흥/신 명 등 다른 문화권과 분명하게 구별되는 한국 문화의 개성적 측면에 주목한 반면, 일반인들은 예의, 끈기, 공동체 문화 등 한국 문화의 전

순위	문화유전자	순위	문화유전자
1	어울림/조화	11	곡선
2	흥/신명	12	풍류
3	예의	13	은근
4	여유	14	정
5	역동성/열정	15	평등
6	자연스러움	16	나눔
7	공동체 문화/모둠살이	17	해학
8	한	18	우아함
9	발효/숙성/삭힘	19	실용
10	끈기/인내	20	즉흥성

한국인의 문화유전자 순위표(20위권)

통성을 훨씬 더 중요하게 생각했다.

그러나 전체적으로 볼 때 한국인들은 긍정적이고 발전적인 자국 문화 이미지를 가지고 있는 것으로 나타났다. 예전에는 일제의 식민 지배와 한국전쟁의 어두운 과거 때문에 '한'을 우리 민족의 대표적인 정서로 지목하는 경우가 많았으나, 이번 설문조사 결과에서는 5퍼센트 전후로 그 위상이 낮아졌다. 역동성/열정이나 흥/신명 등의 문화 유전자가 높게 나타난 것은 해방 후 눈부신 경제성장의 경험과 최근의 문화적 자신감을 반영하는 결과로 보인다.

이러한 인식 조사를 바탕으로 전통문화의 각 분야를 대표하는 전문가들로 구성된 기획자문위원회에서 20위권의 항목 중 흥/신명과 풍류, 자연스러움과 곡선, 정과 나눔, 해학과 여유 등 서로 통하는 항목들을 합치고, 미래 지향적 가치를 고려해서 부정적인 한의 이미지를 제외하여 새롭게 '2012년에 주목할 한국인의 문화유전자' 10개를 선정했다. 이렇게 선정한 2012년 10대 한국 문화유전자는 흥, 끈기,

정, 해학, 곰삭음, 역동성, 예의, 공동체, 어울림, 자연스러움이다.

2012년 10대 한국 문화유전자로 선정된 주제들의 분석을 통해 우리는 한국인들의 문화적 전통과 개성을 개괄해볼 수 있다. 한국 문화는 자연에 기대어 사는 생태학적 지혜와, 혼자가 아니라 남들과 더불어 살아가는 인간학적 정신으로 구성되어 있으며, 한국인들은 역동적이면서도 끈질긴 기질을 갖추고 예의의 긴장과 해학의 여유를 신명나는 흥의 몸짓으로 펼쳐왔다.

자연에 기대어 더불어 사는 지혜와 정신

한국 문화는 자연을 닮고 자연에 기대어 사는 생태학적 지혜가 도드라지게 발달했다. 한국 문화 곳곳에는 전통적인 천인합일(天人合一)의 사상에 따라 인위적인 수식을 최대한 억제하고 자연을 있는 그대로 살리는 문화적 안목이 스며들어 있다. 자연스러움과 곰삭음은 한국인들의 생태학적 지혜를 잘 보여주는 대표적인 문화유전자로서 한국인의 의식주에 깊이 반영되어 있다.

먼저 전통 한옥은 서구의 대성당처럼 인간의 몸을 압도하는 스펙터클한 위용을 보이지 않으며, 대체로 소박하고 검소한 규모로 인간의 몸을 배려한 휴먼 스케일(human scale)을 잘 살리고 있다. 그렇기 때문에 한옥은 편안하고 아늑한 느낌을 자아낸다. 이러한 느낌은 자연의 재료에 인위적인 가공을 최대한 자제함으로써 자연을 닮고 자연 속에서 '자연스럽게' 살아가는 자연주의 생활양식으로 이어진다. 한국의 자연주의 문화는 공간을 인공적으로 배치하고 구성하는 일본

문화와도 다르고, 화려한 인공 장식들 안에 자연을 옮겨오는 중국 문화와도 분명하게 구별된다. 이러한 자연주의 문화는 한옥뿐만 아니라 투박한 막사발이나 소박한 한복에서도 잘 나타난다.

자연의 재료가 지닌 특성을 그대로 살리는 자연주의 문화는 의식주 문화 전반에서 확인할 수 있다. 특히 자연의 재료를 충분히 익히고 발효시키는 익힘과 곰삭음에는 자연의 생리를 잘 살리는 음식 문화의 지혜가 서려 있다. 한국의 발효 음식은 자연의 재료가 시간의 숙성을 통해 진정한 맛에 이르는 기다림의 미학까지 깃들어, 자연에 기대어 사는 지혜를 예술로 승화시킨다.

어울림은 생태학적 지혜와 인간학적 지혜가 어우러지는 통로가 되었다. 한국인들은 자연에 기대어 사는 생태학적 지혜를 남들과 함께 어울려 살아가는 인간학적 정신으로 연결했다. 자연과 인간의 어울림은 인간과 인간의 어울림으로 이어졌다. 어울림의 정신은 여러 천 조각을 연결하여 만든 조각보나 여러 가지 색깔과 특성을 지닌 재료들이 어우러진 비빔밥 등을 통해서도 잘 나타나거니와, 서로 미운 정, 고운 정을 나누면서 부대껴 살아가는 인간관계 속에서 '우리'라고 하는 공동체 의식과 문화를 빚어냈다. 초코파이가 달콤한 맛이 아니라 정을 전하는 매개가 되고 음식점에서 처음 보는 사람도 언니, 이모라고 부르는 따스한 정의 문화는 사단칠정 논쟁과 같은 철학적 담론으로 승화되기도 했다. 더 나아가 끈끈한 정을 매개로 결속된 가족과 마을의 공동체는 전통 시대에는 사회적 안전망 역할을 함과 동시에 정서적 유대의 근간이 되었는데, 여기에서 형성되는 온갖 긴장관계는 시, 소설, 드라마, 영화 등으로 재현되어 한류 문화의 첨병이 되었다.

자연스러움과 어울림이 보여주는 한국 문화의 결은 곰삭음의 맛과 다양한 정을 거쳐 우리라고 하는 공동체 의식으로 펼쳐진다. 그리하여 자연에 기대어 더불어 사는 지혜와 정신이 한국 문화의 뼈대를 형성하게 된 것이다.

해학과 예의, 역동성과 끈기를 아우르는 흥과 얼

한국 문화는 단일한 색조로 이루어지지 않았다. 마치 낮과 밤이 교차하고 빛과 그림자가 공존하듯, 음과 양이 어우러져 존재하는 중층적 양상으로 전개되었다. 한국 문화는 흥과 얼이 조화를 이루고 있다. 한국인들은 부정적 현실을 정신적 여유로 넘기는 해학과, 심신에 경건한 긴장을 부여하는 예의를 삶 속에서 조화시키며 살아왔다. 또 즉흥적으로 '빨리빨리' 일을 처리하며 활발하게 움직이는 역동성과 인내의 시간을 감내하며 일을 성취하는 끈기는 한국 역사를 지탱한 문화적 기질이다. 이러한 태도와 기질은 신명 나는 가락과 역동적인 몸짓의 흥으로 구현되는 한편, 자신을 가다듬고 끈질기게 노력하는 마음의 얼로 표상되기도 했다. 어느 것 하나 버릴 것 없는 한국인의 모습이다.

한국인들은 즐겁고 행복한 일에도 신명 나는 가락과 춤사위를 펼쳤지만, 슬프고 불행한 사태에 직면해서도 여유와 끈기를 잃지 않았다. 하회 탈춤이나 통영 오광대에 깃든 해학은 팍팍하고 고단한 삶을 비관하기보다는 정신적 여유를 갖고 살짝 비틀어 보며 풍자하는 지혜를 보여준다. 그리고 어떤 어려움에 직면해서도 굴하지 않는 끈기는 한글을 창제하고 고려청자를 만드는 등 독창적 문화를 꽃피운 문

11

화 창달의 저력인 동시에, 몽골의 침략, 임진왜란, 병자호란, 일제 침략 등 국가적 위기를 극복하는 원동력으로 작용했다. 전통적 해학은 다양한 TV 개그 프로그램이나 인터넷 풍자 프로그램을 통해 새롭게 만개하고 있으며, 전통적 끈기는 현대의 대중문화로도 이어져 최근 각종 오디션 프로그램에서 크게 부각되는 칠전팔기의 인생 역전 스토리에서도 쉽게 접할 수 있다.

해학과 끈기의 면모는 최근 들어 2012년 올림픽 5위 달성과 K-팝의 세계적 성공을 통해 유감없이 드러나고 있다. 특히 싸이의 〈강남 스타일〉에서 최고조에 이른 배달겨레의 흥은 특유의 신명(神明)으로 전 세계 사람들의 심신을 흥분시키고 있다. 『삼국지』「위지」〈동이전〉에서 볼 수 있듯이 중국 사람들이 배달겨레의 '음주가무(飮酒歌舞)'에서 남다른 신명과 흥을 발견했다면, 이제는 온 세계 사람들이 K-팝과 〈난타〉 공연 등을 통해 한국인들의 흥과 신명에 흠뻑 취하고 있다.

한편 한국인들이 지닌 역동성은 빠른 시대 변화에 즉흥적으로 대응하면서 융통성을 발휘하는 장점으로 작용하기도 했으나, 지나치게 조급하게 일을 처리해 불행한 사태를 만드는 문제점을 낳기도 했다. '빨리빨리'를 되뇌며 압축적인 경제성장의 신화를 이룩한 산업화의 경험과 더불어 세계 최고의 인터넷 속도와 즉흥적 융통성을 자랑하는 얼리 어답터 문화는 지식정보화 시대를 선도하는 큰 자산이지만, 지나친 조급증은 대형 건물의 붕괴로 상징되는 인재(人災)를 초래하기도 했다.

이에 비해 옛 시대 선비들은 '예의염치(禮義廉恥)'를 가슴에 새기고 경건한 마음과 단정한 몸짓을 통해 품격 있는 삶의 정형을 구현했다. 한국인들은 예의의 상징인 선비들을 닮고 따라야 할 본으로 삼았다.

퇴계 이황과 율곡 이이 등의 선비들이 지폐의 모델로 채택된 것은 '동방예의지국'이라는 문화적 자부심의 반영인 것이다. 예의의 핵심인 선비 정신은 오늘날 약육강식의 경제 전쟁에서 승자가 되어 다른 나라 위에 군림하려는 제국주의 모델을 뛰어넘어, 이웃들에게 진심과 정성으로 품격 있는 배려를 함으로써 국제적으로 존경을 받는 문화적 자긍심의 아이콘이 될 수 있다.

한국 문화유전자의 현재와 미래

어느 시대, 어느 나라든지 문화적 개성은 국가 이미지 형성의 중핵이 된다. 예컨대 프랑스 하면 다인종·다문화의 공존을 뜻하는 톨레랑스(관용)가 떠오르고, 프랑스인들은 그들의 국기인 삼색기가 나타내는 것처럼 자유, 평등, 박애를 소중히 하는 것으로 잘 알려져 있다. 미국인의 실용주의는 청바지와 할리우드의 상업 영화에서 잘 드러나고, 브라질은 삼바 축제와 축구에 대한 열정으로 인해 정열의 나라로 인식되었다.

그렇다면 한국을 생각할 때 떠오르는 이미지와 문화적 정체성은 무엇인가? 2012년에 주목할 만한 한국인의 문화유전자는 한국 문화의 전통과 개성에 접근하는 실마리가 될 수 있다. 흥, 끈기, 정, 해학, 곰삭음, 역동성, 예의, 공동체, 어울림, 자연스러움은 과거에서 현재에 이르기까지 한국의 정신과 문화를 다양하게 수놓았던 문화유전자로서, 비록 형태와 양상은 변했을지라도 최근까지 그 영향이 지속적으로 유지되는 문화 코드다.

13

실제로 다양한 한류 드라마를 통해 드러나는 한국인의 '미운 정 고운 정' 문화는 최근 들어 나눔의 문화로 확산되고 있으며, 발효 음식은 웰빙 문화의 흐름 속에 건강식으로 주목받으면서 곰삭음과 발효의 가치로 새로이 주목받고 있다. 세계가 환호하는 K-팝과 비보이, 〈난타〉 공연에서는 한국인의 흥이 지닌 위력을 실감할 수 있으며, 월드컵 대회에서 '대한민국'을 외치던 붉은 악마의 열정과 세계 최고의 인터넷 속도에서 돋보이는 '빨리빨리' 문화에서는 한국 문화의 역동성을 찾아볼 수 있다.

또 OECD 가입 이후 경제적 성장을 넘어 문화적으로 존경받는 나라로 나아가기 위해 선비 정신과 예의의 문화적 자산이 다시금 절실하게 요청되고 있으며, 끈끈한 가족애를 확장하여 다문화시대에 맞는 정신으로 승화시키는 새로운 공동체 의식도 요청되고 있다. 융복합이 시대적 화두로 부각되는 컨버전스(convergence) 시대, 환경의 중요성이 그 어느 때보다 주목받는 친환경 생태론의 시대, 다양한 색깔의 자연 재료들이 어우러진 비빔밥, 인위적 수식이 없는 소박한 막사발, 친환경 건축인 한옥 등이 다시 주목받는 현상에서 우리는 어울림과 자연스러움의 가치를 재인식하게 된다.

현재 한국 문화는 한국인의 정을 보여주는 한류 1.0과 한국인의 흥을 표현하는 한류 2.0을 거쳐 한국인의 멋과 맛을 드러내는 한류 3.0으로 진입 중이다. 단아함과 아름다움으로 세계의 경탄을 자아내는 한복 패션, 건강식으로 주목받는 김치, 기내식으로도 인기를 끄는 비빔밥, 서양의 와인에 견줄 만한 막걸리 등 한식의 세계화 등이 서서히 떠오르고 있다. 한국인의 의식주를 통해 드러나는 한국인의 맛과 멋은 이미 한류 3.0을 예비하고 있으나, 자연스러움과 어울림으로 대표되는 한국인의 결과 예의와 끈기로 표상되는 한국인의 얼은 아직 분명하게 부각되지 못하고 있는 실정이다. 한류의 미래는 이미 성공을 거둔 흥과 정의 토대 위에서 현재 떠오르고 있는 멋과 맛을 거쳐 얼과 결의 차원으로 진입될 때 한국 문화의 참모습을 총체적으로 구현할 수 있을 것이다.

이러한 시대적 흐름 가운데 한국 문화의 현재를 진단하고 미래를 전망하기 위해 전문가 10명과 파워블로거 10명이 모였다. 한국인의 문화유전자 열 가지 주제를 두고 2인 3각으로 펼치는 소통의 향연은 한국 문화의 '오래된 미래'를 새롭게 인식하고 한국 문화의 전통과 개성을 재음미하는 계기가 될 것이다.

2부 한국인, 예를 알고 흥을 즐기다

1부

한국인,
자연에 기대어
더불어 살다

발효 음식, 시간의 숙성을 통해 진정한 맛에 이르다

주영하 (한국학중앙연구원 문화예술학부 교수)

문화적 변별점을 이루는 '생각하기에 좋은' 음식

1960년대에 미국에서 있었던 일이다. 한국인 유학생이 기숙사 부엌에서 된장국을 끓이고 있었다. 그런데 냄비에서 된장 냄새가 솔솔 풍겨 나올 때쯤 바깥에서 사이렌 소리가 요란하게 울렸다. 그 유학생은 학교에 무슨 일이 생겼나 궁금하면서도 맛있는 된장국 냄새에 취해 빨리 밥을 먹을 생각만 하고 있었다. 그런데 이윽고 소화기를 든 소방대원들이 부엌에 들이닥치는 것이 아닌가! 무슨 일이냐고 묻자, 신고가 들어왔단다. 부엌에서 이상한 냄새가 난다고. 그 냄새의 주인공은 바로 한국인들이 가장 즐기는 '수프'의 일종인 된장국이었다. 도대체 된장국 냄새가 얼마나 이상했으면 소방대원까지 출동했을까?

된장국, 특히 청국장을 끓일 때 나는 냄새는 같은 한국인이라도 거북스럽게 생각하는 사람들이 많다. 연암 박지원(朴趾源, 1737~1805)은 『열하일기』의 「구외이문(口外異聞)」에서 역졸이나 마부들이 잘못 배운 중국말을 자주 사용한다고 지적하면서 '고려취(高麗臭)'를 예로 들었다. 연암의 주장에 따르면 본디 고려취는 중국인들이 조선 사람들의 몸에서 몹시 심한 냄새가 나는 것을 두고 비아냥거리던 말에서 나왔다. 곧 고려 사람들이 목욕을 하지 않으므로 발에서 나는 땀내가 몹시 심한 까닭에 이런 말이 생겨났다는 것이다. 사실 조선 후기 동지사로 베이징에 도착했던 조선 사신과 그 일행들은 무려 두 달이 넘는 긴 여행 탓에 아무리 겨울철이라고 해도 분명 몸에서 온갖 냄새가 지독하게 났을 것이다. 혹자는 고려취가 토속어 고린내가 되었다고 본다. 하지만 국어학자 조항범은 그리 될 수 없다고 반박한다. 그는 썩은 풀이나 달걀의 냄새 같다는 의미를 지닌 형용사 '고리'의 관형사형 '고린'이 명사 '내[臭]'와 결합된 것으로 본다.(조항범, 『그런, 우리말은 없다』, 태학사, 2005)

비록 고려취와 고린내의 상관관계가 없다고 해도, 잘 익은 청국장 끓이는 냄새는 고린내에 가깝다. 그 이유는 콩 속에 들어 있는 식물성 단백질이 효모와 만나 발효되는 과정에서 생겨나는 이상한 냄새 때문이다. 일본의 여행가 중에는 베트남 하노이 공항에 내리면 생선 액젓인 느억맘의 냄새가 공항 로비 안에 가득하다고 엄살을 부리는 이도 있다. 때로 발효 음식을 즐겨 먹으면서 생겨난 문화 집단의 몸 냄새가 민족 질시의 도구로 사용되기도 하는데, 청국장이나 느억맘이 모두 그러하다.

식품학적으로 발효(醱酵, fermentation)는 산소가 없는 상태에서 생물이 유기 화합물을 분해하는 현상을 가리킨다. 산소가 없어도 살아가는 생물은 산소 호흡을 하는 동물과 달리 유기물을 섭취해도 완전히 분해하지 못한다. 오히려 유기물 분해 과정에서 다른 물질을 만들어낸다. 포도당을 많이 함유한 유기물은 산소가 없는 상태에서 생물에 의해 그 일부가 알코올로 변한다. 이것이 알코올 발효(alcohol fermentation)다. 이에 비해 소금이 개입하면 유기물은 생물에 의해 그 일부가 유산으로 변한다. 이것이 유산 발효(lactic acid fermentation)다. 김치 역시 무나 배추 속의 효소가 유산을 만들어내어 발효 음식이 된다. 간장이나 된장, 그리고 젓갈도 김치와 마찬가지로 유산 발효의 결과물이다.

그런데 발효라는 말은 문화적으로 매우 유익하다는 의미를 지니고 있다. 만약 생활에 유익한 결과를 가져온다면 발효가 되고, 그렇지 않으면 부패가 된다. 발효가 진행된 이후 효소가 만들어낸 알코올이나 젖산이 사라지면 그것은 바로 쓰레기가 된다. 일본의 문화인류학자 이시게 나오미치(石毛直道, 1937~)는 "발효와 부패의 차이는 과학적으로 구별되는 것이 아니라 인간의 가치관에 의하여 결정되는 것이다"라고 밝혔다. 아무리 과학적으로 발효된 음식이라고 해도, 그것을 먹을 수 있다고 생각하는지 그렇지 않은지는 오로지 인간의 판단에 따라 달라진다는 말이다.

프랑스의 인류학자 레비스트로스(Claude Lévi-Strauss, 1908~2009)는 사람이 특정 음식만을 선택적으로 먹는 이유는 그것이 '생각하기에 좋은(good to think)' 음식이기 때문이라고 주장했다. 대부분의 한국인은 잘 익은 김장 김치는 맛있다는 가치관을 가지고 있다. 하지만 처음으로 김장 김치를 먹어 본 외국인은 그것이 이상한 음식이고 먹기에 나쁜 음식이라고 생각하기 쉽다. 같은 한국인이라도 매우 잘 삭은 홍어회는 결코 생각하기에 좋은 음식이 아닐 수 있다. 경상남도 마산이 고향인 내가 삭힌 홍어회를 처음 먹었을 때의 느낌이란 마치 암모니아를 듬뿍 묻힌 화장실 청소 걸레를 씹고 있는 것 같았다. 슬라이스 치즈에 익숙한 사람이 이탈리아의 잘 삭힌 치즈를 처음 접했을 때 고린내가 난다고 생각하는 이유 역시 가치관, 생각의 문제 때문이다.

이와 같이 발효 음식은 처음 접했을 때 결코 생각하기에 좋은 음식이 될 수 없다. 음식의 선택이 그러하듯이, 태어나서 문화화 과정을 밟을 때 사람들은 무의식적으로 발효 음식에 익숙해진다. 비슷한 입맛의 문화화 과정을 밟지 않은 사람이 특정 문화권의 발효 음식에 익숙해지기 위해서는 의식적으로 훈련을 거쳐야 한다. 나는 지금 잘 삭힌 홍어회를 없어서 못 먹는다. 이것은 마치 외국어를 배우듯이 삭힌 홍어회 먹기를 연습했기 때문이다. 하지만 간장이나 된장, 멸치젓과 막걸리, 그리고 김장 김치 먹기를 언제 어떻게 훈련받았는지는 기억나지 않는다. 엄마와 아빠라는 말을 처음 했을 때를 기억하는 이가 거의 없듯이, 자신이 생각하기에 좋은 음식을 언제부터 어떻게 그렇게 생각하게 되었는지를 아는 사람도 거의 없다. 나와 우리에게는 익숙한 맛이지만, 너와 너희에게는 결코 익숙하지 않은 맛이 바로 발효 음식의 맛이다. 그래서 발효 음식은 문화적 변별점이 된다.

한반도에서 생활해온 사람들이 오랫동안 생산하고 소비한 발효 음식으로는 간장·된장·고추장과 같은 장류, 배추김치·동치미·오이소박이와 같은 김치류, 멸치젓·새우젓·조기젓과 같은 젓갈류, 막걸리·약주·증류식 소주와 같은 술, 그리고 안동식혜·가자미식해·식혜와 같은 식해·식혜가 있다. 오늘날까지 이어지는 이들 발효 음식은 한국인의 식탁에서 매우 중요한 역할을 해왔다. 밥·국·반찬의 식사 구조를

23

대표적인 발효 음식인 김치는 한국인의 식탁에서 매우 큰 비중을 차지한다. 김장은 주부가 담당해야 할 가장 큰 연례행사였다.

가진 한국 음식에서 국의 맛은 장류로 낸다. 반찬에서도 나물의 간은 장류로 맞춘다. 간장은 간을 맞추는 장이란 의미이다. 김치는 반찬으로 빠지지 않는다. 심지어 잘 차려진 식탁에는 김치가 항상 두 가지이상 올랐다. 멸치젓·새우젓·조기젓과 같은 젓갈류는 김치의 맛을내기도 하지만, 고기를 먹을 때는 소스로도 쓰인다. 이런 의미에서 보면 한국 음식에서 발효 음식은 일상 음식의 간을 맞추는 소스나 반찬, 그리고 술과 식혜·식해처럼 음료로 쓰인다. 한국인은 다른 문화권에 비해 발효 음식을 일상적으로 상당히 자주 먹는 편이다.

조선 시대 사람들도 발효라는 말을 사용했다. 하지만 그 발효는 술밑을 넣어서 부풀린다는 의미의 발효(發酵)였다. 적어도 알코올 발효에 대한 지식은 갖추고 있었지만 장류나 김치류, 젓갈류, 식해·식혜의 유산 발효에 대한 지식은 구체적이지 않았다. 다만 젓갈의 경우 짠맛이 나는 고기 절임인 해(醢)와 신맛이 나는 고기 절임인 혜(醯)를 혼동하여 사용하긴 했지만, 그것이 곰삭는 과정을 거쳐서 만들어진다는 인식은 가지고 있었다. 한국어의 '곰삭다'란 말도 젓갈 따위가 오래되어서 푹 삭은 상태를 가리키는 데 쓰인다. 이에 비해 김치, 술, 장 따위가 맛이 들었다는 의미로는 '익다'라는 말을 쓴다. '익음'과 '곰삭음'이란 말에는 발효가 정점에 이르러 가장 맛이 좋다는 의미가 담겨 있다.

가족과 이웃의 품앗이로 만드는 대량 저장 음식

김치를 대량으로 담그는 일을 한국어로 김장이라고 부른다. 적어도 1970년대 이전에는 한 집안에서 김장으로 100포기 정도의 배추김치를 담갔다. 여기에 동치미나 섞박지, 무김치가 포함되면 김장은 일 년 중 집안 부인들이 치러야 하는 가장 큰일이었다. 이렇게 많은 양의 김장을 하는 일은 부인 혼자서는 불가능했으므로 품앗이라는 협력 방식을 동원해야 했다. 1970년대까지만 해도 김장 품앗이에 참여하는 사람은 이웃과 친척이었다. 여기서 말하는 이웃은 기존의 이웃 관계에서 형성된 사람들이고, 친척은 가족을 포함해 부계와 모계의 친척 중 가까이 사는 사람들이다. 이들의 참여를 통해 서로 노동을 교환하면서 김장을 했다. 특히 김장 품앗이는 세대 간 혹은 이웃 간에 김장 김치 조리 기술이 교환되는 기회이기도 했다.

사실 인간은 발효 음식을 발견한 것이지 발명한 것은 아니다. 여름과 겨울이 존재하는 지역에 사는 사람들은 겨울이 오면 미리 채소를 저장해 두는 일이 중요했다. 가장 간단하게 저장할 수 있는 방법은 말리는 것이다. 하지만 말려 둔 채소를 물에 불리면 채소가 지닌 본래의 식감이 제대로 살지 않는다. 그런데 사람들은 소금물이나 식초에 채소를 담가 두었다가 한참 후에 먹으면 채소 본래의 식감이 상당히 살아 있다는 사실을 발견했다. 유럽의 피클(pickle), 독일의 사우어크라우트(Sauerkraut), 중국의 수안차이(酸菜)는 채소를 식초에 절인 음식이다. 이에 비해 중국의 파오차이(泡菜)와 한국의 짠지·장아찌·물김치·양념 김치, 그리고 일본의 츠케모노(漬物)는 채소를 소금이나 장류에 절인 음식이다. 이것을 통틀어 채소 절임 음식이라고 부를 수 있다.

김장 김치와 같은 발효 음식은 식재료가 많이 나는 초겨울에 그것을 겨우내 먹기 위해 저장하는 방법에서 탄생했다. 이에 대한 준비는 결코 단시간에 이루어지지 않았다. 소금과 젓갈, 그리고 고춧가루는 여름부터 장만해 두어야 하는 식재료다. 한국의 김장 김치가 다른 문화권의 채소 절임 음식과 다른 특징은 상대적으로 낮은 염도로 절여서 이들 재료를 양념으로 버무려 익힌다는 데 있다. 그러한 특징 덕에, 다른 문화권의 채소 절임 음식이 풍부한 먹을거리로 인해 점차 쇠퇴의 길을 밟은 데 비해 한국의 양념 김치는 21세기에 들어와서도 한반도를 넘어 세계로 확산되고 있는 중이다.

이러한 김치 붐에 힘입어 발명된 것이 1990년대에 등장한 김치냉장고인데, 이것은 곧 땅에 김칫독을 묻어 얼지 않게 하면서 발효를 시켰던 기술을 적용한 것이다. 김치냉장고는 바로 김치가 지닌 발효의 묘미를 현대적 전자 기계로 재생한 성과였다. 김치냉장고 덕택에 지금도 한국인들은 김장 김치를 통해서 가족과 이웃 간에 노동과 맛의 품앗이를 전개하고 있다.

집에서 담근 깊은 맛의 간장은 가을에서 이듬해 여름까지의 오랜 기다림의 미학이 만들어낸 산물이다.

천천히 이루어지는
기다림의 미학

'조선간장'이라고 불리는 집에서 담그는 간장은 가을에서 이듬해 여름까지의 기다림의 미학이 만들어낸 산물이다. 콩 열매를 볕에 잘 말려 이삼일 물에 담가 둔다. 이 콩을 솥에 넣고 삶아 콩이 불그스름한 빛을 띠면 꺼내어 절구에 찧어 메주를 쑨다. "부녀야, 네 할 일이 며주 쓸 일 남았도다. 익게 삶고 매우 찧어 띄워서 재와 두소."(『농가월령가』) 이때가 음력 십일월이다. 메주는 그냥 재워서 아랫목에 두어 겨우내 담북장이나 청국장을 먹기도 한다. 간장이나 된장을 담그려면 반드시 메주 틀에 콩을 넣고 모양새를 갖추어 짚으로 싸서 대청마루 시렁에 매달아야 한다. 공기 중의 누룩곰팡이가 잘 붙고 햇볕에 잘 마르게 하기 위해 이러한 생활의 지혜가 생겨났다.

27

메주를 달아맨 후 한 달 가까이 지나면 딱딱하게 마르고, 볏짚이 돌아간 자리에는 곰팡이가 슬기 시작한다. 이때 창방에 매단 메주를 내려서, 따뜻한 아랫목에 짚을 한 켜 깔고 그 위에 메주를 한 줄 간 다음 볏짚을 덮는다. 보름 정도 지나면 메주 속까지 곰팡이가 앉아 잘 뜬 메주가 된다. 이때쯤에 안방엔 쿰쿰한 냄새가 가득하다. 이것이 잘 띄운 메주 냄새다.

잘 띄워진 메주가 있다고 아무 때나 장을 담그는 것은 아니다. 음력 이삼월이 되어 손 없는 날을 잡아야 한다. 1930년대 이전에 태어난 부인들은 지역에 따라 다르긴 하지만 특정한 날에 장을 담가야 한다고 그전 세대로부터 배워왔다. 잡귀 잡신이 붙지 않는 날에 장을 담가야 장맛이 좋고, 장맛이 좋아야 집안이 편안하다는 생각이 여기까지 미쳤다. 조선 시대 영조 때 서울 살던 빙허각(憑虛閣) 이씨는 "해 돋기 전에 담그면 벌레가 없고, 그믐날 얼굴을 북으로 두고 장 담그면 벌레가 없고, 장독을 태세(太歲) 방향으로 앞을 두면 가시(음식물에 생기는 구더기)가 안 생긴다"(『규합총서』)고 했다. 여기에 더하여 빙허각 이씨는 "육신일(六辛日, 책력의 여섯 신일)에 담그면 맛이 사납다"고 적었다. 요사이도 나이 든 부인들은 지역마다 조금 다르지만 오일(午日, 말날)이나 해일(亥日, 돼지날)을 가려서 장을 담가야 한다고 믿는다. 현대 과학에서 증명하여 그 믿음의 잘잘못을 따지기는 어렵겠지만, 그 피해야 하는 날의 기후나 기온 등을 가늠하여 살피면 꼭 미신만은 아니지 않을까 여겨진다. 자연 속에서의 경험이 이러한 믿음을 만들어냈기 때문이다.

메주 하나에 소금물 둘 정도의 비율로 장독에 띄우면 진간장이 되고, 소금물 넷이면 묽은 간장이 된다. 묽은 간장은 간장만을 많이 얻

'장맛이 바뀌면 집안이 망할 징조'라는 말이 있을 만큼 장을 담그는 일은 중요하게 취급되었다.

기 위해서 만드는 방법이고, 진간장은 용수(술이나 간장을 거르는 길고 둥근 통)를 박아 간장을 떠내고 남은 찌꺼기로 된장을 담글 수 있는 방법이다. 소금은 작년에 구한 여름 소금을 써야 한다. 소쿠리에 소금을 받쳐 몇 번이고 물을 부어 간수를 빼고 남은 좋은 소금으로 소금물을 만든다. 메주가 소금물에 잘 띄워져야 소금물이 잘 섞인다. 그 위에 숯이며 마른 고추, 대추를 띄워 장에 잡벌레가 들지 못하게 한다. '구더기 무서워 장 못 담글까'라는 속담도 장에 끼는 벌레가 장맛을 버리기에 나온 말이다. 낮에는 장독 뚜껑을 열어 두어야 하고, 비가 올 때나 밤에는 장독 뚜껑을 덮어야 한다. 장독을 언제나 깨끗이 간

29

수해야 함은 당연한 일이다. 맑은 장은 익는 족족 떠내어 다른 장독에 두었다가 육십 일이 지났을 쯤에 용수로 받친 나머지 간장을 떠내 함께 달인다. 달일 때 생긴 거품은 그때마다 걷어내야 장맛이 좋다.

옛말에 '아기 배서 담근 장을 그 아기 결혼할 때 국수 만다'고 했다. 간장은 묵은 장이 좋다. 삼사 년 묵어서 간장 빛이 까만색을 띨 때 이 간장은 집안의 평안한 내력을 살피는 표징이 된다. '장맛이 바뀌면 집안이 망할 징조다'라는 말은 장독을 잘 간수하지 못할 정도로 집안에 좋지 않은 일이 생겼다는 뜻을 담고 있다. 간장의 발효는 천천히 이루어진다. 그리고 이것은 간장에만 국한되지 않는다. 모든 발효 음식은 기다림의 미학을 품고 완성된다.

한 가지가 아닌
미묘한 변화의 맛

한국 김치는 다른 문화권의 채소 절임 음식과 달리 18세기 이래 양념 김치로 진화했다. 양념 김치의 대표인 배추김치 만들기에서 가장 먼저 하는 작업은 채소를 소금으로 절이는 일이다. 소금이 배추의 표피와 접촉하여 일종의 탈수 작용 또는 삼투압 작용을 일으키면서 대부분의 미생물 생육을 억제한다. 반면에 소금을 좋아하는 특수한 '호염성(好鹽性)' 세균의 번식으로 배추 내에는 유익한 발효 과정이 일어난다. 배추와 소금물이 접촉하면서 배추 표피의 세포막인 펙틴이 펙티나아제로 변하여 섬유질에는 일정한 세모 구멍이 형성된다.

이 구멍을 통해 물에 잘 녹는 수용성 물질인 비타민C·당·함황물질·유리아미노산 등이 물과 함께 배추 섬유질에서 빠져나온다. 이때 너무 진한 소금물로 채소를 절이면 이 물질들이 많이 빠져나와 배추의 구수한 맛이 없어진다. 그래서 배추를 절이는 기술이 배추김치 맛을 좌우한다고 하는 것이다. 이렇게 소금에 절인 배추는 헹군 후에 양념으로 버무린다. 마늘·파·생강·젓갈·고춧가루 등의 양념이 섬유질 구멍 속을 파고 들어가 섬유질 속의 각종 물질들과 어울려 발효가 일어난다. 이 과정에서 양념에 있는 단백질·탄수화물·황화합물 등이 자체 내에 있는 효소에 의해 구수하고 단맛을 가진 성분으로 변한다. 그리고 저분자 물질인 당·펩티드·아미노산 등이 조직 속으로 침투하여 맛있는 배추김치가 된다. 유산균은 발효가 최고조에 달한 배추김치에 가장 많다.

그 시점을 넘기면 배추김치는 산패(酸敗)되어 신 김치로 변한다. 배추김치의 발효 과정에서 배추에 부착된 효모균과 젖산균이 저분자 물질을 먹고 성장하면서 젖산을 만들어 신맛을 낸다. 젖산균은 발효 과정에서 이산화탄소를 생성하여 국물을 통해 탄산이 되는데, 이 탄산의 맛이 잘 익은 배추김치를 먹었을 때 상큼하고 시원한 맛을 내는 원인이다. 김장 김치는 담근 지 2~4주가 지나면 먹을 수 있다. 이때부터 적어도 4~6개월 동안 한국인은 식탁에서 김장 김치를 빠트리지 않는다. 시간이 지날수록 그 맛이 변해가지만, 가족들은 그때그때 맛보는 김장 김치를 좋은 맛이라고 생각하고 먹는다.

이러한 김장 김치는 집집마다 맛이 약간씩 다르다. 같은 배추김치라고 해도 절이는 정도, 양념의 차이, 버무리는 방법의 차이가 미묘한 맛의 차이를 가져온다. 그 차이는 아이가 친할머니와 외할머니의 배추김치 맛이 다르다는 판단을 할 정도다. 이러한 차이는 발효 과정에서 더욱 극명하게 나타나기도 한다. 무의식적으로 한 집의 배추김치에 익숙해진 입맛으로는 남의 집 배추김치를 매일같이 먹기 어렵다. 하지만 요사이 한국인은 식당에서 남의 집 배추김치를 조금은 억지로 먹지 않을 수 없다. 미묘한 차이를 인정하면서도 자신의 경험 속에서 가장 맛있는 배추김치는 자신의 집 것이다. 그래서 배추김치의 맛은 한 가지가 아니다. 한국인의 입맛 역시 매우 단일한 듯 보이지만, 그 속에 자신의 경험치가 중요한 기준으로 자리를 잡고 있다.

**지역에 뿌리를 둔
고향의 맛**

어패류의 살·뼈·내장·알 등을 소금에 절여 자체에서 소화효소와 미생물 효소가 단백질을 분해 숙성시킨 것을 젓갈이라 부른다. 한반도의 바닷가는 생선과 소금이 만나 젓갈이라는 음식이 탄생한 곳이다. 육류나 생선을 소금에 절여 저장하는 방법은 지구 상의 여러 문화권에 두루 걸쳐 있다. 고대 이집트에서는 양고기를 소금에 절여 먹었고, 고대 그리스·로마 시대에는 생선을 소금에 절여 보관했다. 중국이나 일본에는 육류나 생선을 소금이나 간장에 절인 젓갈이 있다. 베트남에는 느억맘이라고 불리는 어장(魚醬)이 있다. 이를 기준으로 음식의 바탕을 이루는 조미 음식의 문화권을 나누기도 한다. 그렇게 분류하면 인도차이나 반도를 중심으로 하는 동남아시아는 어장(魚醬) 문화권, 중국을 중심으로 하는 동아시아는 두장(豆醬) 문화권이라 한다. 그런데 한반도는 두장과 어장 두 문화권에 동시에 들어 있다.

식품학자 서혜경의 보고(『우리나라 젓갈의 지역성 연구』)에 따르면 한국의 젓갈 종류는 145종을 넘는다. 대부분 바다에 가까운 지역에서 어

우리나라의 젓갈은 어림잡아 145종이 넘는다. 그만큼 젓갈은 지역성이 강한 음식이다.

패류만을 이용하여 젓갈을 담근다. 어패류에 소금만을 쓰는 젓갈 외에도 소금에 고춧가루를 넣어 담그는 어리굴젓, 소금과 익힌 곡류를 넣는 토하젓, 소금과 고춧가루 그리고 메주가루를 넣는 갈치젓, 소금에 누룩가루와 콩가루를 넣는 황석어젓, 간장과 향신료를 넣는 게젓, 소금물만 넣는 꽃게젓, 조밥·소금·고춧가루 따위를 넣는 가자미식해까지 모두 젓갈에 들어간다. 이렇듯 다양한 젓갈은 주원료를 구할 수 있는 지역에서 생산된다. 그래서 젓갈은 강한 지역성을 품고 있다. 따라서 생산지에서 담근 젓갈은 상품으로 다른 지역으로 판매되어 나간다. 하지만 예전에 그 유통 영역은 지금과 달리 지역 범위의 한계가 분명했다. 김치에 들어가는 젓갈로 새우젓은 중부 지역에서, 멸치젓은 남부 지역에서 주로 소비되었다. 남해안에 접한 경상도와 전라도 사람들은 김장 김치를 담글 때 멸치젓으로 간을 맞췄다. 김장 배추김치가 지닌 지역적 맛은 멸치젓과 새우젓에서 나온다고 해도 과언이 아니다.

김장 김치가 한반도 전체에서 매년 연출되는 발효 음식의 대향연이라면, 삭힌 홍어회는 식재료가 생산되는 흑산도와 유통되는 영산포에서 유명해진 발효 음식이다. 삭힌 홍어회의 맛에 대한 소문은 전라도 일대를 관통하였고, 오래 삭힌 진한 향의 홍어회 맛은 내륙으로 갈수록 더욱 강력해졌다. 이러한 탓에 삭힌 홍어회는 전라도를 상징하는 음식으로서 도시로 이주한 고향 사람들을 연대시켜 주는 발효 음식이 되었다. 경상북도의 상어돔베기나 울산의 고래고기돔베기 역시 지역적 기반을 가진 발효 음식이다. 월남한 함경도 출신 사람에게는 고향의 냄새를 품고 있는 발효 음식으로 가자미식해가 으뜸에 들 수밖에 없다. 발효 음식은 지역적 기반에서 나온다. 그리하여 도시 이주민이 다수를 이루는 오늘날 한국 사회에서 발효 음식은 고향을 일깨우고 연대감을 불러일으키는 맛으로 인식된다.

인간과 인간, 신과 인간을 잇는 매개물

동아시아의 술에서 가장 중요한 핵심은 곡물의 전분을 분해하기 위해 별도로 누룩을 만든다는 점이다. 사실 곡물로 술을 빚는 일은 과실로 술을 만드는 일보다 어렵다. 과실은 오래 두면 스스로 포도당이 만들어져서 알코올 발효를 일으키지만, 곡물은 효모균과 직접 만나도 쉽게 포도당을 만들지 못한다. 곡물을 재료로 하여 술을 만들려면 반드시 가수분해라는 과정을 거쳐야 한다. 그래야만 곡물의 전분이 포도당으로 변한다. 전분은 아밀라아제와의 접촉을 통해서 가수분해되어 말토오스(maltose, 맥아당)가 되는데, 이 말토오스가 다시 말타아제와의 작용을 통해서 가수분해되어 포도당으로 변한다. 이 포도당이 바로 알코올 발효를 일으키는 매개체다.

　오늘날을 기준으로 하면 중국의 백주(白酒)는 수수를 주재료로 하는 것과, 수수에 밀·멥쌀·찹쌀·옥수수 따위를 넣는 것이 있다. 이에 비해 황주(黃酒)는 차조를 주로 쓴다. 일본의 청주도 쌀을 주재료로 한다. 20세기 이후 개발된 일본 가고시마의 고구마소주도 쌀로 밑술을 만든 후에 고구마 전분을 섞기 때문에 엄밀하게 말하면 쌀이 주재료다. 당연히 한국의 탁주나 청주 역시 쌀을 주된 재료로 쓴다. 이러니 누룩을 만드는 기술이 없었다면 동아시아에서는 술이 만들어지지 않았을 가능성도 높다. 그만큼 누룩의 발명은 동아시아의 술을 규정하는 기준이 된다.

　그렇다면 누룩은 누가 언제 발명했을까? 누룩은 한자로 '국(麴)'이라고 적는다. 『상서·설명(尙書·說命)』에는 상나라 왕 무정(武丁)이 "단술[酒醴]을 만들려면 오직 국벽(麴蘗)이로다"라고 말한 기록이 나온다. 이 기록은 당시 이미 누룩이 있었음을 증명한다. 그런데 중국의 고대 기록에서는 술을 만든 사람으로 의적(儀狄)과 두강(杜康), 그리고 소강(小康)을 꼽는다. 누가 먼저 술을 만들었는지를 두고 문헌마다 각기 의적이다, 두강이다 언급하지만, 소강이 황주의 옛 이름인 출주(秫酒)를 만든 것은 분명해 보인다. 그래서 중국의 음식사학자들은 누룩으로 전분을 분해하여 만드는 밑술은 이미 오래전에 있었지만, 전분에 그 밑술을 접촉시켜서 덧술을 만드는 기술은 춘추전국시대에 와서야 비로소 개발되었다고 본다.

　당나라 때의 시인 백거이(白居易, 772~846)는 술 마시는 즐거움을 「주공찬(酒功贊)」이란 글로 읊조렸다. 백거이는 술이 온갖 근심과 인연

중국의 술은 향을, 일본의 술은 색을, 한국의 술은 맛을 중요하게 여긴다.

을 모두 허공으로 날려 보낼 만큼 위대하다고 했다. 그의 주장을 오롯이 인정한다면, 술은 사람으로 하여금 속세의 찌든 때를 벗게 하고, 걱정도 없애주며, 욕망도 사라지게 하는 듯하다. 하지만 술이 인간 세상에 반드시 즐거움만을 주었을까? 동아시아 역사에서 술은 사람과 신을 이어주는 매개물 역할도 했지만, 다른 한편으로는 사람을 망치고 나라를 망하게 하는 괴물로도 인식되었다. 중국 고사에 주지육림(酒池肉林)이란 말이 있다. 술이 못을 이루고 매달아 둔 고기가 숲을 이룬다는 뜻이다. 실제로 상나라의 마지막 군주인 주왕(紂王)은 이를 실현하였다고 알려진다. 이로 인해서 주왕을 멸망시킨 무왕(武王)은 금주를 명령했다.

　비록 동아시아의 술이 곡물과 누룩의 만남으로 만들어진다고 해도 그 향과 맛은 각기 다르다. 중국의 술은 향을, 일본의 술은 색을 중요하게 여기는 데 비해서 한국의 술은 맛을 중요하게 여긴다. 한국인이 술을 마시고 발하는 감탄사는 발효의 맛에 대한 느낌을 나타내는 것이다. 그래서 한국인은 향이 나는 술을 좋아하지 않는다. 깊은 맛에 대한 한국인의 오래된 몸의 반응이 지금까지 유지된 결과다.

사실 술은 아무리 많은 비판을 받아도 인간 생활에서 없애기 어려운 매력을 가진 음료다. 국가 제사와 가족 제사에서 술은 신령과 산 사람을 만나게 해주는 매개물이다. 한국 무속이나 일본의 신도, 중국의 민간 도교에서 술은 제사에 빠지면 안 되는 음료에 든다. 심지어 고대 중국에서 시작된 '향음주례(鄕飮酒禮)'의 예법은 조선 시대에 양반들이 반촌을 운영하는 하나의 예법이기도 했다. 그래서 조선 시대 양반가에서는 봉제사와 접빈객을 위한 가양주를 반드시 마련했다. 사람을 만나게 해주기도 하고, 신과 인간을 만나게 해주기도 하는 것이 술이었기 때문이다.

막걸리는 알코올 발효주 중에서 가장 저급한 술이다. 이에 비해 청주는 가장 고급한 술에 속한다. 신에게 바치는 술은 청주여야 했다. 막걸리는 단지 잡귀를 달래는 데 사용될 뿐이었다. 그런 의미에서 막걸리는 가난하고 지위가 낮은 백성의 술이었다. 막 걸러낸 술이라 헐하여서 그런 탓이겠지만, 그만큼 흔한 술이라서 그렇기도 하다. 이에 비해 청주는 약재를 넣어 약주라고 불렀다. 조상 신령에게는 물론이고 손님과 어른에게 올리는 술이 바로 청주다. 하지만 증류식 소주는 오로지 사람만 마시지 신령에게 바치지는 않았다. 증류를 했다는 것은 발효가 지닌 신성성을 훼손했다는 것이므로 신령에게 제공하지 않는 것이다.

20세기 이후 한국인의 식탁에서 발효 음식은 수많은 왜곡 과정을 겪었다. 1970년대 이후 장류는 집에서 담그는 음식이 아니라 공장에서 만들어 사 먹는 음식으로 인식이 바뀌었다. 공장제 간장은 강제로 발효한 음식이다. 2011년 겨울에 대학생들에게 공장제 간장을 속어로 이르는 '왜간장'과 조선간장을 먹게 하고 소감을 묻자 왜간장이 더 맛있고 익숙하다고 한 조사 결과가 있었다. 순수하게 콩 메주만 들어가지 않아 단맛이 강한 왜간장이 한국 음식의 간을 바꾸고 있다. 콩 메주만으로 만들지 않은 된장 역시 그 단맛은 조선된장에 비해 훨씬 강하다. 고추장은 날이 갈수록 맵고 단맛이 강화되어 간다. 공장제 장류는 더 이상 한반도에서 오랫동안 지속된 맛을 품고 있지 못하다.

그래도 다행스러운 일은, 김치냉장고가 보급된 후로 비록 양은 적지만 집에서 김장 김치를 담그는 경우가 많아졌다는 사실이다. 2011년 가을 세계김치연구소에서 조사한 자료에 의하면 10명 중 8명은 집에서 담근 김치를 먹는다고 했다. 하지만 직접 담그는 사람은 적고, 대신에 주로 할머니나 어머니로부터 공급을 받는다. 상황이 이러하므로 1940년대 이전에 태어난 부인들이 세상을 떠나는 시점이 되면 김장 김치는 결코 가족과 이웃을 이어주는 품앗이의 매개물로 작용하지 못할 것이다. 사 먹는 공장제 김치는 비록 식품학적으로 아무런 문제가 없더라도 가족과 친척을 이어주는 매개물 역할을 할 수는 없다. 당연히 발효 음식의 지역성을 담아내지도 못한다.

앞에서도 살폈듯이 한국인의 발효 음식에 담긴 매력은 가족과 이웃의 참여 속에서 만들어져서 천천히 익으면서 계속해서 일어나는 맛의 변화를 감내하게 하고, 고향이라는 지역적 기반을 지니고 있다는 데 있다. 더욱이 이 발효 음식은 인간과 인간의 매개물인 동시에 신과 인간의 매개물이기도 하다. 이 점은 결코 한국의 발효 음식만이 지닌 매력은 아니다. 세계 각 지역의 발효 음식이 가진 본래의 매력이기도 하다. 1980년대의 김치 붐으로 김치냉장고가 발명되었듯이, 발효 음식의 매력은 식품학적 노력을 통해서 문화적으로 지속 가능하다는 사실을 상기할 필요가 있다. 그래야 한반도에서 만들어진 한반도만의 발효 음식 맛이 문화유전자로서 지속될 것이기 때문이다.

한국의 맛,
사계四季와 오방五方을 담은 멋

하경아(방송작가. 블로그 '글쟁이 하품하다' 운영자)

맛은 삶의 기억을 품은 역사다. 누군가에겐 어머니요, 누군가에겐 힘이요, 누군가에겐 전통이 되는 맛. 수많은 삶을 거치고 몇 세대를 관통하며 수천 년을 이어온 우리네 맛은 자연적·풍속적·인문학적 소양의 결정체다. 인간이 살아가기 위한 가장 기본적인 본능이니 한 끼 먹고 살아내면 그뿐이지 먹는 게 뭐 그리 대수로운가 싶다가도, 그 '먹는 문제' 하나로 역사가 바뀌고 삶이 진화한다는 사실을 알면 그것이 그저 삶을 이어나가고자 하는 단순한 욕망이 아님을 깨닫게 된다.

이를테면 임진왜란 이후 일본을 통해 고추가 유입되지 않았다면 매운맛과 붉은색을 띤 지금의 일반적인 김치를 담그는 데 더 많은 공을 들여야 했을 것이고, 고추가 이 땅에 들어온 덕에 생선의 비린 맛을 죽여 젓갈을 김치에 이용할 수 있게 된 것이다. 또 우리나라 특유의 '시원하고 얼큰한 맛'을 내는 일등 공신도 고추이니, 기실 살기 위해 먹는 것이 아니라 먹기 위해 산다는 말이 가볍지만은 않다.

40

맛, 계절을 담다─자연스러움

우리나라는 사계절이 뚜렷한 반도 국가다. 산, 들, 강, 바다가 빚은 듯 적절하게 분포되어 있는 땅. 덕분에 계절에 따라 자연에서 얻는 무궁무진한 재료는 가가호호 옹골찬 밥상을 차리기에 충분했다. 혹여 부족한 것이 있어도 더 탐하지 않았다. 제철에 취해 자연도, 사람도 부담스럽지 않은 오롯한 밥상. 마치 화폭에 남겨진 여백처럼 가득하나 절제된 맛이 밥상에 온기를 더했다. 자연에 순응하며 있는 만큼만 덜어 쓰고 남으면 다른 이에게, 산짐승에게 내어주며 함께 살아가는 방법을 체득했다. 때론 가지 끝에 열매(까치밥) 몇 개를 일부러 남겨 두었고, 들놀이나 뱃놀이 할 때 음식을 던지며(고수레) 세상 모든 기운과 맛을 나누기도 했다. 그렇게 담은 한 그릇에는 자연의 기운과 사람의 배려가 눅진하게 녹아들었다.

정월

엄파와 미나리를 무엄에 곁들이면

보기에 신신하여 오신채를 부러하랴

(중략)

이월

산채는 일렀으니 들나물 캐어 먹세

고들빼기 쏨바귀요 소로장이 물쑥이라

달래김치 냉잇국은 비위를 깨치나니

본초를 상고하여 약재를 캐 오리라

(중략)

41

삼월

전산에 비가 개니 살진 향채 캐 오리라

삽주 두릅 고사리며 고비도랏 어아리를

낙화를 쓸고 앉아 병술로 즐길 적에

산처의 준비함이 가효가 이뿐이라

(하략)

─정학유, 『농가월령가(農家月令歌)』 중에서

　정약용의 둘째 아들인 정학유(丁學游, 1786~1855)가 지은 『농가월령가』. 농가에서 행해진 행사와 세시풍속은 물론, 매월 자연의 흐름과 농가의 역할에 대해 상세히 묘사되어 있다. 이 가사 작품을 면밀히 들여다보면 순응과 배려의 미학을 엿볼 수 있다. 산과 들에서 나는 제철 재료를 놓치지 않으면서 자연의 기운을 듬뿍 안고자 한 것은 순응이요, "산나물은 이른 시기이니 들나물을 캐어 먹자"는 것은 지극한 배려다. 바다로 치면 치어(稚魚)는 끌어 올리지 않는 미덕이랄까.

　'농자천하지대본(農者天下之大本).' 즉 농업은 천하의 사람들이 살아가는 큰 근본이라 했다. 한반도에 농경이 본격적으로 시작된 후 불과 30여 년 전까지만 해도 우리나라 제1의 산업은 농업이었다. 『농가월령가』가 읊는 이야기가 나의 삶이요 옆집의 일상적인 하루였던 그 시절에는 무엇보다 자연과의 호흡이 중요했기에 자연스럽게 자연을 경외하고, 가르침을 받으려 했다. 그 결과 우리네 밥상 위에 대자연이 오르고, 더도 말고 덜도 말고 딱 그만큼만 얹었기에 수라상 부럽지 않은 한 끼 맛을 지켜낼 수 있었다.

　오늘날 주목받고 있는 요리법 중에 매크로바이오틱(Macrobiotic)이

윤두서, 〈나물 캐는 여인〉(채애도 採艾圖, 해남 녹우당 소장). 정학 유가 지은 「농가월령가」는 농가에 서 행해진 여러 행사와 세시풍속 은 물론 계절에 따른 농가의 일을 세밀하게 묘사하고 있다.

라는 것이 있다. 자연 건강식으로 불리는 힐링푸드(Healing food)의 대 명사다. 제철에 나는 재료로 요리를 하고, 가능한 한 자연의 맛을 흐 트러뜨리지 않는 범위 내에서 건강한 밥상을 차리는 것. 새롭게 생겨 난 개념이라지만, 기실 우리네 선조들이 경외한 '자연스러움'과 맞닿 아 있는 정신이다. 이름도 낯선 각종 질병과 스트레스에 무방비 상태 로 노출된 현대인들에게 몸과 마음이 쉴 수 있는 무엇인가가 필요했 고, 그 해답을 '먹는 문제'에서 찾은 것이다. 닦달하듯 달려온 지난 수 십 년 동안 지칠 대로 지친 사람들은 선조들이 왜 그토록 '자연스러 움'을 고집했는지 깨닫고 있는 중이다. 자연의 이치에 그릇됨이 없는 맛, 억지로 다루지 않는 맛이야말로 진정 자연을 배려하고 사람을 치 유하는 것이라고.

맛, 멋을 그리다—여유로움

작은 시냇가 돌로 받친 솥뚜껑에서
흰 가루 맑은 기름 진달래꽃 지져 내네.
젓가락으로 집어 입에 넣자 향기 가득하고
한 해의 봄빛이 배 속으로 전해오는구나.

—백호 임제(홍만종, 『순오지(旬伍志)』 상권에서)

조선 시대 최고의 로맨티스트이자 당대의 명문장가로 명성을 떨쳤던 백호 임제(林悌, 1549~1587). 그가 남긴 이 시조의 소재는 화전(花煎)놀이다. 봄을 알리며 잠시 왔다 가는 진달래꽃의 여운을 단순한 눈요기가 아닌 맛으로 그린 진달래 화전은 자연의 멋을 삶의 흥으로 녹여낼 줄 알았던 선조들의 지혜였다. 작은 화전 하나에 봄의 생동하는 기운을 담은 그네들의 풍류. 삼월 삼짇날 따사로운 봄볕이 온 동네에 내려앉으면 남녀노소 신분 고하를 불문하고 쫀득한 맛을 즐겼다. 꿀이나 설탕물에 재워 둔 화전은 겨우내 까칠해진 입맛을 달달하게 녹이는 데 으뜸이었다. 그저 한입 베어 무는 먹거리가 아니었다.

이렇게 맛을 다루는 멋은 생활 속에서 잔잔하게 드러났다. 목마른 나그네에게 버드나무 잎을 살짝 띄워 우물물을 건네는 멋, 이른 봄 매화 꽃봉오리를 따 두었다가 찻잔에서 피워 마시는 멋, 술 한 잔에 시 한 구절 주고받으며 흥을 돋우는 멋 등 물 한 모금도 허투루 여기지 않았다. 소박하나 품격을 잃지 않는 운치, 느리게 그리는 삶. 21세기 언어로 말하자면 진정 스타일리시한 라이프스타일인 셈이다.

분명 우리는 한 그릇 밥과 한 잔 술의 '멋들어짐'을 아는 민족이다.

신라 시대에 처음 시작된 화전놀이는 조선 시대를 거쳐 현대에까지 이어지는 맛과 멋이 어우러진 아름다운 우리네 전통이다.

신분 고하를 막론하고 느리게 음미하며 즐기는 법을 알았고, 몸에 밴 신명으로 이웃과 소통하는 멋을 알았다. 좋은 일이 있으면 마당에서 잔치를 베풀어 지나가던 거지에게 고기 한 점 나눠주는 것도 마다하지 않았고, 담장 한 켠에 작은 구멍(구휼구)을 뚫어 배곯는 이에게 기꺼이 음식을 내어주기도 했다. 단순히 풍류를 즐기는 데 그치지 않고 다른 이의 삶도 보듬는 '진정한 맛'을 부릴 줄 알았던 것이다.

우리에게 '맛'이란 단순한 요깃거리가 아니었다. 고단한 상황에서도 먹는 이를 생각해 정갈한 자세로 정성을 담아 요리했고, 떡국 위에 고명 한 점이라도 곱게 얹어 '보는 맛'을 즐기게 했다. 어느 그릇 하나 단숨에 들이켜는 음식이 없고, 요리한 이의 마음 씀씀이가 고스란히 담겼다. 맛을 만드는 이도, 맛을 음미하는 이도 서로를 생각하게끔 만드는 한국의 밥상. 여기엔 맛 하나로 정(情)을 나누는 우리만의 소통 방식이 깃들어 있다.

최근 수십 년 사이 산업의 급격한 발달과 더불어 우리의 식문화도 점점 더 빠른 것을 탐하게 되었다. SF 영화가 더는 상상이 아닌 시대가 되었고, 우리는 새로운 것과 빨리 변하는 것에 열광했다. 하지만 호기심 어린 외도였을 뿐, 오랜 시간 켜켜이 쌓여온 심미안은 쉬이 흔들리지 않았다. 사람들은 다시 느리게 걷고, 기꺼이 기다려서 먹으며, 깊은 감흥을 드러내고 있다. 수 세기를 거쳐 몸으로 체득한 '맛'은 어머니의 된장찌개처럼 저절로 기억되고 그리워지는 삶의 흔적이다. 요컨대 이 땅 위에 여전히 삶이 이어지고 있음을 나타내는 표식인 것이다.

맛, 색을 입다—조화로움

우리나라는 예로부터 농경문화가 발달해 벼농사를 중심으로 곡물류의 생산이 활발했다. 또 삼면이 바다인 덕분에 수산물도 풍부하게 얻었고, 산과 들에선 채소와 과일이 철마다 넘쳐났다. 오장육부를 다스림에 있어 밥상 위에 그 해답이 있다는 것을 일찌감치 깨달은 선조들은 오랜 경험을 바탕으로 영양학적인 조율을 했다. 주식과 부식이 분리되어 발달했고, 간장·된장·고추장 등의 장류는 물론, 김치와 젓갈류 등의 발효 음식으로 약식동원(藥食同原)의 조리법이 꽃을 피웠다.

> 음식이 약이다. 병이 나면 음식으로 먼저 다스리고 그다음에 약을 쓴다.(허준, 『동의보감』에서)

허준(許浚, 1539~1615)이 완성한 『동의보감(東醫寶鑑)』의 첫 장에 등장하는 구절이다. 먹거리의 중요성을 나타내는 것은 물론, 이 한방 의서의 집필 방향을 드러내는 문장이기도 하다. 음양오행(陰陽五行) 사상에 바탕을 둔 처방전은 기실 음식의 조리법을 직간접적으로 알려주는 셈이다.

수 세기 동안 한반도에 흐르는 하나의 맥이 있다. 바로 음양오행 사상이다. 따지고 들면 우리 삶을 속속들이 지배하고 있는 개념이다. 특히 황색, 청색, 백색, 적색, 흑색의 다섯 가지 색을 나타내는 오방색(五方色)은 음양오행에 기본을 둔 것으로, 우리의 삶을 이루는 근간이다. 물론 살아가는 것과 직결되는 '맛'에 있어서도 한 치의 오차가 없다.

보기 좋은 떡이 먹기도 좋다지만, 실제로 보기 좋은 우리나라 전통 요리는 맛은 물론 건강과도 밀접한 관계가 있다. 화려한 오방색과 신선한 식재료가 만나 시각과 미각을 자극하는 구절판은 보기 좋게 담긴 요리이자 오행의 기운을 보충하고자 먹는 대표적인 전통 음식이다. 또 명절이나 결혼, 돌잔치 같은 집안의 큰 행사에서도 건강과 장수를 기원하는 오방색을 사용했다. 즉 오색을 이용한 요리로 몸의 기운을 조화롭게 하고자 했고, 실제로 이 재료는 체내 주요 장기에 특별한 영향을 미친다. 예컨대 청색은 간장, 적색은 심장, 황색은 위장, 백색은 폐장, 흑색은 신장 기능에 각각 도움을 준다. 이른바 오늘날의 '컬러푸드' 개념이 이미 오래전부터 우리 밥상에 적용되고 있었던 것이다.

우리의 몸은 오장(五臟)의 기운이 실하고 허한 상태에 따라 그에 상응하는 맛을 취하고자 하는 욕구가 생긴다. 즉 저절로 입맛을 당기게 하여 스스로 치료할 수 있다는 것이다. 만약 소화 기능이 부실하면 단것이 당기고, 심장에 열이 생기면 쓴맛이 든 음식을 먹고 싶어지는 것이 이러한 결과다. 이는 생명을 잇기 위해 부족한 기능을 '맛'으로 보충하려는 본능적인 욕구이며, 질병을 판단하는 최소한의 기준이 되기도 한다. 세 치 혀에 깃든 오미(五味)의 세계가 놀라울 따름이다.

사실 각각의 식재료가 갖는 색깔의 화학적 성분과 효능이 정확하게 밝혀진 것은 그리 오래되지 않았다. 그럼에도 전통적으로 색채 치료의 개념이 완벽에 가깝도록 사용된 우리 밥상은 가장 자연스러우면

화려한 오방색과 신선한 식재료가 만나 시각
과 미각을 자극하는 구절판은 오행의 기운을
보충하고자 먹는 대표적인 음식이다.

서도 지극히 과학적이다. 고유의 파장을 지닌 색깔이 사람의 몸과 마
음에 미치는 영향을 이미 알고 있었던 것이다. 이는 세상 만물이 서로
어울려 톱니바퀴처럼 돌아간다고 믿었기 때문에 가능한 일이었을 터,
자연과 인간의 조화를 무엇보다 중요하게 여긴 우리 선조들의 놀라운
혜안이 아닐까. 사시사철 변하는 자연의 색이 맛에 깃들고, 한 그릇
음식으로 변신한 맛은 몸에 깃들어 오장육부를 편안하게 하니, 땅에
서 땅으로 이어지는 자연과 인간의 순환 고리가 끝이 없지 않은가.

맛, 정을 녹이다—친근함

죽어가는 어미가 힘겹게 뱉어내는 한마디. "얘야, 산딸기가 먹고 싶구
나!" 엄동설한 천지사방에 산딸기가 있을 리 만무하다. 하지만 아이
는 해진 짚신을 신고 눈 덮인 산길을 헤맨다. 발바닥이 돌덩이처럼 단
단하게 굳고 찢어져 피가 나는 것도 모른 채 헤매고 또 헤매길 사흘
째, 생명의 흔적이라곤 찾아볼 수 없는 눈 속에서 푸른 잎이 반짝인
다. 가까이 다가간 아이는 뜨거운 눈물을 흘린다. 그것은 산삼. 기적
이다. 쌉싸래한 산삼을 꼭꼭 씹어 삼킨 어미는 금세 자리를 털고 일어

48

난다. 그리고 효심 지극한 아이와 함께 오순도순 행복하게 살았다는 이야기.

우리나라의 전설이나 설화에서 쉬이 들어봄 직하다. 어버이에 대한 사랑이 인간의 원초적인 본능을 이기는 순간, 우리는 감동한다. 자신을 희생해 어미를 구한다는 이야기는 깊은 효심이 핵심인 것 같지만, 사실은 '먹는 문제'를 바탕에 두고 있다. 한겨울 산속에서 도저히 구할 수 없는 것을 찾아 나선 아이의 눈에 불현듯 나타난 산삼 한 뿌리. 몇 날 며칠을 굶은 아이에게도 이 산삼은 '살기 위해 먹어야 하는 것'일진대, 아이는 망설임 없이 산삼을 어미에게 가져간다. '나'와 '너'가 아닌, '우리'가 존재하는 한국인이기에 가능하고, 또 이해되는 상황일 것이다.

우리는 누군가를 만날 때 아주 맛있게 첫인사를 건넨다. "밥 먹었어?" "식사하셨어요?" 세계 어디에도 없는 우리만의 특별한 인사법이다. 이 말에는 무탈하게 지내냐는 뜻이 함축되어 있다. 얼마나 정겹고 따뜻한 인사인가. '밥심으로 산다'는 말도 있듯 한국인에게 밥은 단순한 끼니가 아니라, 살아가는 힘을 주는 물질적 근원이다. 누가 먹느냐에 따라, 곁들여지는 반찬에 따라, 어떻게 지은 것이냐에 따라, 먹는 시기에 따라, 그릇에 어떻게 담느냐에 따라 20여 가지의 '밥'이 있을 정도이니, 실로 밥은 우리네 삶 그 자체다. 이를테면 피자나 햄버거를 먹어도 우리는 '밥'을 먹은 것이지, '빵'을 먹은 게 아닌 것이다.

이처럼 우리의 식탁에는 정(情)이 빈틈없이 녹아 있다. 외려 넘치면 넘쳤지 절대 부족하지 않은 밥상. 없는 살림이어도 배고픈 나그네에게 기꺼이 소반을 내어주고, 흉사(凶事) 앞에서도 밥걱정을 먼저 해준다. 모르는 사람과도 밥 한 끼 함께하면 '아는 사람'이 되고, 밥 먹자

49

는데 마다하는 이도 없다. 참으로 살가운 사람살이다.

한국인에게 밥은 단지 생존에 필수적인 요건만이 아니다. 무엇보다 우선하는 욕구이지만, 그 이상의 오묘한 의미가 담겨 있다. 그러니 우리의 인사법을 모르는 외국인에게 정을 표현한답시고 다짜고짜 밥 먹었냐고 인사하는 것은 어불성설일지도 모른다. 우리의 인사에, 우리의 밥상에 깊게 밴 뜻의 근본은 타인의 삶에 대한 진실한 관심과 배려에 있다. 우리는 그것을 '한국인의 친절'이라 쓰고, '정'이라 읽는다.

한국의 맛, '이야기'하다

우리나라의 음식은 한상차림이다. 밥과 국, 찌개, 반찬 등을 한꺼번에 올리는 우리 음식의 차림새는 코스로 진행되는 서양의 식사 문화와는 대조적이다. 최근에야 한정식도 서양식처럼 코스로 즐길 수 있지만, 이는 본디 우리네 밥상 풍경은 아니다. 고려 시대까지는 자유로운 분위기에서 다양한 식문화가 발달했고, 조선 시대에 이르러 숭유 정책의 영향을 받아 이전 시대보다 엄격한 밥상 문화가 자리를 잡게 되었다. 현재 우리가 따르고 있는 전통 밥상은 조선 시대의 유산이다. 이러한 한상차림의 식사 문화에서는 '밥상머리'에서 모든 것을 가르치고 배울 수 있는 것도 무리가 아니다.

앞서 우리네 밥상에는 대자연이 오른다고 했다. 한상 위에 네 번의 계절, 다섯 가지의 색깔이 깃드니 자연의 대서사시가 펼쳐진다 해도 손색이 없을 정도다. 게다가 이 자연으로 인해 사람의 오장육부가 건강을 지킬 수 있으니, 실로 '이야기를 품은 맛'인 것이다. 최근 유행처럼 번지는 스토리텔링(storytelling)이 아주 오래전부터 우리네 밥상 위

한정식도 최근에는 서양식 코스요리처럼 즐길 수 있지만 우리나라 전통 음식은 기본적으로 한상차림이다.

에 그려지고 있었던 것이다.

'맛'은 작게는 한 가정에서부터, 크게는 한 국가와 대륙에 이르기까지 범위를 규정짓기 어려운 문화다. 때론 철저하게 분리되고, 때론 오묘하게 겹치는 '맛'. 경계를 지을 수 없으나 또한 세우고자 하면 확실하게 선을 그을 수 있는 것이 바로 '맛'이다. 그럼에도 '한국의 맛'이 특별한 이유는 바로 사람 때문이 아닐까. 자연의 기운을 오롯이 받아들여 밥상 위에 펼친 것도 우리 선조들이요, 오래 묵힌 저장 식품의 우수성을 앞서 알아차린 것도 그들이요, 전 세계 그 어떤 맛과 비교해도 같을 수 없는 우리만의 독창적인 맛을 만든 것 또한 그네들이니, 길고 긴 역사를 품고 오늘날 우리의 밥상을 수놓는 화려한 맛은 한국의 힘이요, 한국인의 구성진 문화유전자일 것이다.

한국인의 정,
21세기의 정

송원찬(한양대학교 수행인문학부 교수)

**"말하지
않아도 알아요"**

　　　　　　한국인은 정(情)으로 산다. 외국에서 느끼기 힘든 한국만의 고유한 정서다. 한국인은 특별히 정의하지 않아도 정을 알고, 정을 나누며, 정을 품고 산다. 정은 개인에서 벗어나 타자와의 관계 속에서 생겨나는 어떤 것이다. 그래서 정은 내가 아닌 남을 생각하는 감정이며, 역지사지까지는 아니더라도 상대방을 배려하는 감정이다. 상대방이 배고픈지, 불편한지를 살피는 행동이요, 길을 지나가는 객에게 따뜻한 밥 한 끼를 대접하듯 이익을 따지지 않는 마음이다. 마음이 따뜻한 행동, 그것이 바로 정이다.

　　한국 사회의 특유한 정서인 정이란 단어를 빼고 한국을 설명하기란 참 어렵다. "말하지 않아도 알아요"라는 말로 대표되는 그 촉촉하고 끈끈한 마음과 마음의 작용인 정은 한국 사회의 기저를 면면히 흐르고 있다. 정을 두고 혹자는 한국인이 지닌 가장 큰 무기이자 강점이라고 평가하고, 혹자는 관심을 빙자한 간섭이 벌어지기 쉬운 한국적 상황이라고 평가한다. 그럼에도 정의 정서는 너무나 강력해 삶을 좌지우지할 정도로 깊이 박혀 있고, 매우 애매모호한 개념이지만 영향력은 거대하여 사회와 가정, 그리고 인간관계에서 중요한 평가 기준이 된다. 한국적 정서를 대표하는 정이기에 상업적 이용도 피할 수 없다. "가족의 정을 드려요", "고향의 정을 담았습니다"라는 문구에서 보듯 명절을 전후해 나오는 광고에서도 정은 빠지지 않는다.

정은 한(恨)과 함께 한국과 한국인을 표현하는 대표적 정서로 평가된다. 정과 한은 모두 이성적 판단이 아닌 감정적 느낌이나 정서로, 모종의 마음 상태를 나타낸다. 명확하게 정의하기 힘든 모호한 감정이지만, 막연하게나마 정은 어떠한 대상을 상대로 '베푸는 것'이고, 한은 일종의 억울함을 '품어 숨기는 것'이라고 인지된다.

정은 상대를 향하는 것이 기본이다. 어머니의 마음이 대표적이다. '희생'을 당연한 것으로 여기는 일방적인 방향성에도 불구하고 정은 깊어만진다. 과묵한 아버지도 정은 깊다. 표현하지 않아도, 말하지 않아도 아는 것이 정이다. 남에게 나눠주는 심성, 떠나는 손님에게 하나라도 챙겨주는 마음, 모두가 상대를 향하는 마음이다. 남을 위해 조금 더 배려하고, 남에게 정성을 다하는 마음, 친구에게 아무 조건 없이 건네주는 음료수, 콩 한 쪽도 나눠 먹는 마음, 그것이 바로 정이다.

정은 쌍방향으로 작용할 때 깊어지기도 하지만, 이익과 손실을 따지지 않는 일방적 마음이 더욱 깊은 정으로 느껴진다. '서리'가 가능했던 고향의 마음, 시골의 인심에서 느껴지는 것이 바로 정이다. 욕쟁이 할머니 가게가 존재할 수 있는 이유도 정 때문이다. 이는 외국에서는 도저히 존재할 수 없는 상업 행위다. 자기 돈 내고 먹는 식당에서 욕을 먹는데도 그곳에 가서 음식을 먹으니 말이다. 욕은 정의 표현이다. 욕은 한국인의 허전한 마음을 채워주는 또 다른 상품이 된다. 도저히 논리적으로 설명되지 않는 이러한 사회관계는 모두 정 때문에 가능하다. 정을 채워주는 것만으로도 한국에서는 장사가 된다. 정이 넘치는 한국에서만 가능한 일이다.

정은 단순한 개인의 감정을 넘어 사람을 평가하는 잣대다. 정 많은 사람을 말할 때 흔히 "사람이 진국이다"라고 말하는데, 이는 그야말로 최고의 평가다. 반대로 '정 없는 사람'은 가장 피해야 할 대상이다. 심지어 '왠지 정이 안 간다'는 지극히 주관적인 평가도 가능하여, 상대의 행동과는 상관없이 곤경에 몰아넣는 기준으로 작용하기도 한다. 불확실한 감정에서 생겨나지만 확실한 영향력을 가지고 있는 정은 마음속 느낌을 기준으로 하기에 한국 사회의 인간관계에서 나타나는 특징을 대변하기도 한다.

정은 사람에 한정되지도 않는다. 동물, 사물로 퍼져 나가고 심지어 장소와 시간도 포함할 정도로 광범위하다. 정든 동물, 정든 물건, 정든 장소, 정들었던 시간 등 개인을 둘러싼 모든 것이 정으로 표현된다. 또 정은 개인을 넘어 집단화하기도 한다. 개인적인 감정에서 집단의 감정으로 전이되는 것이다. 동창, 동향 등 '우리'라는 단어로 포장되고 무리 지어진 집단은 친밀하고 진한 정을 나누는 구성원이 된다.

한국을 움직이고, 한국인을 좌우하는 정. 그럼에도 정의 개념은 모호하다. "오랫동안 지내오면서 생기는 사랑하는 마음이나 친근한 마음"이라는 사전적 의미는 명확하지만 정을 표현하기엔 한계가 있다. 정은 과연 무엇일까? 이제 정의 형성과 개념에 대해 살펴보고자 한다.

"정이란 무엇이길래
생사를 같이하게 한단 말인가"

　　　　　　　　한국인이 말하는 정은 개인과 개인 사이에 생겨날 수 있는 너무나 다양한 의미를 담고 있다. 『情이란 무엇인가─한국인의 마음, 그 몹쓸 사랑』(정운현, 책보세, 2011)에서는 정을 부부 사이의 정, 남녀 사이의 정, 형제 사이의 정, 친구 사이의 정, 사물에 대한 정으로 분류했다. 그 밖에도 장소, 동물 등도 정의 대상에 포함된다. 정의 광범위한 영역을 보여주는 목차에 사람을 둘러싼 관계의 모든 것이 담겨 있다고 하겠다.

　부부 사이의 정과 남녀 사이의 정은 애정의 정, 형제 사이의 정은 우애의 정, 친구 사이의 정은 우정의 정, 사물에 대한 정은 물정의 정이다. 동물에 대한 정도 애정의 정이고, 장소와 관련하여 느끼는 정은 추억의 정이다. 그 밖에도 온정, 동정, 인정, 인심, 연민, 미련의 정도 포함된다. 이처럼 한국의 정은 사람이 어떠한 대상에게 느끼는 모든 감정을 포괄할 정도로 광범위하다.

　정은 시간과 밀접한 관계가 있다. '정'은 시간의 흐름을 기본으로 '든다.' '들다'라는 동사와 어울리는 정은 밖에서 안으로 들어온다. 처음 만나 바로 정이 들지는 않는다. 정이 들려면 제법 오랜 시간이 필요하다. 품었던 감정이나 생각을 딱 끊지 못하는 미련과 마찬가지로 가슴속 지워지지 않는 흔적이 한 올 한 올 쌓여 정이 된다. 결국 정은 시간의 산물이다. 물리적 시간을 뛰어넘기 위해서는, 아니 단축하기 위해서는 서로의 가식을 벗어던지고 맨모습으로 맞대하면 된다. 그래서 술을 취하도록 마시고, 같이 목욕을 하고, 같이 잠을 잔다. '들다'의 논리적 반대말은 '나가다', '빠지다'다. 그런데 정은 '떨어지다'

와 맞물려 사용된다. 정은 나가거나 빠지는 것이 아니라 떨어진다. 시공간에 따라 서서히 멀어지는 것이 아니라 시공간을 초월하여 뚝 떨어진다. 오랜 시간에 쌓인 정도 떨어지는 것은 찰나다. 마치 고드름이 열리려면 오래 걸리지만 떨어지는 것은 순식간인 것처럼 정은 묘한 물리적 법칙을 따른다.

정의 법칙이 가장 특이하게 발현되는 경우는 '미운 정'이다. '고운 정'이라면 상대가 좋아서 생기는 감정으로 이해하기 쉽겠으나, 미워하는 대상에게 느끼는 정이란 존재는 사람을 혼란스럽게 한다. '미운 정'은 정이 옳고 그름을 뛰어넘고, 좋고 싫음도 뛰어넘는다는 사실을 증명한다. 정은 좋은 감정뿐만 아니라 나쁜 감정까지 모아놓은 감정의 총체다. 그래서 애정과 다르며, 더 큰 함의를 지닌다. 이성적 가치판단을 뛰어넘는 정은 싫어도 생겨난다. 싫어도 생기는 정은 단순히 상대를 증오하고, 미워하고, 질투하는 원한이 아니라 그 와중에도 상대의 처지를 생각하고 걱정하는 오묘하고 독특하고 아이러니한 감정이다. 가장 한국적인 정서의 특성을 보여주는 대목이다.

정은 외국어로 번역하기 난해한 단어다. 영어로 보면 'love'는 물론 '애착, 보살핌, 애정'을 나타내는 'affection'으로도, '애착, 믿음, 지지'를 나타내는 'attachment'로도 어색한 번역이 된다. 오히려 때로는 '연민'을 나타내는 'pity'가 더 가까운 개념일 때도 있다. 일본어에서 정은 홀로 쓰이기보다는 感情(かんじょう: 감정), 情愛(じょうあい: 애정), 慕情(ぼじょう: 그리움)처럼 단어로 쓰인다. 그중에 가장 흡사하다는 '기모치'(きもち: 기분)도 사실 '정'과는 크게 다르다. 특히 일본 사회는 어릴 때부터 '(남에게) 폐를 끼치지 말라'는 교육을 가정과 학교에서 받는데,

이런 분위기에서는 근본적으로 한국의 조금은 질퍽하고 끈끈한 정이 형성될 수 없다.

> 세상 사람에게 묻노니, 정이란 무엇이길래 생사를 같이하게 한단 말 인가.(問世間 情是何物 直敎生死相許)

한자어인 정은 당연히 중국에서도 쓰인다. 중국의 정도 사람의 감정을 나타낸다. 금(金)나라의 시인 원호문(元好問, 1190~1257)의 이 명문은 한국의 정과 비슷해 보인다. 이 문장은 한국에서 대만의 무협소설가 김용의 『신조협려』로 유명해졌는데, 한국의 정과 비교해보면 차이가 뚜렷하다. 원래 이 문장은 원호문의 작품 「모어아(摸魚兒), 안구사(雁邱詞)」의 첫 문장으로, 기러기 이야기를 모티브로 삼아 지은 것이라고 한다. 원호문이 길을 가다가 한 사냥꾼의 이야기를 들었다. "제가 기러기 한 쌍을 사냥했는데, 한 마리는 죽고 한 마리는 도망쳤습니다. 그런데 살아남은 기러기가 멀리 도망가지 않고 주위를 배회하며 슬퍼하다가 땅에 머리를 찧고 죽지 뭡니까?" 이 이야기는 기러기의 지고지순한 사랑을 나타낸다. 결국 이 문장의 정은 애정인 것이다.

중국에서 정은 매우 다양한 단어를 만들어낸다. 한국에서 쓰는 정이 포함된 단어 외에도 친분을 나타내는 交情(jiāoqíng), 인정과 의리를 나타내는 情義(qíngyì), '애정이 있다'는 뜻의 有情(yǒuqíng) 등이 있다. 정으로 이루어진 단어는 오히려 한국보다 풍부하다. 그럼에도 한국과 같은 감정의 총체를 의미하는 방식으로는 사용되지 않는다.

중국에서 정이란 글자는 고대 작품인 『시경(詩經)』, 『서경(書經)』 등에도 등장할 정도로 오래되었다. 그 후로도 정이란 글자는 끊임없이 사용되어 다양한 함의를 만들어냈다. 정이 홀로 쓰이면 대체적으로 '애정' 혹은 '인간이 태어나면서부터 본래 가지는 감정이나 정서를 가리키는 개념', 즉 철학적 용어로 사용된다. 예로부터 쓰였던 "호색불음(好色不淫), 정이불음(情而不淫)"이라는 문장에서도 색(色)은 육체적 사랑을, 정(情)은 정신적 사랑을 나타낸다. 이처럼 정은 많은 경우 애정을 나타내는 용어로 사용되었다.

정을 철학적 용어로 처음 사용한 이는 순자(荀子)로 알려져 있다. 그런데 그는 맹자의 논의를 계승하였기에 철학 용어로서 정에 대한 논의는 맹자로부터 시작되어야 한다. 맹자는 인간에게 선천적으로 부여된 도덕적 능력을 성(性)이라 했는데, 순자는 『순자(荀子)·정명(正名)』에서 "性의 호(好)·오(惡)·희(喜)·노(怒)·애(哀)·락(樂)을 정이라 한다"고 했으며, 한편 "정은 性의 질이다"라고 하여 정의 근원을 性이라고 보았다. 또 『예기(禮記)·예운(禮運)』편에는 '칠정(七情)'이라 하여 인간의 다양한 감정을 일곱 가지로 나누어 표현하고 있으니, 정이 감정의 총화인 것은 분명해 보인다. 지금은 일반적으로 『중용(中庸)』에 나오는 '기쁨[喜], 노여움[怒], 슬픔[哀], 즐거움[樂]'을 칠정이라고 한다.

정에 대한 철학적 논의를 살펴보는 이유는 한국의 정의 형성과 간접적으로나마 연결되기 때문이다. 주희(朱熹, 1130~1200)는 이런 논의를 계승·발전시켜 성정(性情)을 기본으로 심성론(心性論)을 체계화했다. 주희는 송(宋)나라 성리학의 대표 주자로 조선에서는 존경의 상징이 되었다. 주희는 마음이 성(性)과 정(情)을 통괄한다는 '심통성정(心統性情)'의 개념을 받아들였는데, 조선의 지식인들도 이를 받아들여 정에 대한 심도 깊은 논의를 벌인다. 이때 인간의 이성보다는 감정에 초점을 두어 논의가 진행되었다. 이황과 이이라는 걸출한 학자도 정을 중심

58

성리학을 집대성한 주희는 마음이 본성[性]과 감정 [情]을 포함한다고 보았는데, 조선 성리학은 이를 받아들여 더욱 심화·발전시켰다.

에 두고 논의를 풀어갔다. 심통성정을 단순화해보면 결국 이성적인 성(性)과 감성적인 정을 말한다. 철학적 논쟁 속 감정의 총화인 정이란 글자가 민간에 흘러 들어가면서 다양한 감정을 담은 독특한 정서로 자리 잡은 것이 아닌가 한다.

정을 번역하기 어렵다는 말은 곧 외국인에게 정을 이해시키기 어렵다는 의미가 된다. 사회적 분위기가 전혀 다른 상황에서 애매모호한 정의 함의를 제대로 전달하기란 불가능할지도 모른다. 정의 번역과 이해는 결국 상황에 따라 하나하나 분리해 대처하는 수밖에 없어 보인다. 특히 한자 문화권 번역에서 더욱 조심해야 한다. 같은 한자라고 해도 전혀 다른 함의와 느낌으로 받아들일 가능성이 있으니 말이다.

정의 형성과 농업 사회는 밀접한 관련이 있어 보인다. 사농공상이라는 위계에서도 알 수 있듯 조선 시대에는 기본적으로 장사를 천시하였고, 이익과 관련된 용어를 직접 꺼내는 것을 금기시했다. 그 전통은 재테크 시대인 지금도 어느 정도 영향력을 발휘하여 지금도 흔히 '돈' 얘기 꺼내기를 꺼리곤 한다. 정 없는 사람의 표본은 바로 손익에 민감하게 반응하는 사람이기 때문이다.

조선 시대의 농촌은 이동이 극히 드문 정적인 집합체였다. 변동 가능성이 없다는 것은 좋든 싫든 공동체 안에서 지속적으로 접촉해야만 한다는 것을 의미한다. 일반 서민의 이주가 사실상 불가능에 가까운 상황에서는 '미운 정'이 들 정도로 교류를 해야만 했다. 더군다나 소수를 제외하고 너 나 할 것 없이 가난했기에 같은 처지라는 동질감도 있었다. 또 농업이라는 산업의 특성상 개인이 혼자 처리할 수 있는 일에는 한계가 있었다. 모내기, 추수 등 단시간에 끝내야 하는 일들이 많아 마을은 하나로 뭉쳐 일을 처리해야 했다. 농촌공동체의 하루 한 시는 다른 상업적 손익 계산으로 처리하기에는 불가능에 가까운 것이었다. 즉, 손익을 철저히 계산하는 상업주의적 사고가 부족했던 것이 아니라 애당초 그러한 사고를 적용하기가 불가능한 조건이었던 것이다. 결국 좋든 싫든 함께해야만 하고, 또 혼자서 살아남을 수 없는 조건은 공동체 의식을 강화했으며, 결국 정적인 농업 사회는 하나의 거대한 가족의 형태로 자리 잡게 되었다.

농업 사회에서 볼 수 있는 마을이란 단위는 강한 공동체 의식으로 결속된, 즉 정을 나누는 사이다. 정의 교류는 흡사 한 가족 사이의 교

단원 김홍도의 풍속화 〈새참〉. 모내기, 추수 등 단시간에 끝내야 하는 일이 많은 농업의 특성은 농촌 공동체의 결속을 강화시켰다.

류와 비슷한 형태를 띤다. 마을 단위 공동체 생활에서 남의 일을 도와주는 것은, 이익과 손실을 따지는 철저한 손익 계산을 바탕으로 이루어지는 것이 아니라 가족사처럼 하나의 의무이자 책무가 된다. 온정을 나눈다고 하는 두루뭉술한 협력체가 되니, 한 마을이 가족과 같은 관계가 되어 하나의 '정의 공동체'가 되는 것이다.

인간은 어떠한 상황을 받아들이는 과정에서 '자기 합리화'를 한

61

다. 원치 않는 상황이라도, 혹독한 시련이라도 이를 합리화해야 버틸 수 있다. '정의 공동체'도 이렇게 생겨난다. 한국의 농촌 마을에서는 사사로운 손익 계산을 해봐야 가슴만 아픈 상황이니 하나의 공동체로 인식하여 손익을 따질 필요 없는 가족이 되는 것이 편하다. 하나의 운명체로 받아들인 결과 '품앗이', '두레' 등이 생겨나게 되었다. 또 '나'를 '우리'가 대신하게 된다. '우리'는 단순한 복수를 넘어 공동운명체를 대변한다. 공동운명체에서는 '나'를 숨기고 '우리'를 내세워야 한다. 개인보다 집단이 우선시된다. 그런 공동운명체이기에 'my mother'는 '나의 엄마'가 아닌 '우리 엄마'가 되고, 'my husband'는 '나의 남편'이 아니라 '우리 남편'이 된다. 엄마와 남편을 실제로 공유하는 것이 아니지만, '나'를 '우리'로 대체해야 한다. 중국어에서도 보이지 않는 독특한 현상이다. 지금도 잔존하는 가족주의적 사회관계인 '정의 공동체'의 단면이다.

법률적으로는 남의 물건을 훔치는 행위인 '서리'의 존재도 사회를 운명공동체로 인식했음을 보여주는 단면이다. 서리는 남의 농작물이 아니라 우리의 농작물이기에 가능한 행위다. 이와 같은 '정의 공동체'에서 한 가정의 길흉사는 개인이 아닌 마을 전체의 일이 되며, 어른부터 아이까지, 똑똑한 사람부터 멍청한 이까지 하나의 공동체가 된다. 이런 상황에서 아무리 심하게 마찰이 생겨나도 같이 살아갈 수밖에 없고, 또 서로 함께 일을 해야 하니 결국 '뒤끝 없는 사람'이 될 수밖에 없다. 이것 역시 일종의 '자기 합리화'인 것이다. '뒤끝'은 일종의 복수(復讐)로 공동체의 불안 요소이기에 배제해야 했던 것으로 보인다.

이와 같이 정은 가족과 같은 공동운명체를 바탕으로 한다. 계약을 바탕으로 한 서구 사회와는 근본적인 차이점이 드러난다. 아울러 이웃 나라인 중국이나 일본과도 근본적인 차이가 있다. 마을은 분명 지배층과 피지배층으로 나뉘어 지주와 대다수인 소작농이 존재했으나, 이를 가족의 개념인 웃어른과 돌봐야 할 가족으로 치환하여 생각했다. 지주는 가족의 가장처럼 심리적 존경심마저 획득했다. 그러므로 한국의 상하는 노동과 대가를 상호 교환하는 단순한 계약보다 훨씬 끈끈한 관계가 된다.

'이성'을 앞세운 합리적 사고로 이해하기 힘든 이런 관계는 군신 관계에서도 나타난다. 이는 계약을 바탕으로 한 서양의 봉건주의와는 근본적 차이를 보이는데, 바로 충과 효의 개념이다. 어찌 보면 피지배층의 불만을 근본적으로 차단하는 교묘한 통치 방법으로 보이기도 한다. 여하튼 정은 지금도 한국 사회에서 위력을 발휘한다. 단순한 계약을 넘어 우리 사회를 가족과 같은 공동운명체로 보는 시각은, 즉 정이 이익보다 중요한 관계는 최근까지 놀라운 경제 발전을 이끌어왔다. 최소한 외환위기라는 충격을 겪기 전까지는, '평생직장'이란 말이 대변하듯, 노사 관계도 단순한 계약이 아닌 공동운명체였다.

정은 가족에서 마을을 넘어 지역으로 또 국가 단위로 확장된다. 정은 더 나아가 국민의 정서적 유대 관계를 표현한다. 한국이 하나의 거대한 가족으로 연결되는 것이다. 해외에서 놀라워했던 외환위기 시기의 '금 모으기' 같은 행사는 바로 이런 공동운명체와 이를 지탱하는 독특한 관념, 즉 정이 있기에 가능했던 것이다.

그러나 정은 갈수록 설 자리를 잃어가고 있다. 총명한 머리로 재테크를 고민하는 상황에서 두루뭉술한 정은 시대착오적 인식으로 바뀌어가고 있다. '가족'과 '마을'이 해체되고, '단골'이란 단어가 사라지면서 점차 공동운명체 의식도 옅어지고 있다. 1970~1980년대까지만

1997년 외환위기 당시 약 350만 명의 시민들이 자발적으로 '금 모으기 운동'에 동참했다. 공동체라는 관념은 가족에서 지역으로, 또 국가로 확장된다.

해도 '서리'는 전통적인 관습이었으나 지금은 범죄행위다. '정의 공동체'인 우리 사회의 변화된 양상을 보여주는 한 단면이라 하겠다. 마음은 여전히 정에 익숙하여 정을 갈망하지만, 똑똑한 머리는 작은 손실을 분별하여 정보다 이익을 앞세우게 만든다. 그래서 불의는 참아도 불이익은 못 참는 세상이 되어가고 있다.

**문화 속에 투영된
정의 그림자**

"정이란 무엇일까, 받는 걸까, 주는 걸까, 받을 땐 꿈속 같고 줄 때는 안타까워. 정을 쏟고 정에 울며 살아온 살아온 내 가슴에 오늘도 남 모르게 무지개 뜨네……."

대중에게 익숙한 조용필의 〈정〉이라는 노래다. 조용필은 1980년에 발표한 1집 앨범의 〈창밖의 여자〉로 유명하지만, 〈정〉도 그의 애창곡에 꼽힌다. 1996년 영턱스 클럽은 〈정〉이라는 노래를 발표하여 빅히트를 쳤다. 강산도 변한다는 10년이 넘는 세월이 훌쩍 흘렀지만, 정이 한국인의 정서를 나타내는 대표적인 키워드로 세대를 뛰어넘어 굳건히 자리를 지키고 있음을 보여준다. 물론 대중가요는 정의 여러 가지 측면 중에서도 특히 애정에 중점을 두어 애용된다. 이는 남녀의 사랑을 노래하다 보니 등장하는 자연스러운 현상이라고 하겠다.

"정 하나로 살아온 세월 꿈같이 흘러간 지금 당신의 곱던 얼굴 고운 눈매엔 어느새 주름이 늘고……."

부부 듀엣이 부른 〈부부〉라는 노래는 한국인 부부 사이의 정을 보여주는데, 애정과는 좀 다른, 그러나 역시 애정이라고밖에 할 수 없는 그 애매모호한 정을 설명하고 있다. 함께한 세월을 가장 잘 표현해주는 단어가 바로 정이다. 정은 한국인의 기본 정서이기에 많은 문화의 소재로 활용되고 재생산된다. 배창호 감독의 영화 〈정〉(1999)이나 SBS 드라마 〈정〉(2002)에서 볼 수 있듯, 정이라는 말은 대중가요를 넘어 영화와 드라마의 제목으로도 사용되었다. 정이라는 이름이 직접적으로 사용되지 않아도 정의 정서는 면면히 흐른다. 예를 들어 정지용의 시 「향수」는 노래로도 만들어져서 대중들에게 큰 인기를 얻었는데, "아무렇지도 않고 예쁠 것도 없는 사철 발 벗은 아내"라는 표현에서는 한국적 정이 드러난다.

2008년 노벨 문학상을 수상한 프랑스 문학인 르 클레지오(Jean-Marie Gustave Le Clezio, 1940~)는 한국에 관심이 많은데, 특히 정에 집중하여 한국을 보고 있다. 그는 "정이란 개념이 참 오묘하고, 독특하다. 영어 사전, 불어 사전을 뒤져봐도 번역할 길이 없다"며 한국 문학을 정으로 평가한다. 정을 매우 독특한 한국 문화의 핵심으로 보는 그의 시각에서 정이 얼마나 한국적인 정서인가를 엿볼 수 있다. 그는 '아리랑'을 비롯해 한국 문화 전반이 정의 영향을 깊게 받고 있다고 평가한다. "십 리도 못 가서 발병난다"라는 노랫말에서 나타나듯 보내야 하는 것은 알지만 보내고 싶지 않은 마음, 그것이 바로 정이다.

르 클레지오뿐 아니라 적지 않은 외국인들은 한국의 정에 매료된다. 그러나 더 많은 외국인은 정에 대해 이질감과 거부감을 드러낸다. 예를 들어 신경숙의 소설 『엄마를 부탁해』(창비, 2008)는 한국의 정을 대변하며, 어머니의 자식에 대한 정과 자식의 어머니에 대한 정을 담고 있다고 평가된다. 이 작품은 외국에 소개되어 나름대로 큰 반향을 일으키기도 했다. 그런데 이 작품을 놓고 미국 조지타운대학교 영문과 교수 모린 코리건은 혹평을 했다. 2011년 그는 라디오 방송국 NPR에 출연해 "내용상 엄마가 비참하면 그것은 항상 남편과 감사할 줄 모르는 아이들 때문이라는 것"이라며, "죄책감이 가득한 도덕 얘기가 왜 한국에서 센세이션을 일으켰는지, 크노프같은 유명 출판사가 이 책을 왜 받아들였는지 이해하지 못하겠다"고 말했다. 손익과 이해관계를 따지지 않는 정을 도저히 이해하지 못하는 외국인에게서 나올 수 있는 반응이라고 하겠다.

정은 한국의 독특한 정서다. 따라서 이 정서는 대중문화에 당연히 투영된다. 하지만 국경을 넘어 세계로 뻗어나가기 위해서는 그 독특한 향취가 거부감으로 작용할 수도 있다는 점을 고려해야 한다. 정은 지극히 한국적 체취가 묻어나는, 경험해보지 않으면 알 수 없는 독특한 감성이기 때문이다.

지나간 세월의 흔적이 머리에 남으면 기억이 되고, 가슴에 남으면 추억이 된다. 정은 기억이 아니라 추억이다. 감정의 추억이다. 옳고 그름과 싫고 좋음을 넘어선 막연한 느낌이고 감정이다. 감정을 표현하지 않고 속으로 삭이면 한이 되고, 언제 그랬냐는 듯 잊어버리고 수면 밖으로 내놓으면 정이 된다. 그래서 때로 정은 무섭다. 아주 무섭다. 어두운 기억마저 정이란 필터를 거치면 정화되어 아쉬운 추억으로 탈바꿈된다. 군대에서 괴롭혔던 선임에게도 정을 느끼고, 못살게 굴던 시어머니에게도 정을 느낀다. 아니 느껴야만 한다. 그래야 야박한 사람에서 벗어나고, 비로소 '뒤끝 없는 사람'이 된다.

피해를 입은 사람이 가해자에게 정을 느끼는 구조는 정의 특수성을 보여준다. 현실적인 손익을 뒤로하고 상대를 인정하는 자세에서 정은 출발한다. 운명공동체로 묶여 있는 정적인 농업 사회의 정서가 가파른 경제 발전에도 불구하고 여전히 위력을 발휘하고 있는 것이다. 정은 자신의 이익이 아닌 남의 이익을 우선하는 감정이다. 내 처지가 아니라 남의 처지를 고려해야 정은 생겨난다. '우리'로 묶이면 더욱 강력해진다. '우리가 남이가'라는 사고는 개인이 공동운명체를 떠나 살 수 없음을 보여준다. 정은 '우리'를 유지해주는 핵심 키워드다.

정의 사회에서는 사람 관계에 중도가 없다. '정이 들다'의 반대말이 '정 떨어지다'가 되는 것처럼 관계에 중간 단계 혹은 적당한 거리가 없다. 가족처럼 끈끈한 공동운명체가 되든지, 아니면 나와 상관없는 존재가 되는 것이다. '우리'가 아니면 '남'이다. 선 긋기를 하는 이유는 정을 줘야 할 범위를 가릴 필요가 있기 때문이다. 결국 '우리'의 반대

말은 '남'이 된다.

한국에서 '우리'라는 단어는 개인을 대변하는 동시에 집단을 대변하는 독특한 단어다. 정이 상대가 있어야 생기고 없어지듯이, 개인도 '우리'라는 틀 속에서 존재한다. 이런 독특한 심리적 환경 속에서 정은 혹 잘못되었다고 하더라도 '우리'가 되기를 포기하고는 도저히 불안해서 살 수 없는 한국인을 치유하고 위로하는 특별한 감정이라 할 수 있다. '우리'이기에 상대의 무리한 부탁도 거절하면 정이 깨진다. 거절하는 순간 '우리'에서 내동댕이쳐진다. '우리'라는 공동체는 구성원들에게 참으로 나약하고, 주관적인 성품을 강요한다.

정은 옳고 그름이나 좋고 나쁨이라는 이성적 판단을 뛰어넘는 감정적 가치판단의 영역에 존재한다. 이는 종종 이성적 판단을 마비시키는 절대 무기가 되기도 한다. 손실을 따지면 쪼잔한 사람이 된다. 불이익도 개인이 감내하고 참아야 하는데, 참지 못하면 쪼잔한 사람이 된다. 그래서 친구에게 빌려준 푼돈은 받을 수 없고, 억울해도 감내해야 한다. 그 말을 꺼내는 것 자체가 정을 깨는 행위가 된다.

억울한 행위도 미운 정으로 승화시켜야 하며, 그렇게 뒤끝 없는 사람이 되어야 한다. 당연히 '복수'라는 개념은 약해진다. 사회는 인과응보로 돌아가는 것이 아니라 화해와 용서로 작동한다. 비록 피해자의 일방적인 감내가 전제되더라도 운명공동체를 해칠 수는 없었던 것이다. 중국과 일본, 아니 세계의 수많은 작품에서 '복수'가 기본 소재가 되는데, 우리에게 복수는 낯선 개념이다. 복수는 정으로 승화되든지, 아니면 정으로 덮어야 한다. 그래서 "잘 먹고 잘 살아라!"가 욕이 되는 웃지 못할 상황이 연출된다. 이 욕은 상대가 '우리'의 영역에서 벗어났음을 의미한다. 운명공동체에서 벗어났다는 저주다. 그래서 축복이 욕이 된다. 또 '미운 놈 떡 하나 더 준다'고도 한다. 남이기에 복수할 수 있다는 말이기도 하다. 어찌 보면 '우리'로 포장된 정은 '나'라는 본질 없이, '원칙'이라는 기준 없이 남의 기준에 맞춘, 남의 사정만을 고려하여 휘청거리는 미덕이다.

비판적으로 보면 정은 남을 구속하는 부작용을 낳기도 하고, 나를 남의 상황에 맞춰야 하는 상황을 당연시하기도 한다. 또 '내가 너에게 신경 쓴 만큼 너도 나에게 베풀어야 한다'는 반작용이 작동한다. 일종의 보상 심리로 정을 확인하는 순간이다. 무리한 부탁도, 손해가 나는 부탁도 '우리'이기에 들어주는 것이 정이 된다. 이럴 때 정은 일방적으로 흐르기보다 상호작용한다. 남의 시선을 지나치게 신경 쓰는 자세나 남의 문제에 오지랖 넓게 간섭하는 상황은 모두 정을 기본으로 하고 있다. '나'와 '너'가 아니고 '우리'이기에 가능하다.

정 때문에 표출되지 못한 한은 나중에 화병이 된다. 정은 옳고 그름을 뛰어넘고 좋고 싫음도 뛰어넘는다. 상대에게 손해를 보더라도 '베풀어야' 정이다. 억울함을 따지지 않고 '품어야' 정이다. 손해도 억울함도 삭이고 삭여 뒤끝이 없어야 정이다. 그 정으로 한이 쌓이면 화병이 된다. 정을 내세워야 하기에 명확하지 않은 찜찜함도 감내해야 한다. 무의식에 축적된 억울함은 한이 되고, 정은 수면 밖으로 한이 표출되는 것을 막는다. 결국 화병은 정이 만든 병이다.

화병은 한국을 넘어 세계에서 공식적으로 인정받은 한국인만의 독특한 질병이다. 의학적으로 화병이란 분노증후군으로, 분노를 억제해 발생하는 것을 말한다. 1995년 미국정신의학회는 화병을 한국어 발음대로 'hwa-byung'으로 표현했으며, 한국인에게서 많이 나타나는 특이한 신경 질환이라고 정의했다. '화병(hwa-byung)'이라는 표기는

69

그대로 세계보건기구(WHO)의 질병 색인에도 등재돼 있다. 주목해야 할 점은 화병이 '문화 관련 증후군'으로 파악되고 있다는 점이다. 한국이란 문화에서 생겨나는 병인 것이다. 그래서 1996년 미국 정신과 협회에서는 특히 한국인들에게 특징적으로 발병하는 것으로 알려진 이 화병을 문화 관련 증후군의 하나로 등록하기도 했다.

정은 이성이 아니라 감정이다. 머리가 아니라 가슴이다. 그래서 화병은 머리가 아닌 가슴으로, 이성이 아닌 감정으로 풀어야 한다. 예전 농촌에 있었던 누구나 참여했던 명절 행사나 지역 축제는 이런 치유 기능을 가지고 있었던 것으로 보인다. 신분 구분이 엄격했던 조선 시대에도 축제에는 양반 및 관료, 농민, 어민, 상인, 관노 등 모든 계층이 함께 참여했고, 남녀노소가 다 참여했다. 축제에서는 때로 양반을 욕보이기도 하고, 여성이 남성을 구박하기도 하면서, 제한된 공간에서나마 어느 정도 한을 분출시켰을 것으로 보인다. 억눌린 감정을 분출할 화풀이 대상으로 축제만큼 좋은 것이 없다. 오히려 현대에 와서 전통 축제의 기능은 엉뚱하게 변해 외형만 남아 있고 감정적 치유 기능은 사라진 것이 아닌가 싶다.

정의
재탄생

정은 오묘하고 애매모호하다. 예의 바르고 친절한 사람에게 정 있는 사람이라고 말하지 않는다. 술 취한 모습을 보며 '인간적'이라고 정을 보내기도 한다. '우리'가 아니면 정을 주지 않는다. 그래서 이성이 아니라 흐트러진 모습, 그 감정을 보고 정을 느끼고자 한

급속하게 해체되는 공동체는 사회적 약자를 양산한다. 정을 계승하고 되살린다는 것은 바로 이런 약자를 배려하는 것이다.

다. 그래서 질펀하게 술을 마시고, 무리한 부탁을 한다. 그 시험을 통과해야 비로소 '우리'가 되고, 정이 쌓인다.

한국인은 정나미 떨어지는 집단, 즉 '우리'가 되기를 포기해서는 도저히 불안해서 살 수 없다. 정은 한국인을 때로는 안도하게 하고, 때로는 치유하며, 때로는 위로하는 특별한 감정이다. 손해를 보아도 정은 쓰다듬어주고, 억울함을 대변해준다. 그런데 정은 나누는 것이기에 혼자 할 수 없다. 혼자 떨어지면 정은 저절로 사라진다. 대가족이 해체되고, 마을이 흩어지고, 공동체 의식이 옅어지면서 정은 날로 약해져만 간다. 정의 중요성은 그대로인데, 정을 찾기 어려우니 사람은 외롭고 쓸쓸하다.

정은 가족적 세계관의 표출이다. 공동운명체로 나를 우리에 묶어 함께 생각하는 마음이다. 이런 가족적 세계관에서 다정은 병인 양 하지만, 무정은 병이다. 정이 없는 상황을 경험해보지 못한 정의 공동체에서 독립은 외톨이를 의미한다. 독립은 모든 이의 꿈이지만, 정의 기능은 여전히 유효하다. 정을 느낄 수 없는 외톨이는 정을 갈망하고, 정을 갈구하다가 극단적인 선택을 하기도 한다. 산업 발전으로 사라져가는 정이라는 정서와 자살의 급증은 어느 정도 연관되어 있다고 본다. 가족은 모두 경제 활동으로 내몰려 있는 상황이니 서로 함께 보낼 시간이 없다. 정을 쌓을 물리적 시간이 부족하다. 유일한 대안은 친구일 터인데, 그 역시 동갑내기로 제한되는 협소한 대상이다. 그런데 또래에서도 소외되면 모든 것이 무의미해진다. 정은 공동운명체에서 시작되기에 그 '공동운명체'에서 배제되었다고 느낄 때 상실감을 감내할 수 없는 것이다.

한국 사회는 이미 빠른 경제 발전과 압축 성장으로 세계 무역대국으로 우뚝 섰다. 사회는 이렇게 재테크를 앞세운 이성적인 계산을 당연시하지만, 정서는 여전히 '차 한 잔의 여유'를 찾는 농촌 사회의 정을 동경한다. 이 모순이 자살 증가, 묻지마 범죄 같은 사회현상으로 나타나고 있다. 모두가 경제적 이득만을 따지는 순간, 공동운명체에서 벗어난 소외된 노인, 왕따 친구, 실패한 가장, 낙심한 주부 등은 모두 정에 목말라 있다.

치료제 또한 정이다. 한국의 나눔은 단순한 경제적 계산을 넘어 정을 느끼게 하는 과정이다. 정을 느끼게 해줘야 한다. 개인 차원의 정을 사회 차원의 정으로 승화시켜야 한다. 정은 이성적 계산이나 가치적 판단이 아니다. 한국의 나눔과 복지는 단순한 경제적 지원을 넘어 정을 느끼게 해줘야 한다. 가족이 했던 역할을, 마을이 했던 역할을, 공동운명체가 했던 역할을 사회가 대신해야 한다. 지나치게 폐쇄적이고 자기중심적인 '우리'를 열린 '우리'로 바꿔 소외된 이들이 '우리'에 속함을 느끼게 해줘야 한다.

정이 더 이상 강자에 대한 변명으로 이용되지 않고 약자에 대한 배려로 사용되도록 해야 한다. 정이 약자에 대한 배려로 사용될 때, 나눔의 정신으로 계승될 때, 한국 사회의 새로운 가능성을 찾아낼 수 있을 것이다. 왕따 치료제인 정, 자살 예방제인 정의 가치를 사회 통합의 매개체로 발전시켜야 한다. 사회정책은 이러한 정의 가치를 담아야 한다. 정은 공동운명체를 바탕으로 한다. 배척이 아니라 포용이 기본이 된다. 아파트 평수가 다르다고, 임대주택이라고 담을 쌓는 모습이 아니라, 못났어도, 이상해도, 심지어 미친 사람이라는 소리를 들어도 같은 마을에 살았듯이 같이 살아가는 공동운명체여야 하는 것이다. 공부를 못한다고 낙오시키는 것이 아니라 그를 인정하고 배려하는 사회가 '정의 공동체'다. 승자 독식 사회에서는 이런 약자에 대한 배려가 필요하다. 정을 계승하고 되살린다는 것은 바로 이런 약자를 배려한다는 의미다. 그것이 복지든, 관심이든, 기부든, 나눔이든 어떠한 형태로든 낙오한 그들도 '공동운명체'에 속한 존재임을 사회가 알려줘야 한다. 그것이 바로 21세기 정의 재탄생 과정일 것이다.

'정情' 문화에
'정正'을 입히자

박선아(칼럼니스트, 블로그 '녹색희망의 집' 운영자)

한국에서 정은 인간 본성의 하나다. 우리 사회의 특성을 거론할 때면 내외국인을 막론하고 정을 이야기한다. 그렇다면 정이란 무엇일까? 사전적 의미로는 사랑이나 친근감을 느끼는 마음이라고 한다. 그러나 우리가 느끼는 '정'을 제대로 표현하기엔 그런 사전적 의미만으로는 어딘가 부족해 보인다. 낱말 자체는 중국 한자에서 수용한 것이지만 영어나 중국어 등의 외국어로 '정'을 제대로 번역하기는 더더욱 어렵다.

'정', 어디에서 왔을까?

사랑하는 남녀의 연정, 부부 간의 정, 부모 자식 간의 부정과 모정, 형제간의 정, 친구 사이의 우정, 하다못해 자신이 쓰던 물건에 정을 주는 '물정'까지 우리 사회는 정으로 시작해서 정으로 끝난다고 해도 과언이 아닐 듯하다. 한국인의 독특한 정서인 정은 오랜 세월 우리 민족을 엮어주는 고리 역할을 해왔다. 정을 토대로 우리 민족은 나와 너가 아닌 우리가 되어 수많은 역경을 극복할 수 있었다. 일제 강점기와 전쟁의 폐허를 극복하고 최근에는 전 세계가 놀랄 정도로 빠르게 외환위기를 극복할 수 있었던 것도 바로 이 정 때문이다.

정의 문화는 공동체 중심적인 우리 사회의 연(緣)에서 비롯되었다. 예로부터 우리는 그 정 때문에 사람을 계산적으로 대하지 못해 자신만 실컷 손해를 보는 경우도 허다했다. 싫어도 싫은 내색을 못하고, 죄 지은 이를 벌할 때도 죄는 미워도 사람은 미워하지 말라는 것이 우리네 정의 근본이었다.

지금 우리의 '정'은 살아 있는가?

한자인 '정(情)'은 우리 민족의 '한(恨)'과 더해져서 우리 것으로 토착화되었다. 우리는 '정답다', '정겹다', '정들다', '정떨어지다', '정차다', '정 두다', '정 붙다', '정 떼다'라는 말을 늘 사용했다. 우리 민족은 심지어 증오와 미움마저도 '미운 정'으로 승화시켰다.

그렇게 우리 일상 속에 깊숙이 자리 잡고 있던 정이 지금 우리 사회에도 여전히 따뜻하게 살아 있을까? 그 대답을 하기 전에 먼저, 우리 사회가 너무나 많이 변했다는 점을 지적해야 할 것 같다. 정이 살아 있던 우리의 옛 공동체는 핵가족화되어 사라진 지 오래고, 가치관의 변화에 따라 그 핵가족마저도 분열되고 있는 실정이다. 결혼을 아예 인생의 범주 안에 두지 않는 싱글족이나 결혼은 하더라도 아이는 낳지 않는 딩크족이 증가하는가 하면, 부모 세대는 독거노인으로 전락하고 있다. 전통적 효(孝) 가치관의 쇠락과 극도의 물질 만능주의가 개인주의, 이기주의와 결합하여 우리 사회를 해체시키고 있는 것이

우리네 정은 '주고받는 것'이지 일방적으로 자신의 이익만을 위해 베풀어지는 것이 아니다.

현실이다. 이런 상황에서 "과연 '정'이 살아 있는가"라고 질문하는 것 자체가 어불성설 같아 보인다.

　그렇지만 개인적으로는 아직은 우리 사회에 정이 살아 있다고 느낄 때가 종종 있다. 가끔 시골 오일장을 둘러보거나, 아이와 함께 시골 여행을 할 때면 그런 생각이 들곤 한다. 물론 동행한 이가 어쩌다 불만을 터뜨릴 때도 있다. 요즘은 시골마저도 인심이 흉흉하니 참 정 없다고 말이다. 좌판에서 채소를 파는 할머니가 '덤'을 얹어 주지 않아 그렇다는데, 내 보기엔 그리 말하는 지인이 더 정 없고 야박한 듯싶다. 우리의 정은 '주고받는 것'이지 일방적으로 나의 이익만을 위해 베풀어지는 것은 아니기 때문이다.

　그러므로 한국인의 문화유전자인 '정'을 논하려면 '정이 살아 있는가?'라는 문제보다는 '정이 제대로 발전되고 있는가?'라는 측면을 더 깊게 살펴봐야 할 것 같다.

참으로 몹쓸, 오늘날의 배타적인 정

한국인의 정이란 끈끈함이라고 한다. 그런데 그 끈끈한 정이 친족 공동체가 무너진 요즘은 자기의 이익에만 국한되는 일이 허다하다. 아홉 살 딸아이를 키우는 부모의 눈으로 보더라도, 주변 부모들에게서 열린 '정'을 찾아보기란 참 어려운 일이 되었다.

그런 의미에서 부모로서 겪은 생생한 체험을 하나 이야기해보려 한다. 얼마 전, 코피 쏟기는 다반사이고 가는 바람에도 획 날아갈 것 같은 여린 체구의 딸아이가 걱정되어 수영 강습을 시키기로 마음먹었다. 급하게 알아보니 근처에는 마땅한 곳이 없어 이웃 마을의 수영장에 등록했다. 편의 시설은 다소 열악했지만 못 참을 정도는 아니었다. 하지만 정작 참을 수 없었던 것은 참으로 정 없는 이웃들을 자주 만나야 했던 일이다. 수영장 위층 대기실에선 으레 엄마들이 삼삼오오 모여 이런저런 얘기를 했다. 탈의실에는 아이들을 도와주고 청소도 하는 할머니가 계셨는데, 어느 날은 그분이 대기실로 올라와 엄마들에게 이렇게 부탁을 하셨다.

"내려오실 땐 선풍기 좀 꺼주소."

그런데 그 한마디에 엄마들 사이에서 큰소리가 터져 나왔다.

"뭐라는 거야? 가뜩이나 더워 죽겠는데 저 노친네가 우리더러 선풍기나 끄고 다니라는 거야? 아, 짜증 나!"

그런데 일은 거기서 끝나지 않았다. 강습이 끝날 시간이 되어 탈의실로 내려가 아이 옷을 챙겨주는데, 샤워실에서 한 여자아이가 얼굴과 머리에 피를 철철 흘리며 나왔다. 그와 동시에 탈의실로 한 무더기의 엄마들이 밀려들더니, 다친 아이가 누구냐고 한바탕 소란을 떨고

돈돈한 정으로 지내던 옛날에는 내 아이, 남의 아이가 따로 없었다.

는 자기 아이가 아닌 것을 확인하고선 저마다 다행이라는 듯 한마디씩 하고 나가버리는 것이었다. 선생님이 와서 아이의 부모에게 연락을 하는 사이, 딸과 함께 그 아이의 피를 닦아주고 옷을 입혀 바로 위층의 병원으로 보냈다. 그러곤 피가 뚝뚝 떨어져 있는 탈의실과 샤워실 바닥을 닦고 있으려니 너무나 서글프고 참담한 기분이 들었다.

내 아이에게만 정감 있는 엄마, 내 아이에게만 끈끈한 정을 보이는 엄마가 바로 오늘날의 엄마인 것이다. 사회적 부모라는 말이 있다. 돈돈한 정으로 지내던 옛날에는 내 아이, 남의 아이가 따로 없었다. 내 아이가 다치지 않았다고 다행으로 여기는 것이 아니라, 누군가의 아이가 다치면 함께 돌보아주는 것이 우리 고유의 '정 문화'였다.

요즘은 '우리가 남인가?'라는 말이 무색할 정도다. 내가 정한 '우리'가 아니면 바로 '남'이 되고, 정은 고사하고 무관심과 배척의 상대가 되어버린다. 우리 고유의 정은 변질되어 혈연과 학연, 지연에 기초하는 '끼리끼리 문화'가 되었고, 자기의 이익만 찾는 이기주의적인 것으로 바뀌어버렸다. 공동체가 무너지면서 한국 문화의 '정'이 폐쇄적으로 변질되었다는 점은 너무나 안타까운 일이다.

'정(正)'으로 극복해야 할 '정(情)'의 모습

그렇다면 지금 외국인들에게 비치는 한국인은 어떤 모습일까? 대부분의 외국인들은 한국인은 친해지면 매우 솔직하고 정이 많으며 네 것, 내 것이 없는 사람들이라고 말한다. 공연을 위해 방한하는 외국 연주자들을 인터뷰한 기사를 보면 한국인의 장점으로 '솔직하다', '정이 많다', '낙천적이다', '인간미가 있다'는 점을 꼽는 경우가 많다. 사실 내 일 남 일 상관하지 않고 관심을 갖고 염려해주는 한국인의 친절은 때로 무례한 오지랖으로 오해를 받기도 한다. 하지만 한국인을 오래 지켜본 사람이라면 역시 한국인의 깊은 '정'을 얘기한다.

1994년 『리르(Lire)』지에서 살아 있는 최고의 프랑스 작가로 선정되었던 르 클레지오는 한국을 여러 차례 방문할 정도로 한국에 푹 빠져 있는 지한파 외국인 중 한 사람이다. 사실 그를 매료한 것은 한국인의 '정'이었다. 그는 한국인의 독특한 심성에 대해 "한국인의 키워드는 '정'으로, 이것은 사랑을 넘어 증오, 질투, 원한 등도 포함되는 강력하고 끈끈한 것"이라고 정의했다.

그런가 하면 얼마 전 아리랑 TV의 '코리아 투데이'라는 프로그램에서 우리나라 문화를 이방인의 시선으로 체험하는 코너를 진행하는 파란 눈의 벨기에 청년 '줄리안'을 보게 되었다. 유창한 한국말, 그것도 제법 구수한 한국말을 구사하는 독특한 외국인인 그를 어렵지 않

안산 원곡동 다문화거리의 휴일 풍경. 외국인 노동자들이 장기에 열중하고 있다.

게 기억해낼 수 있었다. 그는 수년 전에 우리나라 곳곳을 다니며 소개하는 다른 방송 프로그램에도 출연한 적이 있었기 때문이다. 1년간의 교환학생 생활을 마치고 고국으로 돌아간 그가 다시 한국에 돌아온 것은 방송 중 만났던 시골 할머니들의 구수한 '정'이 그리워서라는데, 그러한 그의 한국 사랑 이야기를 기사로 접하면서 나는 새삼 우리 민족의 끈끈한 정을 되새기게 되었다. "한국 사람 어떤가요? 정 많은 사람인가요?"라고 물으니, 그는 대한민국 방방곡곡을 돌아다니며 느낀 것은 무엇이든 더 챙겨주고 나누고 싶어 하는 한국인의 따뜻한 마음이었다며, 한국인에게 무한한 친근감을 느낀다고 한다.

그러나 외국인의 눈에 비친 한국인이 모두 르 클레지오나 줄리안이 느낀 것처럼 정감 있는 모습인 것만은 아니다. 우리나라는 사실 외국인에게 대단히 배타적인 나라다. 무엇보다 서울 도심이나 부도심의 부유한 지역에 모여 사는 외국인이 아닌, 우리보다 못사는 아시아권 외국인 노동자들에 대해서는 혹독할 정도로 배타적이다.

작년인가 딸아이와 함께 안산의 원곡동이란 곳에 가게 되었다. 안산역 앞 원곡동에는 한국인보다는 아시아권 외국인 노동자가 더 많다. 가게에 내어놓은 물품들도 외국 것이 대부분이고 심지어는 간판마저도 한글을 찾아보기 힘들어, 그곳을 거닐다 보니 마치 아시아 어느 지역을 여행하는 듯한 기분이 들었다. 그런데 얼마 후 한 지인에게 그 동네를 다녀왔다고 말하니, 돌아온 반응이 좀 이상했다. 그렇게 위험한 곳에 아이와 가다니 무모하다는 것이었다. 딸아이와 프랑스인들이 많이 사는 반포동 서래마을을 다녀왔다고 했을 때는 모두들 자기도 꼭 가봐야겠다고 했지 무모하다며 나무라는 이는 없었는데 말이다.

아시아 노동자들이 우리나라에서 코리안 드림을 꿈꾸듯이, 우리도 불과 얼마 전만 해도 많은 이들이 아메리칸 드림을 꿈꾸며 미국으로 이주하지 않았던가. 우리 사회의 배타성과 함께 이런 부끄러운 폐쇄성은 반드시 극복해야 할 일그러진 자화상이다.

정은 현대 한국 사회에서 순기능만을 하지는 않는다. 회사 생활에서 사사로운 정에 얽매이면 공정성과 합리성을 유지하기 어려워 곤란한 지경에 빠지기도 한다. 더 나아가 정 때문에 무서운 결과가 초래되는 경우도 있다. 올해도 우리나라에는 유난히 흉측한 사건 사고가 많이 일어났다. 그중 뜨거운 8월의 여름이 지나갈 무렵 전남 나주에서 일어난 일곱 살 어린이 성폭행 사건은 아이를 키우는 부모 입장에서도 충격적인 사건이었다.

"초등학교 2학년 때부터 손버릇이 나쁘다(도둑질을 한다)고 소문이 났어요. 근데 우리가 통제를 못했죠." 인간성이 살아 있다고는 믿기 힘든 범인의 어머니는 이렇게 말했다. 그가 자란 곳은 전복 양식업자가 많아 '부자 마을'로 소문난 곳이고, 그의 집은 마을에서 가장 가난한 집이었다. 어릴 때부터 자잘한 도둑질을 해도, 심지어 어버이날 마을 잔치 때 마을금고에 있던 돈 700만 원을 훔쳤을 때도 주민들은 그를 경찰에 신고하는 대신 5년간 마을에서 추방했다. 어렵게 자란 그에게 인정을 베푼 것이 도리어 화를 불러온 경우다.

한국의 '정' 문화에서 파생한 인정주의로 인해 공과 사의 갈등이 생겨나고 사회에 불공정한 영향을 미치게 되는 것을 막기 위해서는 정(情)이 정(正)과 발맞추어 말 그대로 '올바로' 걸어가야 한다.

열린 공동체에 기초한 '정'으로 발전시켜야

같은 한국인이 봐도 알다가도 모를 한국인의 모습이 많다. 외환위기가 닥치자 아낙네들이 결혼금반지까지 빼어 들고 외국 빚을 갚겠다고 나선 나라인데 공적 자금을 빼돌린 기업과 공직자들의 흉한 뉴스가 끝없이 들려오고, 장애인을 돕자고 한목소리를 내면서도 막상 장애인 시설이 자기 지역에 생긴다고 하면 핏대를 세우면서 결사 반대 시위에 나선다. 새로운 다양성이 폭발하는 21세기 한국 사회. 그러나 친족 공동체가 무너지고 서구화된 현대 사회에서도 정은 여전히 한국을 대표하는 문화유전자다.

누가 물에 빠지면 중국인은 그냥 한 번 쳐다보고 지나가고, 일본인은 너무나 안타깝고 슬프다는 표정을 지으면서 발만 동동거리지만, 한국인은 앞뒤 안 가리고 물에 뛰어든다는 말이 있다. 미국에 가면 "I will sue you(당신을 고소하겠어)"라는 소리를 인사만큼이나 자주 듣게 된다고 한다. 그에 비하면 "식사하셨어요?"라는 인사말을 건네는 우리 사회는 아직은 따뜻한 배려와 나눔의 정을 간직하고 있다고 할 수 있다.

우리 국민들의 잠재의식 속에는 대단히 강한 희생정신과 공동체 의식이 깃들어 있다. 1960~1970년대에는 달러 벌이를 위해 광부와 간호사들이 머나먼 독일로 날아갔고, 오일쇼크가 닥치자 중동의 건설 현장으로 많은 이들이 달려갔다. 또 태안 바닷가 기름 범벅이 되었을 때 모여든 자원봉사자는 수백만을 넘었다. 우리가 자연스럽게 해냈던 이런 일들이 외국에서는 찬탄의 대상이 되었고, 그 이슈의 중심엔 바로 한국 특유의 정 문화가 있었다.

오늘날 우리는 가족 공동체가 붕괴되고 극심한 정신적·사회적 갈등을 겪고 있다. 물질은 점점 풍요로워지는데 불안감은 커져만 가고 상실감은 깊어만 간다. 모두가 외롭다고 한다. 외로워서 범죄를 저지르고 외로워서 남의 목숨을 앗아가고 심지어는 자신의 목숨까지 포기한다. 이것은 우리가 우리의 끈끈한 문화유전자인 '정'의 정신과 정체성을 제대로 살려 살아가지 못하는 탓이다.

한국의 전통 마을은 '정의 공동체'였다. 그것이 그대로 '품앗이'나 '두레'에도 적용되었다. 품앗이는 여성들에 의해 운영·관리되는 소규모의 상호 협동체 또는 협업체였다. 한 가정의 길흉사는 마을의 길흉사가 되었고, 그만큼 이웃 간의 정도 다져졌다.

그러한 정이야말로 인류가 공유할 수 있는 글로벌한 문화 코드다. 그러므로 지금 우리가 우리의 고유한 문화유전자인 '정'을 계승하고 발전시키기 위해서는 그것을 재조명하여 살 만한 세상을 만드는 문화 코드로 정착시켜야 한다. '나'와 '우리'에 한정된 폐쇄적인 마음이 아니라 공동체를 생각하는 열린 마음으로 나누는 정, 그것이 살 만한 세상을 만드는 대한민국 대표 문화유전자다.

'자연스러움'의 철학적 성찰

한형조 (한국학중앙연구원 인문학부 교수)

한국인의 문화 코드,
자연스러움

한국인의 문화 코드, 그 핵심에 '자연스러움'이 있다고 한다. 옛 건축물을 보자. 자연석을 그대로 주춧돌로 이용했다. 그렝이질이라고 해서 목재도 생긴 그대로, 때로는 굽은 나무를 그대로 기둥으로 쓴 것이 많다. 무량수전 배흘림기둥이나, 서산 개심사 심검당이 대표적이다. 어수룩하고 균형이 맞지 않을 듯해 보이는 그 위에 서까래를 얹으면 밟고 지나가도 괜찮았다고 한다. 못을 쓰지 않고 짜맞춤으로 연결한 방식도 자연스러움을 숭상한 결과다.

서원이나 사찰 등의 복합 건물도 기하학적 구획은 드물고 자연의 환경과 배치를 그대로 이용해서 지었다. 도산서원도 굽은 자연길을 따라서 건물이 배치되어 있고, 그 위로 배향 공간이 자리 잡고 있다. 사찰은 말할 것도 없다. 비원의 아름다움도 손을 대지 않은 듯한 자

84

도산서원 전경. 한국의 전통 건축물은 자연 속에 안긴 듯한 배치와 자연스러운 곡선미를 지니고 있다.

연스러움과 자연 속에 안긴 듯한 숨겨진 은근함에 있다고들 말한다.

이 자연스러움은 건축물의 조형에 그치지 않는다. 옷매무새는 양복처럼 어깨를 각 잡거나 화려한 장식을 하기보다 몸에 흐르는 선을 중시하고, 자연 물감의 은근한 색감을 중시했다. 서양화의 기하학적 문양은 찾아보기 어렵고, 자연의 풍경이나 포도나 꽃, 그리고 동물 등에서 보이는 자연의 곡선을 따라가는 데 주력했다.

인물화보다 산수화가 많은 것도 이와 연관되어 있는지 모른다. 강희안(姜希顏, 1418~1465)의 〈고사관수도(高士觀水圖)〉 같은 문인화를 보면 '인간 중심'이 아니고 '산수 중심'이다. 인간은 그 너른 풍경 속에 보일락 말락 수줍게 자리 잡고 있다. 인위를 자연 속에 녹여버린 무의식적 정향의 결과일 터다.

그동안 한국 문화에서 드러나는 이 같은 '자연스러움'의 특징은 여

강희안의 〈고사관수도〉(국립중앙박물관 소장). 조선 시대 문인화 속에 등장하는 인간이 항상 거대한 자연 속에 둘러싸인 '작은' 인간인 연유는 무엇일까?

러 방면에서 논의되고 해설되어왔다. 이 글에서는 그 무의식적 저변, 철학적 프레임을 고고(考古)해보고자 한다.

'자연스러움'의 사전적 정의

'자연(自然)스럽다'라는 말의 사전적 정의를 요즘 많이 참고하는 인터넷 사전 중 다음과 네이버의 국어사전에서 찾아 편집해보았다.

1. (상황이나 내용이) 억지로 '꾸미지 않아' 어색한 데가 없다.
- 모델들은 카메라 앞에서 자연스러운 포즈를 취했다.
- 그녀는 어느 사이 내 한 손을 잡고 있었는데 너무 자연스러워서

나는 어느 겨를에 손이 잡혔는지도 모르고 있었다.(출처: 이호철, 『소시민』)

2. [주로 '자연스러운'의 꼴로 쓰여] (일이나 현상이) '자연적 과정'의 산물이다.

• 노화는 자연스러운 현상이다.

• 청소년들이 성에 대해 호기심을 갖는 것은 자연스러운 일이다.

3. [주로 '자연스럽게'의 꼴로 쓰여] (일이나 현상이) '힘들이거나, 애쓰지 않고', '저절로' 그렇게 되는 상태다.

• 나는 바닷가에서 자라서 자연스럽게 수영을 배우게 되었다.

• 날씨 이야기를 하다가 화제가 자연스럽게 여름휴가 쪽으로 넘어갔다.

위의 정의를 자세히 들여다보면 '자연스러움'에는 세 가지 뜻이 함축되어 있음을 알 수 있다. 첫째는 '꾸미지 않는다(장식이나 치장이 없다)'는 것이고, 둘째는 '힘들이거나 애쓰지 않는다(인위와 인공을 배제한다)'는 것이며, 셋째는 '저절로 그렇게 된다(신체의 자발성, 정신의 자연적 반응을 선호한다)'는 것이다.

이렇게 볼 때, '자연스럽다'의 반대말은 '인위와 인공'이 될 것이다. 인위와 인공은 의도와 계획의 산물이고, 주체적 '의도, 의지(will)'를 강조한다. 그 문화는 요컨대 첫째로 자연적 과정 너머에서 초월적 기원을 의식하고, 둘째로 자발적 활동보다 규범적 원칙을 강조하며, 셋째로 그 '이념'을 위해 노력하는 인간의 활동을 찬양하고, 넷째로 소박한 삶보다 문명적 성취에 대해 자부심을 갖는다.

이렇게 정리하면, '자연[無爲]'과 '인위[有爲]'의 구분은 동양과 서양을 가르는 대하의 거시 코드가 될 수 있겠다는 생각도 든다. 이 코드는 신학에서 인간, 그리고 문명에까지 포괄적이고 유기적으로 연동되어 있다. 그렇다면 '자연스러움'에 대한 철학적·성찰적 접근이 필요해진다.

노장의 기본 개념, 자연

'자연스럽다'는 노장(老莊)의 등록 상표다. '자연(自然)'이라는 말 자체가 노장의 텍스트에서 왔고, 그 사유의 중심에 있는 것은 익히 알려진 바다.

노장은 '자연' 속에 숨 쉬는 이성을 믿는다. 그 설명에 의하면 우주는 기(氣)로 구성되어 있다. 그 움직임은 신이나 타자에 의해 추동·강제되지 않고, 어디까지나 자발적 계기에 의해 표출된다. 기라는, 먼지보다 미세한, 자기 속에 활동력을 내재한 에너지의 풀(pool)에서 운동이 시작되고 생명이 자랐다. 기는 태극기의 원환처럼 음양(陰陽)이라는 양극적 대립물 사이의 교호와 교대의 작용으로 정리되는데, 이를 수식화한 것이 역(易)의 괘상들이다. 라이프니츠(Gottfried Wilhelm Leibniz, 1646~1716)는 "이 역의 그림은 우주에 있어서 오늘날 존재하는 과학에 관한 최고의 기념물"이라고 찬탄한 바 있다.

기는 구름무늬의 하늘거림이나 춤사위에 비유되듯, 끊임없는 생성과 소멸, 변환의 역동적 장 속에 있다. 그래서 주로 흐르는 강에, 때로는 급류에 비유되었던 것을 기억할 것이다. 이 급류 속에서 인간 또한 한 지푸라기로 떠 있다. 생명이란 기의 흐르는 강물 속에서 엉겼다가, 잠시를 지내고, 다시 어머니인 기의 바닷속으로 회귀하는 것을 뜻한

노자(왼쪽)와 장자 초상. 노장은 '자연'이 바로 신이 라고 말한다.

다. 노자는 말했다. "보라, 사물들이 분분히 일어났다가, 다시 그 뿌리로 돌아가는 것을……."

마르쿠스 아우렐리우스(Marcus Aurelius Antoninus, 121~180)의 『명상록』에서도 비슷한 통찰을 만났다. "시간은 이 세상에 생겨난 모든 것이 모여 흐르는 거친 강물 같은 것. 어떤 것이든 나타났다 하면 순식간에 흘러가버리고, 다른 것이 나타나 그 자리를 채운다. 그리고 그것 역시 금방 사라지고 만다."

이 '흐름'은 누가 지시하는가. 인격적 절대자가 구체적 '명령'을 내리는 것은 아니다. 인간은 자기 밖의 자연과 계기와 연동되어, 그 복합적 계기 속에서 더불어 움직인다. 그래서 우주적 시간을 벗어날 수 없다.

봄이 되면 꽃이 피듯이, 가을이 되면 낙엽이 떨어진다. 인간도 그 자연 속에 있다. 아니, 자연 그 자체다. 환경의 자극은 매 순간 유기체에 적절한 반응을 요구하고, 우리는 그 부응에 필요한 모든 것을 갖고 있다. 여기 아무것도 억지로 계산하거나, 인위적으로 행동할 필요가 없다! 인간의 행동은 특정한 '위상'하에서 요구되는 '반응'으로 집약된다. 이를 감응(感應)이라 특칭한다. 그런 점에서 여타 자연현상이나 동식물의 본능과 하등 다르지 않다.

그 흐름에 몸을 맡기는 것, 물에서 자란 사람이 물에 뛰어들어 자신도 모르게 익숙하게 헤엄치는 것, 그 자연의 흐름이 전부다. 인간 또한 그저 흘러갈 뿐. 노장은 이 운명의 수레바퀴를 그저 수용하라고 말한다. 니체(Friedrich Wilhelm Nietzsche, 1844~1900)가 우주의 영겁회귀 그 장엄함 앞에서 '신성한 긍정(heilige ja-sagen)'을 읊었던 것과 진배없다.

놀랍게도, 이 철학을 유교도 같이 갖고 있다. 특히, 후대의 '새로운 유학(Neo-Confucinism)'을 받아들인 조선의 주자학은 이 '자연'을 최종적 목표로 설정했다. 누가 유교를 명교(名敎)라 하여, 도덕적 규제나 강제, 몸의 인위적 속박으로서의 예의(禮義)라고 정의하는가. 그것은 지엽이지 본령이 아니며, 방편적 단계이지 최종적 경지가 아니다. 주자학 최고의 경지는 단연 '자연'이다.

신의 명령이냐, 자연 속의 이성이냐

이 '자연'은 서양의 신에 해당하는 절대자다. 그러므로 "자연은 유일하며, 전체이고, 완전하며, 그리고 선하다." 그렇지 않으면 어떻게 '자연스러움'을 최고의 덕으로 칠 수 있겠는가. 만일 자연의 이성을 믿지 않는다면, 우리는 그 밖의 어딘가에서 타자로서의 신을 요구해야 한다. 이를테면 기독교가 그렇다. 그렇지 않으면 공존을 위해 제도와 법률의 강제를 요청하게 된다. 이를테면 법가가 그렇다. 두 경우 모두 인간 행동을 '자연스러움'이 아니라 '강제된 규율'에 의존하게 된다는 공통점이 있다. 그 경우 신은 인간 너머에 존재하고, 규범은 본성을 억압하며, 이념과 현실 사이의 갈등을 피할 수 없고, 개인과 사회는 분열된다. 육신이 경멸되고 설교가 승리하면, 인간은 '행복' 해지기 어렵다. 이것이 규범윤리학의 최대 난제이고, 딜레마다.

　'자연'에 절대를 허여한 동아시아는 이 딜레마를 넘어설 문화적·정신적 에토스를 갖고 있다. 노자의 어법을 빌리면, "도법자연(道法自然)!" 모든 자연스러움이 최종적 이상이고, 인간의 책무는 그 '자연'의 '회복'이다. 주자학은 그 이념을 "자신의 최초의 본질을 회복한다(復其性)"는 구호로 정식화했다.

　그러나 사람들은 고개를 갸우뚱한다. "바깥의 자연에는 선과 악이 있다. 순한 동물도 있지만, 죽이고 물어뜯으며 피를 즐기는 맹수의 세계가 있다. 인간 또한 마찬가지 아닌가." 착한 자와 악한 자들이 뒤섞여 있고, 인간의 자연적 충동은 대체로 믿을 것이 못 되지 않은가. "인간은 인간에 대해서 이리"라는 홉스(Thomas Hobbes, 1588~1679)의 이야기를 빌릴 것도 없이, 우리는 모두 법가의 기획에 고개를 끄덕이고 있다. 인간의 자연을 그냥 두었다가는 전쟁과 살육, 사기와 기만이 판치는 난장의 카오스를 피할 수 없을 것이다.

　'자연스러움'의 예찬자들은 이 반론과 의혹에 응답해야 한다! 사실, 가장 어려운 지점이 바로 이곳이다.

　노장과 주자학은 답한다. 삶의 생리적 투쟁은 자연에 예비된 것이다. 문제는 자연의 악이 아니라 인간의 악이다. "자연은 근본적으로 선하며, '악덕'이란 자연성의 일탈, 혹은 왜곡과 경화에서 온다." 그러므로 "악은 우연적이다!" 그리고 악(惡, evil)으로 실체화하지 않고, '불선(不善)'으로 상대화하는 바, 그것은 임의적이고 우연적이므로 '교정 가능한 것'이다. 인간의 과제는 이처럼 '부자연스러운 것'을 교정하여 '자연스러움'으로 회복하는 것에 다름 아니다.

이 발상이 동양의 기의 사유 속에 담겨 있다.

자연은 감응(感應)의 시스템이고, 그 연관된 계기들의 자발적 교대를 음양(陰陽)이라 불렀다. 예컨대 낮과 밤이 교대하고, 해와 달이 함께 있다. 봄이 되면 꽃이 피고, 가을이면 진다.

자연은 이처럼 자신의 '시간'을 안다. 판화가 이철수의 작품에는 이런 이야기 한 토막이 등장한다.

사과가 왜 떨어지는가? 이 물음에 대해 뉴턴은 '만유인력'을 말한다. "모든 물체는 서로 잡아당기는 힘이 있기 때문"이라는 것이다. 그러나 동양인이라면 이렇게 답할 것이다. "사과는…… 때가 되었기에 떨어진다."

'자연스러움'에 대한 동양적 인식을 극명하게 보여주는 예다. 때가 되면 오고, 때가 되면 간다. 원형이정(元亨利貞), 즉 때가 되고 계기가 무르익으면 인간이 태어나고, 성장하며, 완성에 이르고, 죽는다. 이 '과정[時]'에 반하는 것은 위태로우며, 그것에 저항하려는 노력은 어리석다.

'자연'의 입법에 반하는 것은 다 악덕이다. 특히 인간은 다른 생물과 달리 나르시시즘과 자기중심성에 의해 쉽게 타락하고 제 속의 자연으로부터 '소외'된다. 여기가 문제의 진원이다. 불건전한 충동과 편견에 사로잡혀 사태의 참모습을 보지 못하고, 불평과 원망을 늘어놓는 것이다. 객관성을 향한 노력, 전체를 고려하고 자신의 위상을 수줍게 설정하며 때를 존중하는 삶이 바로 '자연'의 길이다.

이 태도는 '조화'를 중시하는 태도로 연결된다. 자연은 수많은 계기들이 서로 연합하여 움직이는 것이다. 인체의 내부만 해도, 여러 장기가 신체의 건강과 호메오스타시스(Homeostasis, 항상성)를 위해 보이지 않는 손에 의해 협력해나가는 유기체적 질서를 이루고 있다. 사회 또한 각 인간들이 전체의 목적, 인류의 번성과 공존을 위해 협화하도록 이끈다. 그런데 여기서 '개인'이 돌발적으로 자신만의 의지를 가지고 일어나게 되면 그 평화와 안정은 깨어지고, 종족과 문명은 혼란과 갈등 속에서 쇠락하다가 멸망의 길을 걷고 만다.

'자연스럽다'는 말에는 전체를 의식하고 타자를 배려하는 태도가 깃들어 있으며, 이는 곧 수줍고 겸양하는 인품을 찬양하는 태도로 이어졌다. 이것은 경쟁을 장려하고, 영웅을 기리는 인위적 문명의 코드와 길을 달리하는 듯하다. 조선 후기 서세동점의 시대에, '자연' 위에 선 조선의 유교 문명은 욕망을 증폭하고, 타인을 정복하며, 힘을 과시하는 '서구 문명'을 야만[禽獸]으로 불렀던 것을 기억한다.

이에 반해 '자연'을 신으로 믿고 그 회복을 이상으로 하는 동양적 문명에서는 자기 속의 신성, 그 숨겨지고 억압된 은밀한 목소리를 듣고 전폭적으로 신뢰하며, 그것을 방해하는 인위적이고 의도적인 '경색'을 풀고 '치장'을 제거하는 쪽으로 삶의 길을 잡았다. 이것이 우리가 '자연스러움'을 최고의 코드로 설정하게 된, 철학적이고 무의식적인 동인이다.

서구 문명이나 기독교에서는 이 발상을 이해하기 어려울 것이다. 마키아벨리나 순자의 주장처럼 인간이 근본적으로 악한 성향을 갖고 태어났다면 '자연스러움'이 최고의 미덕이 될 수는 없기 때문이다. 기독교의 가르침처럼 "육신이 죄로 싸여" 있다면, 자연을 넘어 뜻을 구현하라고 다그칠 수밖에 없을 것이다. 또한 아리스토텔레스나 칸트도 인간 속의 악한 경향을 '거스르는' 자기 극복에 덕성을 위치시킨다.

그러나 노장과 주자학의 시각은 좀 다르다. 인간은 본시 선하게 태어난다. 그 선함을 '자연스럽게' 구현하는 것이 덕이다. 그러므로 그 덕은 진정한 자기 자신의 구현이기도 하다는 것을 잊지 않는다.

조선 유학의 공통 목표, "자연을 회복한다!"

인간은 왜 '부자연스럽게' 되었을까? 인간의 탐욕과 공격성은 인간의 본래적 심층 속에 예비된 것이 아니다. 그것들은 우연적·개별적 '성격[氣質]'의 뒤틀림과 '마비[不仁]'에서 발현된다.

그렇다면 어찌해야 하는가? 이 왜곡되고 뒤틀린 반응의 구조, 즉 '성격'을 자연으로 회복시켜야 한다. 율곡 이이(李珥, 1536~1584)는 이 과정을 한마디로 "교기질(矯氣質)"이라고 했다. 요즘 말로 하면 '성격 교정 프로젝트'라 할 만하다.

퇴계 이황(李滉, 1501~1570) 또한 다르지 않다. 퇴계는 인간이 본래의 유연함을 잃고 자기만의 사적 세계에 빠져, 냉담해지고 마비된 성격을 갖게 되었다고 말한다. 퇴계의 프로젝트는 그가 선조 임금에게 강의했듯이 "돌처럼 딱딱해지고, 차갑게 무심한 이 마음의 병을 고침"으로써 자연의 반응처럼 타자와 생활에 '자연스럽게' 반응하는 인간으로 거듭나는 데 있었다. 물론 여기서 말하는 '자연스러움'이란 유교의 가치인 인의예지를 구현하는 쪽으로 발양되는 것이었다. 이를테면 남의 곤경에 동감하는 인(仁), 규범을 존중하는 정의감[義], 사회적 적응과 협력[禮], 그리고 건전한 판단력[智] 등이었다.

퇴계든 율곡이든, 이런 사회적 덕성은 강제나 강요된 규범이 아니라 자기 속의 자연스러움을 회복시킨 결과라고 힘주어 말한다. 그들은 이구동성으로 강조한다. "도덕은 자연이다!"

기대승(奇大升, 1527~1572)은 이 점을 다음과 같이 정리한 바 있다. "氣之自然發見, 爲理之本體然也."(퇴계, 『사단칠정론四端七情』 제1서) "본래 부여받은 자연을 왜곡 없이, 과불급 없이, 최고도로 발현하는 것이 목표다!" 물론 퇴계는 이 구절을 좀 '위태롭게' 생각했다. 왜곡·오염된 자연성을 이상적 상태로 오해할 우려가 있다는 것이다. 그러나 퇴계 또한 이 돌처럼 딱딱해진 마음을 풀 때 회복되는 자연이 이상적 경지라고 믿었다는 점에서는 다를 바 없다. 차이라면 퇴계는 사단은 본시 문제가 없으므로 문제는 칠정을 다루는 것이라 생각한 반면, 기대승이나 율곡은 사단이든 칠정이든 같은 지평에 놓고, 그 자연성 여부를 판정했다는 정도다.

퇴계는 도산에서 풍경과 자연을 노래했다. 그리고 그 풍경이 자신의 흥회에 부딪쳐 울리는 감흥을 기쁘게 노래했다. 수많은 꽃과 나무가 산을 수놓고, 끝없이 흐르는 물이 강물을 이루며, 계절마다 태를 달리하는 풍경. 하늘엔 솔개 날고 연못엔 물고기 뛰는, 이 물비늘 번쩍이는 활발발(活潑潑)의 생명의 무도 속에서 놀라운 가흥(佳興)에 취해 살았다고 해도 과언이 아니다.

이때 나의 '기질'이 치우쳐 있거나 나의 욕망으로 가려져 있으면, 그 만남의 흥은 일어나지 않거나 시큰둥하게 지나간다. 지금도 꽃 한 송이를 제대로 볼 수 있는 사람은 매우 드물다. 퇴계는 이 습기(習氣)의 장애물을 오랫동안 닦아냄으로써 감발융통(感發融通), 자연과 온전히 소통하는 길을 찾아나갔다.

저렇게 많은 생명 다들 어디서 오나

막막한 저 근원은 비어 있지 않다네
앞 현인들이 어디에 감동했는지 알려면
마당에 무성한 풀과 어항 속의 고기를 보게나

芸芸庶物從何有
漠漠源頭不是虛
欲識前賢興感處
請看庭草與盆魚

　자연은 절대이자 신이므로, 감히 손댈 것이 아니라 겸손히 받들어
야 할 것이다. 잡초도 자연의 위대한 의지의 반영이니 함부로 뽑겠다
고 나서서는 안 된다. 우리의 건축물이 사람의 손이 간 듯 아니 간 듯
조심스럽게 최소한으로 한정한 데는 다 이유가 있는 것이다.

인간 속의
비린내를 씻다

　　　　　'자연스러움'의 이상에는 두 가지 함축이 있다. 하나
는 위에 적은 대로 자연이 최고의 입법자이기에 그것에 무릎 꿇고 그
조화(造化)를 감탄하고 그에 감발(感發), 튜닝(tuning)하는 것이고, 다른
하나는 인간의 감정과 욕구 속의 '자연스러움'을 회복하는 것이다. 관
건은 후자에 있다. 인간학적 훈련이 되어 있지 않으면 자연의 아름다
움을 감상하거나 그 '흐름'에 튜닝할 수 없다. 퇴계는 그 점을 분명하
게 이해하고 있었다. 퇴계는 이런 시를 지은 적이 있다.

시가 사람을 그르치리, 사람이 스스로 잘못되지
흥이 오고 정에 맞으면 가만있지 못하는 걸
풍운이 이는 곳에 신이 나서서 도와주고
비린 피 삭을 제 속된 소리 끊어지네

詩不誤人人自誤
興來情適已難禁
風雲動處有神助
葷血消時絶俗音

　퇴계는 여기서 시의 이상적 경지가 작자의 의도적 개입 없이 물상의 변화와 더불어 작용하는 신의 손으로 이루어진다고 말한다. 그러면서 덧붙인다. 산수를 즐기고, 시를 짓기 위해서는 "창자 속의 속되고 지저분한 비린내와 기름기[葷血脂膏]를 씻어내야 한다"고. 문제는 역시 자신 속의 장애물을 걷어내는 일이다. 이 유척(流滌)은 사람이 되기 위한 수양의 긴한 수작(酬酌)뿐만 아니라 시 같은 말기(末技)의 한가한 수작을 위해서도 꼭 필요한 정지 작업이라고 생각했다.

　퇴계가 남언경에게 권한 충고는 이렇다. "세간의 홍진에 일절 마음을 두지 않으면 비린내와 기름기의 반 이상은 털어진다. 그런 후 기욕을 절제하고 수작을 절제하며, 마음을 한가롭고 편안하게 하여, 도서(圖書)와 화초를 완상하고 산수 간의 흥취를 즐기라. 책도 억지로 많이 읽으면 안 된다."

　이 일을 오래 계속하면 마음이 점차 순일해지고, 동정(動靜)에 걸림이 없어진다. 그 궁극처에서 물아무간(物我無間), 나와 남 사이의 구분

퇴계 이황 영정 퇴계는 인간 속에 내재한 자연스러
움을 회복하는 것이 인(仁)에 도달하는 길이라고 보
았다.

이 엷어지고, 급기야 인간은 자연이 된다! 그 경지를 옛사람들은 천
인합일(天人合一)이라고 불렀다. 나와 원두(源頭) 사이의 간격이 사라
진 곳, 그동안 이 합일을 방해하고 있던 '불필요한 찌꺼기'들이 탈각
하고, 본래의 자연을 발휘하게 되었다는 말이나 다름없다. 그때 인간
은 사물의 변화에 적정하게 반응하는 천리(天理)의 공(公)을 발현하게
된다. 그것은 자연이 미리 예비해둔 것이다. 그런 점에서 인간은 다른
아무것도 '억지로 할[有爲]' 필요가 없다. 놀랍겠지만 인간은 그 '하지
않는[無爲] 법'을 연습하고 훈련해야 한다.

　『중용(中庸)』에서 말한 "생각하지 않아도, 노력하지 않아도, 중(中)을
발현하는 경지", 여기가 인간이 다다라야 할 궁극이다. 그래서 '자연'
이 곧 최고의 이상이며, 자연스러움이 곧 인간이 성취해야 할 목표인
것이다. 이러한 코드가 덕성의 훈련에서 자연관, 더 나아가 건축과 음
악, 미술 등 문화 전반까지를 일이관지(一以貫之) 혹은 이일분수(理一分
殊)로 꿰고 있다. 불교에서 차용한 주자의 표현을 빌리면, "달빛이 천

강에 비추듯이" '자연'이 우리 삶의 전편을 도장 찍어 놓고 있는 것을 관란(觀瀾)해야 한다.

문명을
'힐링'하는 자연

　　　　초월적 신의 명령을 축에 놓는 사고는 인위적 활동, 의지의 발양을 통해 무에서 유를 창조하며, 정복과 선교를 통해 '이상적 삶'을 이 땅에 구축하는 것을 목표로 삼는다.

그렇지만 한국인들은 일찌감치 자연적인 것의 위대함을 알고 있었다. 그 기원은 물론 아득한 시절의 '경외'로 소급될 것이다. 풍요한 산출과 막강한 재해의 공포가 다 '자연'이란 절대자의 산물이다. 인간은 그가 허여한 환경 속에서 겨우 '적응'하고 '경배'함으로써 비로소 생존할 수 있는 연약한 존재일 뿐이었다.

사회적 가치, 인간의 유대, 그리고 그 확장으로서의 공공성 또한 이 자연성 속에 함축되어 있다. 즉 공공성은 자연성의 발로이자 연장선 상에 있다. 옛사람들은 늘 자신보다 공동체가 더 우선하며, 그 너머의 자연이 입법자라는 것을 너무도 당연히 알고 있었다.

문명이 아무리 발전해도, 인간은 자연의 일부다. 작금의 자연 회귀, 농촌 회귀 등은 문명의 인공적 피로에 대한 조직적 반발의 조짐이라고 해도 좋지 않을까. 그래서 더욱이 '자연에 대한 원시적 경외'가 중요한 시절이 되었다. 포스트모던 시대, 자원의 한계를 생각하고 삶의 원리를 다시 고민하는 지금, 전통의 중심 코드인 '자연'을 문화에서뿐만 아니라 문명적 힐링의 차원에서 성찰하는 것이 필요하다.

한옥, 자연을 품은 지혜로운 삶의 터

박정연(건축가, 블로그 '집을 그리는 사람의 건축답사기' 운영자)

땅과 삶의 유전자를 담아낸 한옥

나는 다양한 현대음악 장르에 관심을 가지다가, 점점 시대를 거슬러 클래식이나 국악 등의 옛 음악을 좋아하게 되었다. 개인적인 성향의 변화라고 치부할 수도 있겠지만, 나와 같은 변화를 경험한 사람들이 적지 않음을 알게 되면서, 사람들이 예술을 향유하는 과정에서 근원과 뿌리를 찾아가는 성향을 조금씩이나마 공통적으로 가지고 있는 것이 아닐까 생각하게 되었다. 이러한 성향은 비단 음악과 관련된 내 경험에만 국한되는 것이 아니다. 나이가 들면서 어릴 때 좋아하던 자극적인 음식보다 담백한 맛을 찾게 된다거나, 활동하기에 편하고 관리하기도 쉬운 개량 한복을 즐겨 입게 되는 분들도 있을 것이다. 이 땅이 지닌 성향, 혹은 우리 몸속에 포함된 유전자는 근본적인 것, 옛 것을 찾고 싶어 하는 성향을 가진 것이 아닐까.

건축을 공부하면서부터 항상 나의 관심 속에는 전통 건축이 있었다. 우리나라의 땅과 가장 잘 어울리는 건축이 수백 년 세월을 거쳐 우리의 전통 건축으로 정착되었으리라 생각되기 때문이다. 이 땅에서 공급받을 수 있는 최적의 재료를 사용하고, 가장 효율적인 방식으로 구축되며, 환경에 적응할 수 있는 것이 우리의 한옥이다. 짧은 시간 외국의 문물을 받아들이며 편리와 효율을 중시해온 현대 사회에서 우리의 주생활은 한옥에 뿌리를 두고 발전하는 것이 아니라, 전혀 다른 뿌리로부터 성장한 나무가 되었다.

　최근 의식주를 비롯한 다양한 분야에서 우리 전통의 것을 찾으려는 노력들이 많이 이루어지고 있는데, 삶의 터전이 되는 주거 공간에서도 마찬가지로 한옥에 대한 관심이 늘어가는 추세다. 당장 한옥을 지어서 살겠다는 사람은 많지 않지만, 많은 사람들이 언젠가 한옥에서 살고 싶은 꿈을 가지고 있다는 것을 알게 되었다. 지금부터 이 글 속에서 전통의 멋을 살려 아름다우면서도 현대적인 삶에 맞춰 편리함을 갖춘 한옥 한 채를 함께 지어보도록 하자.

땅이 가르쳐주는 구축의 논리

집을 지으려면 먼저 무엇을 해야 할까. 당장 땅을 파고 기둥을 세우는 것이 아니라 먼저 집이 세워질 땅을 살펴봐야 한다. 주변의 산세가 어떻게 형성되어 여름과 겨울에 바람이 어떻게 불어올지, 물이 어디서 흘러와서 어디로 흘러나가는지를 살펴보며, 햇빛이 얼마나 잘 들고, 어느 방향이 경치가 멋진지를 살펴본다. 흔히 생각하는 남향이나 동남향의 대지에 북쪽에서부터 주산의 자락이 대지를 감싸고, 남쪽에 안산이 배치되며 물이 흘러나가는 땅이 아니더라도 결점들을 보완하는 방법을 사용하여 한옥을 지을 수 있으니 안심하자. 예를 들면 강릉 운정동 선교장의 열화당은 남서향으로 지었지만 덧처마를 설치해 햇빛을 조절하였고, 창덕궁 연경당에서는 가옥의 대지를 풍수적으로 명당으로 형성하기 위해서 북서쪽에서부터 집 앞을 거쳐 동쪽으로 물이 빠져나가도록 물길을 만들기도 했다.

현대도시의 도심에는 네모반듯하게 구획된 대지가 많은데, 그렇게 필지가 구획된 곳에도 한옥을 지을 수는 있지만, 지금은 도시 외곽의 완만한 경사를 가진 자연스러운 형태의 대지를 가정해보자. 앞서 언급한 대지 주변의 상황들을 살핀 후, 대지 내부의 조건들도 살펴보자. 보존해야 할 수목이 심어져 있는지, 멋진 풍경은 어느 방향에 있는지 등을 살핀다. 멋진 나무나 풍경은 한옥 내부에서 창을 통해 액자처럼 보이게 되므로 중요한 계획 요소가 된다. 잘 지어진 문화재 한옥들을 설계한 옛 선비들의 안목은, 대지에 서서 바라볼 수 있는 풍경을 생각한 것이 아니라, 한옥이 완성되고 난 후 마루 바닥의 높이에 앉거나 서 있을 때 보이는 풍경을 어떻게 창의 프레임 속에 한정시킬 것인가를 고려한 것이라 하니 그 혜안에 놀라지 않을 수 없다.

대지를 꼼꼼히 살펴보면 어떤 모습의 한옥이 만들어질지 대략 짐작할 수 있다. 지역에 따라서 대지가 강원도, 경상도 지역처럼 산지형이라면 ㅁ자형의 안마당을 중심으로 모여 있는 형태의 배치가 좋고, 전라도 지역처럼 평지형이라면 ―자형의 건물을 여러 채 배치하는 것이 좋다. 대지로 진입하는 위치로부터 가까운 곳에 사랑채, 먼 곳에 안채를 배치하면 좋다. 지금은 현대 한옥을 짓고 있으니 사랑채를 응접실이나 거실이라 하고, 안채를 침실이라고 하면 되겠다. 바라보기에 좋은 대상이 있는 곳에는 자연스럽게 대청이나 누마루가 만들어진다.

호연정(합천 율곡면 소재). 휘어진 부재로 대들보를 삼아 기둥에 전달되는 힘이 효율적으로 전달될 수 있도록 했다.

　건물의 형태와 대략의 실들이 계획된 후에는 세부적인 부분들도 대지의 조건에 따라서 결정할 수 있다. 대지에 경사가 존재하면 가옥의 중간쯤에 수납 공간을 상하부로 나누어 설치하면 좋다. 건물의 향과 실의 위계에 따라서 지붕의 형태나 처마가 뻗어 나오는 길이가 결정된다.

　전통 한옥에서는 안채나 사랑채 부분의 지붕일수록 팔작지붕에 폭이 넓었으며, 나머지 부분과 행랑채, 창고채 등은 박공지붕에 좁은 폭으로 계획되었다. 바람이 많이 불수록 창이 작으며, 햇빛과 빗물을 고려하여 기둥의 높이와 처마 길이의 비율이 결정되었다. 여기에 몇 개의 방이 필요한지, 어떠한 생활이 이루어질지를 더해서, 한옥의 큰 밑그림이 완성되었다.

자연이 선물하는 재료로 터전을 마련하다

한옥의 구조부 부재는 대부분 목재로 이루어져 있다. 가옥의 대략적인 규모가 결정되면 필요한 만큼 목재를 구해야 하는데, 간혹 느티나무가 사용되기도 하지만 대부분 침엽수 중에서 소나무를 사용한다. 과거에는 목재를 수개월에서 수년간 건조해야 했지만, 최근에는 기계를 이용해 건조하기도 한다. 현대적인 목조 건축물을 지으려면 반듯반듯한 목재가 효용 가치가 높겠지만, 한옥에서는 합천 율곡면의 호연정처럼 휘어진 자연 그대로의 부재를 사용하는 경우도 종종 볼 수 있다. 활처럼 위쪽으로 휘어진 부재를 대들보 부재로 사용하면 힘을 더 효율적으로 기둥에 전달할 수 있다. 서양의 아치와 같은 역학적 원리가 적용되는 것이다.

그 밖에도 서까래로 사용될 부재들은 휘어진 정도가 클수록 지붕의 모서리 쪽인 추녀 쪽에 배치해 자연스러운 지붕 곡선을 만들게 하기도 한다.

적정한 목재가 준비되었다면 먼저 땅의 신에게 이곳을 이용하려 한다고 알리며 잡귀들을 쫓아내기 위해 고사를 지내거나, 종교에 따라서 착공 예배, 미사를 드리기도 한다. 이러한 풍습은 현대 건축물을 건축하는 경우에도 마찬가지다.

다음은 초석과 기둥이 세워질 자리에 기초를 다진다. 전통의 방식은 바닥이 평평한 돌이나 나무둥치를 여러 명이 들었다 놓으며 흙이나 자갈층을 단단하게 만드는 달구질이다. 현대 한옥은 콘크리트로 기초와 바닥 슬래브를 만들거나, 도심에 지어지는 경우 공간의 활용도를 높이기 위해서 지하실을 만드는 경우도 있는데, 한옥 레스토랑

두가헌에서는 지하에 와인 저장고를 만들었고, 유명한 건축가 김영섭 씨의 집 종로구 가회동의 능소헌과 청송재의 지하에는 음악 감상실을 만들기도 했다. 방의 개수가 여유 있다면 불편함을 즐긴다는 마음으로 방 하나 정도는 보일러가 아닌 구들을 이용한 온돌로 계획해서 겨울날 불을 지피고 아랫목에 누워보는 것도 추천할 만하다.

이제 기단을 쌓아야 한다. 제주도의 민속 가옥들은 높이가 높을수록 강한 바람에 지붕이 날아가버릴 위험이 있어서 아주 낮은 기단을 사용하지만, 일반적인 양반 가옥에서는 두 단의 기단을 쌓았다. 이는 건물의 권위를 표현하기 위해 궁궐의 기단을 세 단으로 정하고, 그 권위에 도전하지 않고 적절한 비례를 갖추도록 하기 위해 양반 가옥은 두 단까지만 쌓도록 나라에서 정한 것이다. 서민 가옥에는 흙을 다져 올린 기단도 있으며, 양반 가옥에는 자연석이나 가공된 장대석을 사용하여 기단을 쌓는다. 땅이 경사졌다면 안동 와룡면 의성 김씨 서지재사처럼 바닥과 기단의 높이에 따라서 실의 하부공간을 적절히 사용할 수 있다.

기단 위의 초석 역시 자연에서 구할 수 있는 재료인 석재를 사용한

안동 와룡면 의성 김씨 서지재사.(왼쪽)
서귀포 표선면의 조일훈 가옥. 기단이 매우 낮게 만들어져 있다.(오른쪽)

다. 원형이나 사각형으로 다듬어지는 경우도 많지만, 자연 그대로의 돌을 초석으로 사용하기도 한다. 자연스러운 재료를 자연 그대로 사용하는 모습이 인상적인데, 이 위에 기둥에 올려질 경우 돌의 자연스러운 형태에 기둥이 맞춰지면서 더욱 안정적인 구조가 될 수 있다.

목재로 구조가 세워지다

기단이 만들어지고 기둥이 세워질 자리에 초석들이 놓여 있다. 이제 기둥 상하부에 중심과 방향을 표시하고 초석 위에 세웠다가 초석의 면과 똑같은 형태로 밀착될 수 있도록 그렝이질을 한다. 기둥이 썩는 것을 막기 위해 중앙부는 살짝 파내어 숯과 소금을 넣고, 주변 부분은 돌의 형태를 그렝이칼을 이용해 그대로 그려서 깎아내면 초석과 하나가 된 듯, 지지하지 않아도 기둥이 홀로 서게 된다. 조선 시대에는 살림집에 격이 높은 원기둥을 사용하지 못하게 했는데, 한양에서 먼 지역일수록 종종 원기둥을 사용하기도 했다. 주로 대청처럼 벽이 연결되지 않고 독립적으로 자리 잡은 기둥을 원기둥으로 하는 경우가 많다.

자연스러움을 더욱 잘 드러내고자 할 경우에는 화엄사 구층암의 도량주(나무껍질만 대충 벗겨서 나무의 자연스러운 모습 그대로 쓰는 기둥)처럼 원기둥이나 사각기둥이 아닌 자연목 그대로의 형태를 목수가 재치를 부려서 그대로 사용하는 경우도 있다. 강화도 학사재라는 현대 한옥에서는 안주인의 종아리 곡선을 그대로 본떠서 기둥을 깎은 경우도 있으니 목수와 상의해 또 다른 재미있는 시도를 해보는 것도 좋다.

각각의 초석마다 기둥이 세워졌다면 기둥 상부의 홈에 보를 받치

화엄사 구층암. 자연목 형태의 기둥을 활용했다.

는 두공이라는 부재와, 도리를 받치는 장혀라는 부재를 끼워 넣는다. 능숙한 목수들은 이러한 결구 부분을 정확하게 깎은 후 나무망치로 두드리면 틈새가 생기지 않게 끼워지도록 만들어낸다. 이 위에 보와 도리를 올리면 가옥이 가지는 공간의 형태가 쉽게 인지될 수 있으며, 주요한 구조부가 완성된 것이기 때문에 큰 힘으로 흔들어도 움직이지 않을 정도가 된다. 사찰에서는 크고 무거운 지붕을 지지하기 위해서 익공과 행공, 첨차, 소로 등으로 구성된 복잡하고 화려한 형태의 공포(栱包)가 형성되는데, 한옥의 경우는 대부분 공포가 없는 민도리식으로 구성되기 때문에 설명한 내용에 대해서만 계획하도록 하자.

한옥에서 지붕의 용마루 방향과 동일하게 놓여서 서까래를 받치는 부재를 도리라고 하는데, 도리가 3개인 집을 삼량가라고 하며 한옥의 기본 단위가 된다. 규모가 큰 집이면 오량가로 구성되기도 한다.

도리 중에서 가장 가운데의 종도리를 올리는 것을 상량식이라고 하는데, 그동안 목수들이 들인 노고를 기리기 위해 간단한 행사를 치르는 것이다. 주요한 구조 부재를 다루는 대목의 일이 끝나고, 나머지 부분들을 다루는 소목의 일이 시작되는 시점이기도 하다.

앞서 지붕의 형태를 결정한 대로 도리 위에 서까래를 올린다. 팔작지붕의 경우 모서리 부분에서 서까래가 부챗살 모양으로 펼쳐지도록 하기 위해 복잡한 형태로 목재를 깎아내야 하는데, 자연스럽게 들어 올려진 한옥 지붕의 형태를 결정하기도 하므로 정교한 목수의 손길과 뛰어난 안목이 필요한 부분이다. 이처럼 서까래가 올려진 후에는 서까래 사이를 개판이라는 판재나 가느다란 나뭇가지들을 문에 걸어 두는 발처럼 엮은 산자엮기로 막는다.

이 시점에서 장마가 시작되는 날짜를 고려해 공사 속도를 잘 조절해야 한다. 장마 전에 지붕 공사가 끝나는 것이 목재가 수분을 많이 머금지 않도록 하는 데 중요하기 때문이다. 현대 한옥은 개판 위에 방수 재료를 설치하는 경우가 많다. 그 후 지붕의 완만한 곡선을 만들기 위해 나뭇조각들을 쌓은 적심이나 흙을 덮은 보토를 설치한다. 지역에 따라 쉽게 구할 수 있는 재료로 지붕을 만들곤 했는데, 초가집·너와집·굴피집도 한옥의 범주로 구분된다. 이번에는 가장 보편적인 양반 가옥의 지붕 재료인 기와를 사용해 지붕을 만들기로 하자. 암키와와 수키와를 올린 후, 추녀마루, 내림마루, 용마루를 만들어 지붕 공사를 마무리한다. 경우에 따라서는 지붕마루의 끝 부분에 사용되는 망와에 독특한 문양을 만들어 넣기도 하고, 제주 선장헌처럼 팔작지붕이나 박공지붕의 박공면에 와편을 이용하여 문양을 넣기도 한다.

제주 선장헌. 박공면에 문양을 새겼다.

흙벽과 창호를 만들다

구조 부분이 완성된 후에는 벽과 창호를 만드는 일이 진행되는데, 이
를 '수장 들인다'고 표현한다. 벽은 주로 흙을 사용해 만드는데, 바닥
부터 천장까지의 높이를 한 번에 만들기가 어렵기 때문에, 대개는 위
아래와 가운데에 인방이라는 부재를 설치한다. 인방 사이에 수직, 수
평으로 가느다란 목재 부재를 설치한 뒤 짚을 썰어 넣어 잘 반죽한
흙을 3회 정도로 나누어 벽 안팎에 바른다. 현대 한옥의 경우 황토
로 만든 블록을 쌓고 미장하는 경우도 있으며, 경주 한옥호텔 라궁의
경우는 단열 성능도 포함하고 있는 블록을 목구조 사이에 끼워넣는
방식으로 계획하여 시공 기간을 크게 단축하기도 했다.

자연이 주는 재료로 만들어진 흙벽은 낮에 열기를 담아뒀다가 밤
에 방출해주는 역할을 하기도 하며, 적절한 실내 습도를 유지하는 역

109

경주 한옥호텔 라궁, 대청마루를 겨울에도 사용할 수 있도록 단열 창호와 벽을 설치했다.

할을 하기도 한다. 최근 새집증후군 등 현대적인 재료에서 발생하는 인체에 유해한 화학 성분이 검출되지 않는 것은 설명하지 않아도 될 것이다. 바닥에 온돌이 설치되지 않는 대청 부분에는 나무 판재로 만들어진 판벽을 설치하는데, 현대 한옥에서는 이 공간을 겨울에도 사용할 수 있도록 하기 위해 단열 성능이 있는 창호나 벽을 설치하기도 한다.

화재에 가옥이 잘 대응하고, 빗물에 흙벽이 손상되지 않도록 하기 위해서 중인방 아래쪽에 네모 모양으로 가공된 사괴석과 벽돌을 쌓은 화방벽을 설치하기도 한다. 이러한 수법은 가옥을 좀 더 격식 있어 보이게 하므로 필요한 부분에 설치하도록 한다.

처음에 땅을 살펴보며 진입구에서 가깝고 경치가 좋은 방향으로 큰 창호를 가진 누마루나 대청의 위치를 정했다. 적절히 문을 배치하고,

외부의 조건들을 고려해 창을 설치하자. 누마루의 경우에는 논산 노성면 명재고택의 사랑채 누마루처럼 필요에 따라 창호를 들어올리고 멋진 풍경을 바라볼 수 있도록 들어걸개문을 구상해볼 수도 있겠다.

방과 툇마루가 만나는 곳에 만들어지는 문은 바닥에서 30~45센티미터 정도 올려진 높이에서부터 만들어지게 되는데, 이 높이는 방 안에 앉아서 팔을 걸쳐 올릴 때 가장 편안한 높이다. 방 안에 사람이 누웠을 때 외부에서 보이지 않는 높이가 되기도 한다. 이 부분은 머름이라고 부르는데, 한옥이 신체의 스케일을 적극적으로 반영하고 있다는 것을 알 수 있게 해주는 부분이다.

흔히 한옥의 불편한 점으로 가장 먼저 지적하는 것이 겨울에 춥다는 점인데, 문화재로 지정된 한옥 중에서도 홍성 홍북면 엄찬고택처럼 미닫이문과 여닫이문이 이중으로 설치되어서 외풍을 막아주도록 만들어진 곳도 있다. 문살에 붙여지는 창호지는 은은하게 빛을 투과해서 낮에는 문을 닫고 있어도 실내 조도가 적절하게 유지되는 역할을 하기도 한다. 현대 한옥은 여기에 단열 성능이 강화된 복층 유리 창호나 방충망까지 더해지기도 하며 생활의 편리함을 추구할 수 있으니, 더 이상 한옥이 불편하기만 한 집은 아닐 것이다.

자연이 선물한 집에서 겨울나기

이제 몇 가지 간단한 작업만 더해지면 한옥이 완성된다. 방에 장판지와 벽지를 바르고, 목재가 드러나는 부분에는 콩기름을 발라서 목재가 세월에 잘 견딜 수 있게 해준다. 현대적인 재료를 바르기도 한다. 한옥은 수납공간이 일체화된 경우가 많지만, 실내 공간과 적절히 어울리는 전통 가구를 들여놓는 것도 좋다.

한국의 전통 조경은 인위적이지 않고 수수하게 꾸미는 것이 특징이며, 한옥 가까이에는 지붕 위에 나뭇잎이 쌓이지 않도록 하기 위해 큰 나무를 두지 않는 것이 좋다. 대지의 경계를 따라 필요한 경우 담장을 만들거나 대문채를 만들어준다.

일반적인 경우 겨울에 목재를 주문하고, 얼었던 땅이 풀리는 봄에 공사를 시작해, 장마가 시작되기 전에 구조부가 완성되고, 가을 중으로 한옥이 완성된다. 날씨가 추워지면 잘 지은 한옥일수록 장점이 드러난다. 한옥에 관심을 가지고 한옥을 지을 생각이 있는 분이라면, 한옥이 불편한 만큼 건강한 집이라는 것을 느끼는 분일 것이다. 실제로 한옥에 거주하는 분들에게서 흙벽이 적절한 습도를 유지시켜주는 데다가 가옥 내부를 이동하면서 툇마루와 대청에서 외부의 공기를 접하게 되므로 면역력이 생기고 감기도 적게 걸린다는 경험담도 자주 들을 수 있었다.

한옥 처마 아래로 겨울철의 햇빛이 방 안 깊숙이 들어오며, 마당에 반사된 빛까지 더해져 방 안이 온기를 머금게 된다. 북쪽에 산자락이 있는 곳에 자리 잡았다면 그 산자락이 찬바람 불어오는 것을 막고 가옥을 감싸줄 것이며, 온돌을 설치한 방이 있다면 아궁이에 군불을 지펴 열기가 구들에서부터 올라와 방 안을 훈훈하게 만들어줄 것이다.

한옥에 불어오는 자연의 바람으로 여름나기

많은 문화재 한옥을 답사해봤지만 에어컨을 설치한 경우를 본 기억이 거의 없다. 그만큼 한옥에서는 여름을 시원하게 보낼 수 있다는 것 아

누마루에 설치된 들어걸개문. 한여름 맑고 시원한 공간감을 연출할 수 있다.

닐까. 경치가 좋은 남쪽 부분을 향해 사랑채의 누마루와 안채의 대청을 배치했기 때문에 여름철에는 시원한 바람이 든다. 남쪽 방향으로 경사진 대지에 만들어진 한옥은 땅에서부터의 건물 높이가 전면보다 후면이 낮게 되는데, 넓은 면적에서 받아들인 바람이 좁은 면적으로 빠져나갈 때 속도가 빨라지는 현상도 살펴볼 수 있다.

처마와 길이와 마당의 반사광이 겨울철에는 방 안 깊숙이 들어올 수 있는 조건이었다면, 여름철에는 태양의 고도가 높기 때문에 처마에 의해 툇마루 끝에 그림자가 걸리게 된다. 마당은 햇빛을 받아서 대류 현상을 만들며, 바람이 잔잔한 날에도 실내의 공기가 빠져나가서 상승할 수 있도록 한다.

누마루 부분이나, 방과 대청 사이의 문을 들어걸개문으로 만들어서 공간을 효율적으로 활용하면서도 밝고 시원한 공간으로 활용하기

113

방과 대청 사이의 들어걸개문. 필요시 방과 대청을 터, 넓은 공간을 활용할 수 있다.

도 한다. 함양 지곡면 일두고택 사랑채에서는 대청과 방이 필요에 따라 하나의 공간으로 이어지며, 시원한 공기가 잘 흐를 수 있도록 만든 모습을 볼 수 있다.

자연 속에, 자연의 방법대로, 자연의 재료로 만든 집, 한옥

지금까지 한옥이 만들어지는 과정과, 그 과정 속에 숨어 있는 원리와 얻어지는 효과를 살펴보았다. 자연을 지배하고 다스리려는 서양의 사상에 비하면, 자연을 벗 삼아 공존하려는 동양적인 사상이 주생활에도 그대로 반영된 것이라고 생각된다. 한옥은 이 땅이 가지는 특성에 맞춰서 그에 잘 적응할 수 있도록 규범이 만들어졌다. 땅을 충분히 이해하고 장점은 살리고 단점은 보완하며 규범을 따라서 짓는다면 홀륭한 가옥이 만들어질 수 있다.

우리가 일반적으로 한옥이라 생각하는 기와지붕을 가진 양반 가옥은 수백 년에 걸쳐서 그 규모와 비례, 결구 방식, 재료가 진화해왔으며, 현재도 진화하고 있다고 생각한다. 지금도 현대인의 생활에 맞게 더욱 편리하고 아름다운 한옥을 만들기 위해서 수많은 학자와 설계자, 시공자들이 각각의 분야를 연구·개발하고 있다. 한옥은 계속해서 기후에 잘 적응하고 공간을 효율적으로 사용하며 에너지를 적게 소모하는 주거 방식으로 진화할 것이다.

대륙, 한국 드라마에서 '가족'을 발견하다

김기덕(건국대학교 문화콘텐츠학과 교수)

한류의 진화

　　일반적으로 한류를 분류할 때는 2000년대 드라마를 한류 1.0, 2010년대 K-팝을 한류 2.0이라고 규정한다. 그리고 2012년 문화체육관광부에서는 전통 문화에 기반을 둔 K-컬처 한류 3.0의 육성을 정책 목표로 제시했다. 이러한 구분은 한류 전반을 커다란 대세의 측면에서 표현한 것으로, 엄밀한 학술적 구분은 아니다. 일찍이 태권도를 한류의 커다란 흐름에 포괄하여 규정하기도 했다. 이 경우 태권도를 한류 1.0으로 보는데, 그렇게 되면 한류는 4.0까지로 나뉜다.

　　또 최근의 아이돌 가수들보다 이른 시기에 해외에 진출했던 HOT, NRG, SES, 베이비복스, 클론 등의 사례를 보면 중국에서는 드라마보다 음악이 먼저 유행해 오히려 K-팝이 드라마보다 일찍 전파되었다고 볼 수 있다. 이처럼 한류 1.0의 드라마, 한류 2.0의 K-팝, 한류 3.0의

K-컬처라는 분류는 다소 불명확하여 이견의 여지가 있으며, 사실상 시기적으로 어느 정도 겹치기도 한다. 하지만 전반적인 흐름으로 따져 볼 때, 이 같은 한류의 구분 방식은 받아들일 수 있다.

이 가운데 한류 1.0과 2.0은 분명한 실제적 현상이지만, 한류 3.0 은 하나의 지향점이자 희망 사항으로서 다분히 정부의 정책적 목표 라는 성격을 띠고 있다. 물론 한류 3.0이 오로지 정책 목표에 그치는 것만은 아니다. 김치, 막걸리 등의 한국 음식 등을 중심으로 하는 다 양한 음식 한류, 한옥 및 한국 복식, 그리고 한글 디자인 등과 관련하 여 흔히 '한스타일'로 통칭되는 강력한 흐름이 엄연히 존재한다. 다만 이러한 흐름이 아직은 드라마나 K-팝 정도의 파괴력을 지니지는 못 한다는 점에서 크게 보아 정책적 차원이라고 말할 수 있다는 것이다.

이러한 한류 3.0의 정책적 목표는 세 가지 측면에서 주목할 필요가 있다. 첫째는 기술적 측면이다. 흔히 특정 분야의 현상을 1.0, 2.0, 3.0 등의 버전으로 표현할 때 점증하는 숫자들은 새로운 차원의 기술적 진보를 의미하며, 이 경우 앞의 구 버전은 점차 소멸될 운명에 처하기 마련이다. 즉, 기술적 차원의 진보는 새로운 것이 과거의 것을 무의미 하게 만드는 것이 일반적이다. 그러나 문화를 포함한 인문적 측면은 그렇지 않다. 한류 2.0이 한류 1.0을 무의미하게 만들고 한류 3.0이 한류 1.0과 2.0을 무의미하게 만드는 것이 아니다. 오히려 새로운 측면 이 첨가되어 예전의 버전과 최신 버전이 상생하면서 서로 시너지 효 과를 발휘한다고 이해하는 것이 옳다.

둘째는 문화적 측면이다. 모든 문화의 완결은 전통 문화 및 생활 문 화에 기반을 둔 그 나라의 라이프스타일 전반이라고 할 수 있다는 점 에서, 이러한 한류 3.0의 목표는 시의적절하다고 평가할 수 있다.

셋째는 정책적 측면이다. 한류 1.0의 드라마와 한류 2.0의 K-팝은 사실상 대부분 민간 기업 스스로 이루어낸 것인 반면, 한류 3.0에는 문화체육관광부를 중심으로 한 정부의 의지가 강하게 반영되어 있다. 즉 민간의 요청과 흐름을 정부에서 적극적으로 수용했다는 면에서 일단 긍정적인 정책 방향이라고 평가할 수 있다.

**한류 드라마에
열광하는 중국인들**

　　　　　　　　　오늘날 한류는 전 세계적으로 주목받고 있지만, 그 핵심 진원지는 중국과 일본이었다. 중국과 일본에서 시작된 한류가 동남아시아를 거쳐 전 세계로 확산되고 있는 추세다. 바로 이 점에서 동북아시아라는 지역적 위상의 중요성이 두드러진다. 동북아 삼국은 고대부터 근대까지 계속된 침략과 분쟁이라는 역사적 아픔과, 문화 전파 및 교류라는 양면성을 띠고 있다. 특히 최근의 영토 분쟁을 비롯해 정치·경제적으로 항상 갈등의 소지를 안고 있다. 그런 점에서 (이 글에서 직접 다루지는 않았지만) 한류의 산업적 측면 외에 한류를 중심으로 하는 '동북아 문화 공동체'에 관한 논의도 매우 중요하다.

일본의 경우 2003년부터 2004년에 걸쳐 방영된 드라마 〈겨울연가〉로 시작된 한류는 '욘사마 붐'으로도 잘 알려져 있다. 여러 특징 가운데서도, 일본은 무엇보다 〈겨울연가〉처럼 주로 첫사랑과 순애보를 다룬 한국 드라마가 중년층 이상의 여성을 중심으로 사랑받아 한류 붐의 견인차 역할을 했다. 반면 중국의 경우는 1999년 『베이징 청년보』에서 한국의 대중문화를 일컫는 '한류'라는 용어를 최초로 사용한 것에서도 알 수 있듯이, '한류'가 먼저 소개되었다. 그리고 그 열풍의

일본으로 수출된 드라마 〈겨울연가〉
의 DVD 트랙. 〈겨울연가〉는 한류 붐
의 견인차 역할을 했다.

핵심은 바로 이 글에서 다루고자 하는 '가족주의'였다고 할 수 있다.

중국에서 한류 붐을 일으킨 한국 드라마는 1997년 안재욱이 주연한 〈별은 내 가슴에〉다. 그 이전에도 중한 수교의 영향으로 한국 드라마가 소개되기는 했지만 반응은 미미한 정도였다. 그러나 중국 CCTV 채널1을 통해 방영된 〈별은 내 가슴에〉는 평균 시청률 4.2퍼센트를 기록하면서 CCTV 수입 외화 방영 역사상 2위의 자리에 올랐다. 그후 〈순풍산부인과〉, 〈미스터 Q〉 등 많은 드라마가 수입되어 커다란 인기를 얻었다. 그러다가 2005년에 방영된 〈대장금〉은 바야흐로 중국에서 한국 드라마의 전성시대를 열었다. 상하이 『문화보』의 보도에 따르면 2005년도 국경일 기간에 상하이 시민의 62퍼센트가 〈대장금〉을 시청했다고 한다. 또 한국 문화관광부의 통계에 따르면 우리나라가 중국에 수출한 방송 프로그램의 수출액은 2002년 366만 달러에서 2005년에는 무려 1096만 달러로 증가했다. 그만큼 많은 한국 드라마가 중국에서 방영되었다는 의미다. 이러한 상황이 되자, 중국국가광전총국(SARFT)은 한국 드라마에 대한 제한 조치를 강화하기에 이르렀다. 이미 2004년에 '해외 TV 프로그램 도입과 방송 관리 규정'을

2005년 방영된 〈대장금〉은 중국에서 한국 드라마의 전성시대를 열었다.

통해 해외 드라마의 방영을 제한한 데 이어 계속하여 보충 규칙 공문 공고를 통해 해외 영상물, 특히 한국 영상물에 대한 규제를 강화하고 있다. 그러나 이러한 드라마 수입 제한 조치 때문에 오히려 한국 드라마 DVD가 꾸준히 팔리고, 인터넷에서 다운로드받아 보는 사람도 증가하는 등 중국에서 한류 드라마 열풍은 여전히 지속되고 있다.

이처럼 1997년의 〈별은 내 가슴에〉는 중국 내 한류 드라마 붐의 본격적인 신호탄이었고, 2005년의 〈대장금〉은 한류 드라마의 전성기를 견인한 대표작 역할을 했다. 이러한 흐름에 맞춰, 2005년부터 많은 중국인들이 한국 드라마에 대한 분석을 내놓았는데, 그 논의의 핵심은 한국 드라마에 나타난 '가족주의'에 관한 것으로 모아진다. 그 주요 내용을 제시하면 다음과 같다.

① 한국의 언론 자유는 한국 드라마에 새로운 생명을 부여했다. 인본주의는 한국 드라마의 특징이 되었다. 가정과 사랑이 변하지 않는 주제를 이루는 한국 드라마는 특히 평범한 일상 속의 사소함을 잡아내어 사람들을 따뜻하게 해주고 인간미가 느껴진다.(朱鴻召)

② 한국 사회의 강한 민족의식 및 단체정신에 따라 가족주의와 가정 윤리가 한국 드라마에도 나타나게 되었다. 한국 드라마는 가정 윤리의 미(美)에 바탕을 두며, '아름다운 이미지', '마음을 흔드는 음악' 및 '풍부한 스토리'가 서로 완벽하게 결합하여 시청자의 마음을 사로잡는다.(陈洁)

③ 한국 드라마의 매력은 간단하게 정리하자면 유교 문화의 보전이며, 감정은 풍부하고 디테일은 진실하다. 일반 가정에서 나타나는 효도, 달콤한 사랑, 충성을 다하는 순정은 한국 드라마의 가장 매혹적인 요소다.(陈静丽)

④ 한국은 중국 문화와 동질성을 갖고 있기에 그 드라마에도 쉽게 접근할 수 있다. 따라서 국제화되어가는 현대에도 전통의 특수성을 공유할 수 있다. 중국 사회에서 사람들은 대부분 3인 가구의 핵가족 형태로 살고 있기에, 한국 드라마에 나타나는 대가족의 친밀한 유대감을 동경한다.(金丽娜)

⑤ 한국 드라마에서 보여주는 화면의 화려함과 가부장주의는 지금의 글로벌 시대에 중국 드라마에 비어 있는 두 가지 부분을 채워주었다. 화려한 장면은 '발전상'을 나타내고, 가부장주의는 '전통'을 대변한다. 한국 드라마의 가부장주의는 현대 사회 속에 조화되어, 특히 남자의 의무와 남성의 기질을 강조하면서 현대 중국인의 지친 마음을 위로해준다.(吴靖, 云国强)

⑥ 두 나라는 문화가 비슷하기 때문에 중국 시청자들이 쉽게 적응할 수 있다. 한국 드라마는 대부분 가정의 정을 중요한 주제로 선택하고 각색함으로써, 인간의 기본적인 욕구를 채워주면서 가정에 대한 그리움을 달래주었다.(翁燕)

⑦ 한국 드라마는 '정(情)', 즉 친정, 애정, 우정을 중심에 두고 스토리를 전개한다. 충돌이 별로 없지만, 일상 속에 잔잔하게 묘사되는 작은 스토리를 통해 이 '정'은 사람에게 오랜 여운을 남기는 따뜻함을 준다. 또 한국 드라마의 화면은 화려하되 내면은 전통적인 가정주의를 내포하여, 중국 사회에서 이미 잃어버린 것을 다시 채워주었다.(徐鵬)

⑧ 중국과 한국은 통할 수 있는 사회·문화적 심리를 지니고 있다. 따라서 중국 시청자는 한국 드라마의 텍스트를 쉽게 해석하고 이해할 수 있다. 현대 중국인들에게 대가족을 포함한 많은 전통은 익숙한 것이긴 하지만 현실에서는 이미 많이 사라져버렸고, 주변에서 찾아보기도 힘들다. 그럼에도 그것은 중국인의 유전자에 깊이 박혀 있다. 이런 상황에서 한국 드라마를 보면 이 정서들이 되살아나 더 쉽게 감동을 받는다.(林智爱)

같은 한국 드라마라고 해도 여러 유형이 있는데, 크게 보아 가정극, 애정극, 역사극으로 나눌 수 있다. 우선 한국 드라마 전반에 나타나는 현대적인 요소들, 즉 출연자들의 세련된 용모와 패션 그리고 높은 생활수준과 현대화된 모습 등은 중국인들의 호기심과 동경을 불러일으키기에 충분했다. 또 다른 흐름에서는 한국 드라마의 주제와 내용이 실생활에 바탕을 두고 평범한 인물과 작은 사건들을 뛰어나게 묘사하여 소박한 일상생활을 그대로 보여준다는 측면이 중국 시청자들의 마음을 사로잡았다. 반면 역사극에 반영된 애국주의는 동북공정과 고구려 문제, 강릉 단오절 세계문화유산 등록 논쟁과 맞물려 반한류가 확산되는 계기가 되기도 했다.(김기덕, 2011)

그러나 무엇보다 중국인에게 강한 인상을 준 것은, 위의 인용문들에도 잘 나타나듯이 모든 드라마에 직간접적으로 녹아 있는 '가족주의'였다고 할 수 있다. 중국은 1949년 사회주의 국가를 건설하면서 가부장제에 따른 '효'를 버렸다. 그러나 효의 긍정적인 측면은 당연히 존재하므로, 중국인들은 한국 드라마를 보면서 부모를 다시 생각하게 되고 또 부모 때문에 결혼을 망설이거나 갈등하는 자식들의 모습을 보며 잃어버린 자신들의 가치관을 되새기게 되는 것이다. 이러한 주제와 관련하여 가장 먼저 발표되어 많이 인용되고 있는 ①의 글을 보면, 한국 드라마에 담긴 사상을 한마디로 '인본주의'로 규정하고 있다. 이러한 시각은 한국 드라마의 가족주의 및 가족 윤리를 강조한 ②의 글, 드라마에 드러난 한국 가정의 효도, 순정을 강조한 ③의 글, 한국 드라마가 가정에 대한 중국인의 그리움을 달래준다는 점을 강조한 ⑥의 글, 중국 사회에서 이미 잃어버린 것을 다시 채워 준다는 ⑦의 글에서도 나타난다. 그리고 위의 모든 글에서 공통적으로 특히 한국 드라마에 담긴 '효'의 요소를 부각하고 있다. 이 글들에서는 그 영향을 공히 유교 전통 논리의 연장선상에서 이해하고 있는데, 이 점에 대해서는 조금 다른 시각으로 바라볼 필요가 있기에 뒤에서 다시 언급하려고 한다.

중국의 가정은 맞벌이 부부에 아이 하나, 그리고 할아버지 할머니의 분가라는 일반적인 경향을 띠고 있다. 여기에 더해 현대 중국은 광범위한 영토에서 농촌과 대도시의 분리에 따른 가족의 이산으로 친척은 말할 것도 없고 직계가족의 왕래도 쉽지 않다. 이러한 현실에서 광범위한 친족 범주가 등장하고 예의가 남아 있는 한국 드라마의 가족주의는 당연히 관심의 대상이 되었다. 이 점과 관련하여 ④의 글에서는 한국 드라마 속 대가족 간의 친밀한 유대감에 대한 동경을 지적하였고, ⑤의 글에서는 가부장주의의 전통 속에서 남성의 의무와 그와 결부된 남성성의 발현을 지적했다. 즉 현대 중국의 경우 남성의 유약함이 특징으로 지적될 수 있는데, 이에 견주어 보면 한국 드라마에 드러난 남성성의 기질이 현대 중국인의 지친 마음을 위로해준다는 것이다. 또 ⑧의 글에서는 중국인들의 유전자에 남아 있는 대가족주의에 대한 향수가 한국 드라마를 보면서 되살아난다고 이야기한다.

한국 드라마에 나타난 '가족주의'에 관한 이 같은 중국인 연구자들의 지적과는 달리, 한국의 실제 현실이 결코 단순히 긍정적이지만은 않다는 점은 명백하다. 그러나 최소한 다른 나라에 비해 우리에게 공동체적 삶의 유전자인 '가족주의'가 여전히 곳곳에서 작동하고 있다는 사실만큼은 인정할 수 있을 것이다. 아무리 허구라고 할지라도 드라마에는 당대인의 삶의 현실과 염원이 반영되어 있다는 점에서, 한국 드라마에 나타난 '가족주의'의 모습은 현재 한국인의 모습의 일면이기도 하기 때문이다.

한국인들은 정작 잘 느끼지 못하지만, 중국인뿐 아니라 다른 외국인들을 대상으로 한류에 관해 조사를 해보면 그 핵심 키워드로 항상 '가족주의'와 '효'가 등장한다. 실제로 오늘날 한국의 다양한 문화콘텐츠 작품에서는 '가족'과 '효'가 중요한 요소로 작동한다. 한류 드라마에 커다란 발자취를 남긴 〈가을동화〉와 〈겨울연가〉에서 젊은 주인공들이 갈등을 빚는 주된 이유는 부모가 자신들의 결혼을 반대하기 때문이다. 그냥 자기들끼리 살면 될 것을 그들은 왜 괴로워하는가. 이처럼 부모와 가족을 의식하여 행동하는 모습은 한국 드라마 도처에서 찾아볼 수 있다. 아무리 서구 문물의 세례를 받은 젊은 세대일지라도 여전히 전통적 기준으로 봤을 때의 '불효자식' 이미지가 스스로에게 덧씌워지는 것은 받아들이기 쉽지 않다.

최근 급격히 유행하는 토크쇼 형식의 예능 프로그램에서도, 변화하는 가치관과 더불어 여전히 전통적인 가족주의와 부모에 대한 효 의식이 살아 있음을 엿볼 수 있다. K-팝 아이돌 스타들도 토크쇼에 나와 종종 부모님 이야기를 하며 눈물을 흘리곤 한다. 젊은 세대의 일반적인 세태를 생각해볼 때 어찌 보면 이것은 자연스럽지 않은 현상처럼 느껴지기도 한다. 그러나 어린 아이돌 스타들이 TV 프로그램에서 이러한 모습을 보이고, 또 시청자들도 그 장면을 오히려 감동스럽게 바라본다는 사실은 한국인의 마음속에 여전히 가족주의에 기초한 공동체적 문화유전자가 강력하게 작동하고 있다는 것을 말해준다.

더 나아가 K-팝 스타들의 가혹한 집단 훈련 과정과 공동체 생활 역시 이러한 관점에서 바라볼 수 있다. 물론 이러한 집단적 양성 과정에 대해서는 다소 부정적인 해석이 있을 수 있다. 그러나 그러한 방식의 긍정적·부정적 측면에 관한 논의는 별도로 하고, 여기서 강조하고 싶은 것은 그와 같은 방식의 존재 자체가 한국적인 가족주의 공동체 생활방식의 연장선상에서 도출된 것이라는 점이다.

매년 인기리에 열리는 김영임의 〈회심곡〉 공연이나, 무속 신앙에서 모시는 신(神)들을 소재로 하지만 실제 내용에는 부모와 가족에 대한 숱한 일화가 담겨 있는 주호민의 웹툰 〈신과 함께〉의 선풍적 인기도 그 밑바탕에는 '가족'과 '효'에 대한 한국인의 관심이 전제되어 있다고 할 수 있다. 〈회심곡〉의 핵심은 '효'다. 이러한 효를 중점적으로 제시하는 전통 공연이 매년 성황리에 개최되고 있는 현상은 결코 예사로운 일이 아니며, 한국인의 마음속에 가족주의 문화유전자가 작동하고 있음을 보여주는 예증이라 할 수 있다. 〈신과 함께〉의 선풍적인 인기 역시 누구도 예상하지 못했던 일일 것이다. 오늘날 무속은 흔히 미신의 대명사로 취급되며, 특히 무속의 신들은 젊은 층에게는 너무나 낯선 비호감의 대상이다. 그것을 주호민 작가는 현재의 다양한 문제와 결부하여 훌륭하게 재창조하였고, 그 결과 〈신과 함께〉는 젊은 층에게 많은 사랑을 받았다. 〈신과 함께〉의 현재적 재해석의 핵심은 첫째는 사회문제라는 측면에서 도시 재개발, 즉 주거 문제를 둘러싼 용산 대참사라는 주제이고, 또 하나의 측면은 가족 문제로서 바로 부모에 대한 '효'라는 주제다. 바로 이 점에서 현 시대에도 강하게 작동하고 있는 한국인의 가족주의, 효에 입각한 공동체 문화유전자를 확인할 수 있다.

이렇게 주변으로 관심을 돌려보면, 한국인의 공동체적 문화유전자

주호민의 웹툰 〈신과 함께〉의 인기는 '가족'에 대한 한국인의 관심이 아직 강렬하다는 것을 말해준다.

가 반영된 요소를 찾는 것은 그리 어려운 일이 아니다. 최근 전 세계적으로 각광받고 있는 〈강남 스타일〉의 싸이는 연예인이 되는 것을 반대했던 아버지와의 관계를 생각하며 〈아버지〉라는 곡의 가사를 직접 썼고, 이 노래는 싸이의 공연에서 항상 불리는 곡 중 하나다.

또 2011년 4월 5일 미국과 캐나다에서 영문판으로 출간된 신경숙의 『엄마를 부탁해』역시 이 점에서 대단히 중요한 시사점을 던져준다. 이 소설은 근대화 과정에서 소외되었던 '가족'의 가치를 되살리며, 그 가치 속에 근대를 극복할 수 있는 새로운 의미를 담아낸다. 근대가 가져온 개인주의에 맞서기보다는 개인과 공동체가 함께 공존하기 위한 '성찰'을 보여준다는 점에서, 이 소설은 전통과 탈근대의 새로운 국면을 제시했다고 할 수 있다. 다시 말해 이 작품은 가족 이데올로기에 함몰되어 희생적인 모성을 강조하지도 않으며, 동시에 개인주의로 인한 가족 공동체의 해체를 필연적으로 담아내지도 않는다. 이와 같은 인식은 해방 이후 한국 사회가 전통에 대한 부정과 서구적 근대에 대한 추종이 가져온 가족 해체의 모순을 경험한 끝에 얻은 결론이기도 하다.(음영철, 2012)

흔히 한류의 외형을 두고 서구화의 추종이라고 평가하는 시각도 꾸준히 있어왔다. 한류는 결국 미국 영화, 미국 음악, 미국 패션, 미국식 라이프스타일의 세련된 모방이라는 것이다. 물론 그런 측면이 있

미국 크노프 출판사에서 출간한 신경숙의 소
설 『엄마를 부탁해』의 영문판 표지.

다는 것을 부정할 수는 없다. 그러나 한국의 문화콘텐츠에는 미국뿐
만 아니라 서구 전체가 결코 따라 할 수 없는 '가족'과 '효'에 입각한
공동체적 문화유전자가 알알이 박혀 있다. 또 『엄마를 부탁해』에서
잘 그려냈듯이 한국 사회에서 '엄마'라는 존재는 한국의 특수한 근대
화 과정에서 단순히 가족을 위해 희생하는 존재가 아니라 그것을 뛰
어넘는 지점에 위치해 있다. 『엄마를 부탁해』는 바로 이 점을 잘 보여
주었으며, 동시에 한국의 끈끈한 가족 문화를 통해 엄마에게 소홀했
던 모습에 대한 성찰을 보여줌으로써 미국인들에게 신선한 충격을 주
었다.

　　이처럼 '가족'과 '효'에 입각한 공동체적 삶의 유전자의 계승 및 창

조적 성찰은 현대의 다양한 문화콘텐츠 전반에 짙게 깔려 있다. 그리고 이 같은 최첨단 현대 문화콘텐츠 작품에서도 '가족'과 '효'가 주된 소재 및 주제로 등장한다는 것은, 기본적으로 그에 대한 한국인의 관심과 애착, 동조가 전제되어 있다는 의미이기도 하다.

가족공동체와 효의 가치

지금까지 이 글에서 '가족'과 '효'라는 키워드를 중심으로 전개한 한국인의 공동체 문화유전자에 관한 논의의 핵심을 이루는 것은 바로 '효'다. 세계의 수많은 가족제도와 비교할 때 한국 가족제도에서 부모와 자녀 간의 관계라는 측면은 가장 독특한 특성을 지니고 있는데, 그것이 바로 '효' 문화다. '효'는 특히 유교 문화에서 생활의 윤리이자 기초적인 규범으로서 강조된 것이었는데, 이것이 오랜 역사를 통해 한국인의 문화와 생활양식 속에 깊숙이 뿌리내린 결과 이제는 한국의 문화 일반과 가족 문화에서 가장 중요한 요소 가운데 하나로 정착하게 되었다. 오늘날 유교 문화의 전체적 체계는 대부분 해체되었다 할지라도, 그 일부인 '효' 문화는 특유의 장점과 긍정적이고 순기능적인 가치로 인해 시간을 넘어서 붕괴되지 않고 살아남았다. 바로 이 '효' 문화야말로 한국 문화 일반과 한국 가족 문화의 가장 큰 특징으로 꼽을 수 있다.(신용하·장경섭, 1996)

이러한 한국의 '효' 문화를 유교 문화의 잔존으로 간단히 치부해 버리거나, 혹은 한국 가족의 전근대성 혹은 세계사적 특수성으로만 해석하는 시각은 옳지 않다고 본다. 그러한 측면이 있는 것도 분명한 사실이지만, 한국의 '효' 문화에는 인류를 풍요롭게 하는 세계사적 보편성이 담겨 있다는 점을 인식해야 한다. 이 점을 설명하기 위해 다음의 사례를 비교해보고자 한다.(김기덕, 2004)

- 역사 : 과거 - 현재 - 미래
- 나무 : 뿌리 - 줄기 - 열매
- 인간 : 부모 - 자신 - 자식

위에 제시한 것처럼 과거-현재-미래는 동체(同體) 즉 한 몸이며, 나무에서 뿌리-줄기-열매도 한 몸이다. 그리고 인간관계에서 부모-자신-자식도 한 몸이다. 나무와 인간의 비유는 유교 사상에서 이미 강조한 바 있지만, 위와 같은 인식은 어느 하나의 사상을 뛰어넘는 보편적인 메시지인 것이다. 우리는 흔히 위의 도식에서 마지막에 해당하는 미래-열매-자식을 좋아한다. 그러나 과거의 역사가 중요한 이유가 무엇인가? 그것이 현재를 규정하며 미래를 결정짓기 때문이다. 또 사람들은 나무의 아름다운 열매만을 감상하지만, 뿌리가 죽으면 열매도 죽는다. 이러한 측면은 인간관계에서 더욱 극명하게 나타난다. 효는 원래 자효(慈孝)라고 하여 부모는 자녀에게 자(慈), 곧 인자함과 사랑을 베풀고 자녀는 부모에게 효(孝), 곧 효도를 다하는 것이 규범이자 덕목이었다. 자녀에 대한 자애는 기본적으로 자연스러운 본성에 기초하고 있기 때문에 인위적으로 강조하지 않아도 대부분 실천되는 경향이 있다. 그러나 효는 자연적인 동시에 사회적인 측면이 매우 강하기 때문에 교육과 규범에 의해 강조되지 않으면 잘 실천되지 않는다. 이것은 마치 과거 역사를 잊어버리고, 나무의 뿌리를 생각하지 못하는 경향과 같은 것이다. 그러므로 모든 교훈에 '네 부모를 사랑하라'

는 계명은 있어도 '네 자식을 사랑하라'는 계명은 굳이 없는 것이다.

동서양 모두에서 '가족'은 인류의 최초이자 최후의 것이므로 무시 간적인 완전성과 불변성을 지니는 가치다.(권명아, 2000) 그러나 지금 전 세계는 '가족 해체'라는 글로벌 이슈에 직면해 있으며, 한국 사회도 가족의 축소 및 해체가 진행되고 만혼 풍조가 유행하고 있다. 그럼에 도 개인이 의지할 수 있는 마지막 남은 '안식처'는 가족일 수밖에 없 는 이중적이고 모순적인 상황에 처해 있다.(김경일, 2012) 바로 이런 문 제를 풀어나가기 위해 많은 해결책과 처방이 제시되고 있으나, 이 자 리에서 구체적으로 탐구할 여유는 없을 것이다. 다만 여기서는 어떠 한 사회학적 분석과 처방이 이루어지더라도 가족은 효가 전제되지 않으면 무의미하다는 점을 강조하고자 한다. 다시 말해 효의 방식과 관계는 사회의 흐름에 맞추어 변화할 수 있지만, 효의 본질은 영원하 다는 것이다. 이러한 시각은 비록 유교에서 강조하는 것이긴 하나, 그 점 때문에 효 사상과 효 문화를 오로지 유교에 한정짓는 것은 바람직 하지 않다고 생각한다. 사실상 무속의 본질도 효이며 불교의 가르침 도 효가 중심을 이룬다. 효 사상과 그에 따른 효 문화는 보편성을 지 니는 인류의 소중한 가치인 것이다.

이러한 가족과 효 문화가 현재의 한국 드라마, 더 나아가 다양한 한국의 문화콘텐츠 작품에 간직되어 주된 소재로 작동하고 있으며, 계속하여 현재적 재해석이 시도되어 가히 '일상화'되어 있다. 정말이 지 한국의 공동체적 문화유전자는 서구화의 세례 속에서도, 그리고 압축 근대의 갈등 속에서도 지속적으로 재창조되어 글로벌 이슈인 '가족 해체'에 대한 해답을 내고 있는 것이다.

여기서 한 가지 덧붙일 것은 다문화에 대한 한국인의 태도다. 단일화를 선호해왔던 한국인의 경우 그동안 다문화에 대하여 경직된 태도를 보였던 것이 사실이다. 그러나 최근 다문화 가정이 증가하면서 부정적인 부작용도 많았지만 전반적으로 놀랍도록 다양성을 받아들이는 경향이 나타나고 있는 것은 대단히 놀랄 만한 일이다. 그 이유 또한 가족과 효 문화에서 찾아볼 수 있다. 최근의 다문화는 가족으로 결합되는 양상이 대표적이다. 즉 외국인과의 혼인으로 다문화 가족이 형성된다. 이것은 예전의 다문화와는 차원이 다르며, 가족 속에서 효 문화가 원만하게 작동할 경우 외국인 가족 구성원 역시 자연스럽게 자신의 가족으로 받아들일 수 있게 되는 것이다. 이런 현상은 한국의 전통적인 가족과 효 문화가 다문화까지 끌어안으면서, 전반적으로 강력하게 작동되었던 한국인의 단일성을 다양성으로 변화시키고 있는 것이라고 해석할 수 있다.

요즘에는 다문화 가정을 소재로 한 TV 프로그램 역시 많이 만들어지고 있다. 최근 그러한 프로그램 중 하나에서 다문화 가정의 외국 여성이 한국에서 쓰이는 가장 이상한 언어 중 하나로 '우리 엄마'를 꼽은 것을 흥미롭게 지켜본 적이 있다. 우리의 언어 습관에서는 '우리 나라', '우리 친구', '우리 엄마', '우리 누나' 등 공동의 소유를 의미하는 '우리'라는 단어를 일상적으로 사용한다. 우리는 자연스럽지만 외국인들의 눈에는 대단히 이상한 것으로 비칠 것이다. 이러한 언어 습관 역시 공동체적 문화유전자의 예증이라 할 수 있을 것이다.

지금까지 가족과 효 문화에 입각한 공동체 문화유전자에 관해 살펴보았지만, 현재 한국의 현실은 이러한 긍정적인 요소만 있는 것은 물론 아니다. 한국인들이 일구어온 압축적 근대화는 그 표면적 성취가 세계인의 이목을 집중시킨 것만큼이나 이면에서는 사회적 모순과 혼돈, 갈등을 누적해왔다. 그리고 무엇보다 이 점은 가족관계에서도 다양한 교란 작용을 일으켰다.(장경섭, 2009) 복잡하게 얽혀 있는 한국 근대의 가족에 대한 논의를 위해 '복합 성찰성'이라는 개념이 제안되기도 했다.(권용혁, 2012) 한국 근대의 가족에는 압축적 근대화와 산업화로 발생한 "전통과 근대 그리고 현대적 요소들의 중층적 현존과 이들의 상호 영향 주고받기를 통한 변용과 중첩화, 그리고 이로 인한 다양하고 이질적인 가족 형태의 혼성화"라는 특유의 복합적 성격이 존재하기 때문이다.

비단 연구자들이 그러한 분석을 내놓아서만이 아니라, 우리 현실에서는 가족 책임의 과부하, 경제 문제 및 소통 부재로 말미암은 가족 해체 및 패륜, 가족 이기주의의 역기능 등을 피부로 느낄 정도로 많은 문제가 발생하고 있는 것이 사실이다. 이러한 문제는 우리 모두가 머리를 맞대고 헤쳐나가야 할 과제임이 틀림없다. 그러나 가족과 효 문화에 이처럼 긍정적인 측면과 부정적인 측면이 공존하는 현실 속에서, 최소한 긍정적인 측면을 계속하여 조명하는 작업은 의미 있다고 생각한다. 특히 드라마에 등장하는 가족 및 효 문화에 대한 묘사는 결코 작위적인 것이 아니다. 시청률에 예민하게 반응할 수밖에 없는 매체의 특성상 현실과 동떨어진 묘사를 전개할 수는 없기 때문이다.

시청자의 염원을 반영한 스토리텔링이든 작가 및 연출자의 주관이 개입된 스토리텔링이든, 한국의 드라마는 항상 현실의 트렌드 및 문제들을 고민하며 이야기를 전개한다. 복합적인 문제들을 다루면서도 가족과 효 문화의 공동체 문화유전자가 반영되어 있는 한국의 드라마를 세계인들은 재미있게 시청하고 또 감동한다. 언제나 할아버지와 할머니를 포함한 넓은 친족망이 등장하고, 그 속에서 알콩달콩 살아가면서 온갖 사건이 일어나는 시끌벅적한 가족관계, 그리고 갈등 요소가 개입되어 있으면서도 항상 효를 의식하며 고민하는 모습, 그리하여 가족공동체에서 정서적 지지 및 안식을 얻는 한국 드라마 속 인물들의 모습은 다른 나라 사람들에게는 결코 일상적인 것이 아니다. 특히 사회주의와 한 자녀 정책으로 가족주의와 효의 요소가 급격히 사라진 중국의 경우 더욱 강렬한 인상을 받는 것은 당연하다.

바로 이러한 가족과 효 문화에 기초한 공동체 문화유전자는 중국뿐 아니라 세계에 기여할 수 있는 유전자이며, 이 점에 바로 한류 드라마의 위대성이 있다. 한류 3.0의 K-컬처 시대에 다른 어떤 것보다도 중요하게 부각시킬 필요가 있는 것이 바로 우리의 공동체 문화유전자이며, 그것은 다시 우리 스스로를 교화하여 많은 부정적인 문제가 중첩되어 있는 현재 한국의 가족 문제 해결에도 크게 기여할 것이다.

참고문헌

권명아, 『가족이야기는 어떻게 만들어지는가』, 책세상, 2000

권용혁, 『한국 가족, 철학으로 바라보다』, 이학사, 2012

김경일, 『근대의 가족, 근대의 결혼』, 푸른역사, 2012

김기덕, 「효의 가치는 절대적이며 영원하다—효의 존재론적 가치」, 『효문화와 콘텐츠』, 경기문화재단, 2004

김기덕, 「미디어 콘텐츠 속 한중일 젊은 세대의 역사문화갈등과 대안모색」, 『인문학논총』 52, 건국대 통일인문학연구단, 2011

신용하, 장경섭, 『21세기 한국의 가족과 공동체문화』, 지식산업사, 1996

음영철, 「한국 소설의 한류 가능성 모색—신경숙의 〈엄마를 부탁해〉를 중심으로」, 『제1회 겨레어문학회 국제학술대회 발표논문집』, 건국대, 2012

이은숙, 「중국에서 한류 열풍 고찰」, 『문학과영상』 3, 2002

장경섭, 『가족, 생애, 정치경제』, 창비, 2009

朱鸿召, 「自由, 人性, 唯美与东方文明理想—韩剧流行的社会文化根源」, 『社会观察』, 2005

陈洁, 「韩流汹涌—韩国家庭伦理剧研究」, 『四川师范大学』, 2007

陈静丽, 「韩剧的魅力—谈韩国家庭伦理值观对中国受众的影响」, 『沈阳大学学报』, 2008

金丽娜, 「中韩家庭伦理电视剧的比较分析」, 『通化师范学院学报』, 2009

吴靖, 云国强, 「迷人的父权制—韩国家庭剧中的现代性与男性气质裁」, 『新闻大学』, 2007

翁燕, 「韩国家庭剧在中国流行的文化心理探因」, 『鄂州大学学报』, 2007

徐鹏, 「"韩流"不寒—多角度解读韩国电视剧成功的原因」, 『绵阳师范学院学报』, 2007

林智爱, 「浅析韩剧在中国流行的原因」, 『吉林大学』, 2008

지극히 개인적인 '가족' 이야기

박성현(시인 블로그 '11월의 숲' 운영자)

한 사람의 일생에는 무수한 사람들이 깃들고 또 난다. 연기처럼 한꺼 번에 흩어지기도 하고, 강물처럼 모여 흘러 다니기도 한다. 스치는 것 도 인연이라 믿는 사람들에게 세상의 모든 들고 남은 경이로운 사건 이다. 삶이라는 저 아득한 천지간(天地間)처럼 말이다.

공동체는 몸의 유전(遺傳)을 통해 과거에서 현재로, 또한 미래로 흘 러간다. 그것은 학습을 통해 이루어지기도 하지만, 융의 지적처럼 원 초적이며 집단적인 무의식을 통해 발현되기도 한다. 예컨대, 물에 대 한 나의 공포는, 몸의 유전이기도 하지만 어릴 때 읽었던 「장화홍련전」 이나 「아랑전설」 등 우리 옛이야기를 통해 구체화된 것이기도 하다.

한 집단이 공동체로 묶이기 위해서는 반드시 그것을 표상하는 실 재가 있어야 한다. 그 실재는 언어를 비롯해 의식주 전반에 걸쳐 있으 며, 작게는 개인의 생활 습관, 크게는 그 집단의 사회적·역사적·정치 적 경향성과도 연결된다. 물론 이 경향성은 한 집단이 형성되는 과정 에서 만들어지는 것이며, 교육이라는 2차적 사회화와 밀접한 관련이

136

있음을 간과해서는 안 된다.

여하간 공동체는 그것이 "고대로부터 존재해온 원초적 실재이든, 아니면 근대 자본주의 발전 과정에서 생겨난 역사적 구성물"(베네딕트 앤더슨)이든, 개인에게는 현재와 미래, 과거가 고스란히 이어져 흐르는 시간과 공간, 그리고 감각들의 집적이고 흩어짐이며 닫힘이자 펼쳐놓음(개방)이다. 사람들은 홀로 닫혀 있으나 그 닫힌 몸은 타자 속에서 온전히 겹쳐지고 뒤섞이는 순간을 갈망하기 때문에 공동체는 그런 경험의 원초이며 상상의 실재이고 그러한 관계성의 총체다.

민족, 상상과 초월의 공동체

"우리는 단군에 그 뿌리를 둔 단일민족이다." 이것이 우리가 귀에 못이 박이도록 들어왔던 말이다. 단군을 본 적도, 만진 적도 없는 우리가, 그의 성상(聖像)을 만들며 그를 시조로 모시고 있다. 이것은 사실 여부를 떠나서 우리가 '공동체'라는 상상을 실재로 만드는 첫 번째 요소가 되었던 것이다. 단일민족이라는 신화는 백의민족(白衣民族)이라는 기표에서도 나타난다.

그렇다면 우리는 민족을 어떤 방식으로 내면화하며, 현상하는가. 소설가 황석영의 『손님』(2001)은 우리가 미처 생각하지 못한 부분, 혹은 받아들이기 어려운 부분에 대해 실마리를 제공하고 있다. 그는 소설에서 한국전쟁 동안 신천 지방에서 벌어진 마르크스주의와 기독교라는 두 손님의 혈투를 상세히, 그러나 알레고리 형식으로 묘파하고 있다. 문제는 피비린내 나는 싸움에도 불구하고 두 집단은 '민족'을 의심할 수 없는 공통분모로 삼고 있다는 사실이다. 마르크스주의

단군은 우리 민족의 시조로 받들어지면서, 단일민족을 표상하는 기표로 작용해왔다.

와 기독교의 기저에 깔린 인류애, 혹은 세계애는 민족이라는 기표 앞에서 순수하게 한국적인 현상으로 바뀐다. 민족은 그야말로 개인의 정체성과 순결주의를 보장할 절대 반지가 아니었을까.

신채호도 예외는 아니었다. 『독사신론』에서 그는 "국가는 민족정신으로 구성된 유기체"라고 정의하면서, 역사를 쓰는 자는 반드시 그 나라의 주인 되는 종족을 먼저 나타내야 한다고 강변한다. 국가는 민족의 몸이고, 나라에는 반드시 주인이 되는 종족이 있다는 신채호의 사상은 당시 대한제국이 일본 제국주의에 의해 풍전등화에 몰린 한반도의 비참한 현실과 밀접하게 관련된 것임이 분명하다. 제국주의에 맞서 국가의 자주성을 살려야 한다는 절대 명제는 '민족'을 중심으로 사상적 결집을 일궈낼 수밖에 없었던 것이다.

당시 한반도에는 청일전쟁과 러일전쟁이 연이어 일어났다. 일본은 두 전쟁에서 모두 승리하여 한반도를 완전히 장악하는데, 불행한 것은 이 두 전쟁에서 우리는 단 한 번도 당사자의 위치에 있지 않았다는 점이다. 불청객끼리의 싸움에서 이긴 자가 주인집을 차지하는 형국. 주인이란 결국 유령에 불과했던 것일까. 청일전쟁에서 일본이 승리한 후 맺은 조약의 제1조는 조선에 대한 청의 종주권을 부인하는 것이었다. 청에서 일본으로, 한반도의 종주권자가 바뀌는 상황을 우

러일전쟁을 묘사한 일본의 전쟁기록화.

리는 그저 바라볼 수밖에 없었다. 안타깝지만, 한국전쟁 또한 크게 다르지 않았다. 그리고 이것이 우리가 여전히 '민족'을 중심으로 공동체 의식을 집결하는 소이연(所以然)이고, 오늘날까지도 한국인의 의식 가장 깊은 곳에 자리 잡고 있는 역사적 기억인 것이다.

디아스포라, 그 슬픈 운명의 대물림

얼마 전, 한 신문에는 은행 강도가 된 어느 입양아의 기구한 사연이 보도되었다. 두 살 때 미국의 양부모에게 입양된 그는 서울 강남 한복판에서 은행을 털다가 구속되었다. 도대체 무슨 일이 있었던 것일까.(『경향신문』 2012년 8월 7일자. 아래 내용은 기사를 재구성)

1973년 4월 한국에서 태어난 ㄱ씨는 곧 '서울시립아동상담소'에 들어왔다. 그리고 다음 해 10월 미국으로 입양됐다. 양부모는 미국에서 큰 농장을 했고, 그는 어린 시절 유복한 생활을 했다. 하지만 양부모가 사망하면서 그의 인생은 나락에 빠지기 시작했다. 양부모의 유산은 부모의 지인에게 돌아가버렸고 그에게 남겨진 유산은 없었다.

학창 시절에는 복싱과 레슬링을 했다고 한다. 고아나 다름없던 그가 할 수 있는 것이 무엇일까. 그는 애리조나 주의 멕시코계 갱단에 들어갔다. 갱단에서 중간 보스 자리까지 올라갔지만, 마약과 폭행 혐의로 교도소에 갇히게 된다. 그런데 형을 마친 그에게 날벼락이 떨어진다. 미국 이민국이 그를 불법체류자라며 강제 추방 명령을 내렸던 것이다. 한국에서 미국으로 입양된 아이들은 현지에서 아무리 오래 살아도 양부모의 동의와 신청이 있어야 시민권을 얻을 수 있는데, 그의 양부모는 이 절차를 밟지 않아 그는 계속 한국 국적으로 남아 있었던 것이다. 결국 그는 아무런 연고도 없는 한국에 다시 돌아오게 되었다.

그는 한국에서 4년간 영어 학원 강사로 일하다가 2011년 7월 마약 소지 혐의로 구속돼 1년을 구치소에서 보냈다. 2012년 7월 출소해 다시 학원을 알아봤지만 범죄 전력 때문에 직장을 구하기는 어려웠다. 당장 생활비가 막막했다. 수감 생활을 도와준 전 여자친구는 생활이 어렵다며 돈을 빌려줄 것을 요구했다고 한다. 어떻게든 돈을 마련해야 했던 그는 결국 은행으로 향했다.

우리는 이 사람을 어떻게 평가해야 할까. 몇 가지 단서를 붙여, 그가 그렇게 내몰릴 수밖에 없었던 현실을 부정할 것인가. 예컨대, '만일 그가 양부모의 유산을 받을 수 있었더라면, 양부모의 죽음과 궁핍한 삶에도 불구하고 학창 시절을 제대로 보냈더라면, 한국에 돌아왔을 때 똑바로 살았더라면' 등등의 가정 말이다.

하지만 이러한 가정은 그의 삶을 통째로 부정하는 결과를 낳는다.

물론 그의 삶이 정당하다고 말하는 것은 아니다. 그는 한국인이면서 한국 국적을 가진 이방인이었고, 타국에서도 정체성이 모호한 수많은 '디아스포라(Diaspora)'의 한 사람일 뿐이다.

'디아스포라'는 유대 왕국이 멸망한 뒤 타 민족에 흩어져 살게 된 유대인들이나 이스라엘 지역 바깥으로 흩어진 유대인 공동체를 통틀어 말한다. 그런데 디아스포라는 유대인에게만 한정된 것이 아니라 그들과 같은 운명을 겪었던 모든 민족에게 해당한다. 프랑스 내의 아프리카인들, 미국 내의 흑인들, 일본 내의 조선인들은 물론이고 중국 내의 소수민족들도 이에 해당된다.

외국인 노동자의 유입이 늘어나고 그 안에 중국 조선족 동포가 늘어나면서 한국인의 정체성에 대한 논란이 사회문제로 대두되고 있는 우리나라도 마찬가지다. 우리 안의 또 다른 '디아스포라'는 한국인의 정체성, 혹은 공동체에 대한 경계와 정의를 재구성하고 있다 해도 틀린 말은 아니다. '해체된 정체성'으로 일컬어지는 디아스포라를 외면한다면 한국 공동체는 또 다른 중대한 국면을 맞이할지 모른다.

개인은 가족을 어떻게 기억하는가

이제 가족과 개인에 대한 문제가 남았다. 공동체를 다루면서 우리는 공통의 기저인 민족에 대해서, 그리고 그것의 대자적 타자인 '디아스포라'에 대해서 생각했지만, 가족과 개인을 간과해서는 공동체의 핵심을 놓칠 수 있다. 가족은 공동체의 최소 단위라는 점, 개인은 공동체의 이념과 정서, 전통 등을 구체적으로 구현하는 실재라는 점 때문이다. 확실히 공동체는 '개인' 혹은 '가족'이라는 각각의 '리좀

(Rhizome)'을 떠나서는 유지될 수 없다.

우리 전통에서 가족은 가부장제의 대가족이었다. 급격한 산업화를 거치면서 전통적 가족 개념은 핵가족으로, 점차 두 부모 중 한쪽뿐인 가족이나 독신자 단독의 가족 형태인 '홑가족'으로 재편되고 있다. 대부분의 개인은 태어날 때부터 '가족'의 일원에 소속된다. 그리고 인간은 가족 속에서 성장하고 생존한다. 많은 사람들은 가족이 오랜 세월을 지나오면서 형성된 문화와 관습으로, 임의적으로 없애거나 만들 수 있는 제도가 아니라고 말한다. 바로 우리가 가족을 천륜으로 말하는 까닭이다. 더욱이 가족은 개인의 사회화는 물론 인격 형성에 큰 영향력을 미치며, 거꾸로 사회를 존속시키는 기본적인 운명공동체다.

레비스트로스는 가족에 대해 "(가족은) 결혼으로 시작되며 부부와 그들 사이에서 출생한 자녀로 구성되지만 이들 외에 가까운 친척이 포함될 수 있고, 가족 구성원은 법적 유대 및 경제적·종교적인 것 등의 권리와 의무, 성적 권리와 금기, 애정, 존경 등의 다양한 심리적 정감으로 결합되어 있다"고 정의를 내렸다. 그의 정의는 혈연에 초점이 맞춰져 현대적 가족 개념에 충분이 접근하지 못했지만, 가정 폭력, 존속살해, 근친상간 등 전에 볼 수 없었던 패륜이 언론에 자주 등장하는 지금 우리에게 시사하는 바가 있다. 바로 가족은 "다양한 심리적 정감으로 결합되어 있다"라는 부분 때문이다. 개인은 가족을 통해 사회에 소속되지만, 가족은 개인마다 상당한 편차를 보이는 심리적 정감을 모두 수용할 수 없다. 그리고 가족 간의 심리적 긴장은 사회와의 연속성 속에서만 파악될 수 있다.

자, 그럼 개인은 어떻게 가족을 기억할까. 많은 경우, 가족을 기억하라고 한다면 보통은 어머니를 떠올릴 것이다. 어머니는 가족의 보편적 정서이며 유대이고 가장 깊은 상처이기 때문이다.

'한류'의 견인차였던 드라마 〈가을동화〉나 〈겨울연가〉가 중국인에게 '가족주의', '효'의 향수를 일으켰다는 것은 잘 알려진 사실이다. 일본에서도 사정은 크게 다르지 않다. 특히 얼마 전 아마존닷컴이 선정한 '문학, 픽션 부문 올해의 책 베스트 10'에 선정된 신경숙의 『엄마를 부탁해』는, '가족'이라는 정서가 여전히 보편적일 수 있다는 것을 보여준다. 신경숙은 소설 속에서 엄마를 보는 자신에게 말한다. "저 작은 체구에 그렇게 많은 짐을 지고 오는지 신기할 따름이다." 나도 비슷하다. 어머니를 기억하면, (아버지와는 다르게) 이상하게도 당신의 마른 등과 툭 불거진 손목이 떠오른다. 기형도는 시 「엄마 걱정」에서 '엄마'를 추억하며 눈시울을 붉히기도 한다.

열무 삼십 단을 이고
시장에 간 우리 엄마
안 오시네, 해는 시든 지 오래
나는 찬밥처럼 방에 담겨
아무리 천천히 숙제를 해도
엄마 안 오시네, 배추잎 같은 발소리 타박타박
안 들리네, 어둡고 무서워
금 간 창 틈으로 고요한 빗소리
빈 방에 혼자 엎드려 훌쩍거리던

아주 먼 옛날
지금도 내 눈시울을 뜨겁게 하는

그 시절, 내 유년의 윗목

─기형도, 「엄마 걱정」 전문

아버지는 어떨까. 아버지를 그린 소설은, 슬픈 작품이 많다. 일만 하다가 버려진 채 쓸쓸히 죽고 마는 존재(김정현, 『아버지』)가 아닐까.

그럼, 나는 아버지를 어떻게 기억할까. 여기 한 장의 사진이 있다. 내가 어렸을 때 중동에 건설노동자로 가셨던 아버지의, 아마 내가 기억하는 유일한 사진이다. 백색에 가까운 사막을 배경으로 눈이 부신지 선글라스를 쓰고는 허리에 손을 얹고 포즈를 취하고 있다. 젊고 싱싱하지만, 한편으로는 조화(造花)처럼 틀에 박힌 포즈다. 그 뒤로 한 점 같은 구조물이 비현실적으로 솟아 있고, 그림자의 길이로 봐서 해가 질 무렵이다. 나는 그 사막의 질감을 알 수 없었으므로, 아버지가 서 있는 배경 또한 감각할 수 없었다.

아버지는 5년 동안 부재했다. 부재했으므로 나는 끊임없이 '아버지'를 상상했다. 막상 한국에 완전히 돌아오신 후에도, 아버지를 상상하는 버릇은 끝나지 않았다. 내 정체성의 근원이자 가족 공동체의 중심인 남자, 그러나 그는 내 상상과는 달랐다. 몇 번의 사업 실패 후 폐허의 숲으로 유폐된 아버지. 나는 사춘기를 지나고서야, 내 앞의 아버지를 실재로 받아들였다. 결국 폴라로이드 사진 속의 아버지는 '아버지'의 부재였고, 나와는 닿을 수 없는 거리의 행성 같은 존재였던 것이다. 사진의 아버지 혹은 부재를 증명하는 사진들.

초등학교 6학년 때였나, 눈이 많이 내린 12월이었다. 아버지는 불쑥 노래를 들려주셨다. 그리고 영어사전에 유일하게 이름이 올라 있는 그룹이 노래하는 것이라고 덧붙였다. 학원을 다니면서 나는 중학교

이국으로 멀리 떠난 아버지의 사진은 역설적으로 아버지의 부재를 증명한다.

1학년 과정을 배우고 있었다. 아버지와 함께 영어사전을 사러 간 어느 서점에서의 일이다. 아버지의 손은 따뜻했으며, 입술에서는 맑은 홍차 냄새가 났었다. 그 서점 창가에는 아직도 흰 눈이 쌓여 있을 듯하다.

"비틀즈요?"

"그래, 비틀즈. 크면 알게 될 거다."

사진으로 상상한 아버지와 실재의 아버지가 달랐던 내 유년. 그것이 조금씩 화해하기 시작한 순간이 나는 비틀즈의 〈애비 로드〉 들었을 때라 생각한다.

남은 이야기—공무도하가

리체(Lee-tzsche)의 6집 앨범 〈공무도하가(公無渡河歌)〉의 재킷에는 편안히 잠든 모양으로 공중에 살며시 떠 있는 한 여인의 사진이 있다. 나

145

가수 리체의 음반 《아시아의 처방》 재킷

는 그 여인이 배경에 있는 뿌리의 일부라 생각했으나, 오히려 뿌리가 그 여인의 그림자라고 고쳐 생각했다. 곧 솟아오를 듯 두 팔 아래로 녹색의 단단한 뿌리들이 걸쳐 있기 때문이었다.

'리체'라는 생소하지만 낯익은—철학자 '니체'와 조음이 유사하다—한국인 가수는 우리 민족의 가장 오래된 노래인, 하지만 지금은 아무도 부를 수 없는 〈공무도하가〉를 부르고 있었다. 들었을 때, 나는 그 음악이 과연 가능할까 하는 의구심이 당연히 들었다. 그것은 언어 이전에 소리였을 것이고, 모음과 자음이 결합한 우리의 소리 중 가장 오래되고 어두우며 단순했을 것이기 때문이다. 그리고 언어로는 그 소리의 내면 풍경만 겨우 유추할 수 있을 뿐이기 때문이다. 그런데 2000년이 넘는 세월 동안 묻혀 있던 그 소리를 한 여가수가 풀어내고 있었다. 그러나 리체가 부르는 그 언어의 소리는 매우 어려웠고 또한 낯설었다. 그 여가수의 맑은 목소리로는 무엇인가 부족하고 또한 넘쳤다. 내가 듣고 있는 소리가 2000년의 세월을 거슬러 올라가는 것이 아니기 때문에 부족한 것이고, 그럼에도 불구하고 아주 먼 과거로부터 흘러온 문자의 껍질에 차갑고 투명한, 그리고 그녀의 몸의 유전(遺傳)들과 공명하는 현재의 소리를 입혔기 때문에 넘친 것이다. 그 소리는 언어가 지나온 세월을 덮어버리고 미래로 가는 소스라치는 몸, 즉 소리의 실재가 아닐까. 어쩌면 리체는 내게 소리의 영혼을 들려주고 있었던 모양이다. 영혼의 소리가 아니라, 뿌리로부터 울리는 이파리의 지문과 같은 '소리의 영혼' 말이다. 나무와 풀, 바위와 오래된 정원이 그러하듯이 모든 소리는 각각 고유한 삶 속에서 각각의 영혼을 불러낸다. 그녀는 그렇게 내 몸속으로 들어와 내 소리를 불러내고, 나와 뒤엉켜 나를 핥았다.

公無渡河　　그대여, 물을 건너지 마오.
公竟渡河　　그대 결국 물을 건너셨네.
墮河而死　　물에 빠져 돌아가시니,
當奈公何　　가신 님을 어이 할까.

고조선 시대의 시가로 알려진 〈공무도하가〉는 중국 후한 시대 채옹(蔡邕, 133~192)의 『금조(琴操)』에 처음 채록되었다. 우리나라에는 17세기 초 차천로(車天輅, 1556~1615)의 『오산설림초고(伍山說林草藁)』에 처음 나타나고 후에 박지원(朴趾源, 1737~1805), 유득공(柳得恭, 1749~1807), 한치윤(韓致奫, 1765~1814)의 책에도 수록되었다. 특히 한치윤이 언급한 백수광부에 대한 이야기는 지금 우리가 상상하는 〈공무도하가〉의 바탕이 되고 있다.

리체는 〈공무도하가〉의 텅 빈 문장 속에서 무엇을 상상했던 것일까. 죽음과 삶이 공존하는 저 도솔천의 서늘한 공간에서 어떤 의미를 찾았을까. 우리가 학교에서 배운 '한(恨)'의 정서를 생각했던 것일까. 그녀는 '아시아의 처방(Asian Prescription)'이라는 다소 무속에 가까운 표제를 붙였다. 재킷도 세계수(世界樹, the tree of life)와 '땅'을 이어주는 무녀(巫女)의 형상이다. 나는 그녀가 '리체'라는 이름을 통해 또 하나의 천지간을 만들려고 했던 것이 아닐까 생각했다. 그것은 현대 과학 문명으로는 이해하기 어려운 많은 현상에 대한, 그리고 무엇보다 자본주의 사회에 만연된 물신성(fetishism)에 저항하려는 노력이며, 동시에 인간을 둘러싼 모든 사물과의 교감을 통해 인간중심주의가 해체된 세상을 만들려는 의지라 해도 무방할 것이다.

지금도 가끔 그 노래를 듣는다. 귓속에 속삭이는 소리들은 수천 년을 넘어 우리 몸으로 흘러오는 저 백수광부의 슬픔과 고통이며, 이 땅에서 살아 그 소리를 기억했던 모든 사람들의 울음이다. 나 또한 그것을 기억할 것이며, 아주 먼 미래까지 그 울림을 전할 것이다.

결론을 대신하여

민족과 국가가 상상의 혹은 개념적 사실이라면, 개인과 가족은 그것의 현실태다. 그렇기 때문에 우리는 '공동체'를 다룰 때, 그것의 이념적 현상만 포착해서는 안 된다. 다시 말해 개인과 가족, 민족과 국가는 상호작용하는 거대한 유기체로, 공동체는 이들의 얽힘과 풀림, 높이, 무게, 시선, 행동과 습관 등을 통해 생명을 얻는다. 공동체는 추상적 실재가 아닌 구체적이며 생생한 '모둠살이'다.

여기서 한 가지 지적할 것은, 우리가 우리 내부의 공동체만을 상상한다면 스스로 아집에 빠질 수 있다는 점이다. '디아스포라'는 그러한 '동일자-공동체'의 타자 위치에서 공동체가 고립되지 않도록 하는 나침반 역할을 할 수 있다. 개인도 마찬가지다. 나는 앞서 개인이 어떻게 가족의 기억을 가지게 되는가를 몇 가지 예를 통해 살펴봤다. 우리 문학에서 어머니와 아버지의 이미지는 가족을 위해 자신의 모든 것을 희생하는 존재로 그려지는 경우가 많다. 우리 사회가 급격한 산업화를 거치면서 때로는 정서적으로 때로는 폭압적으로 진행했던 수많은 해체의 과정이 그대로 녹아 있었던 것이다. 『엄마를 부탁해』가 미국에서 호평을 받을 수 있는 이유나, 중국에서 한류가 주목받을 수 있는 것은 다름 아닌 한국의 독특한 정서가 그 사회를 자극하고 잊어버렸던 정서를 상상하도록 했기 때문이다.

〈공무도하가〉가 리체라는 여가수에 의해 다시 불렸던 것은 또 어떠한가. 수천 년 전의 〈공무도하가〉는 이렇게 현대의 음을 통해 되살아났다. 확실히 음은 다를 것이고 부르는 방법도 다를 것이지만, 그 정서는 오래 남아 여가수의 심장 속에서 흘렀다. 간과해선 안 될 것은 전통이란 공동체의 필요조건이지 충분조건은 아니라는 점이다. 그만큼 전통은 세포가 분열하는 과정에서의 양분이다. 세포는 분열하며 전통이라는 자양분을 먹고 새로운 유전자를 만들게 된다.

나는 무수한 생명이 드나든 천지간이다. 공동체는 바로 그 천지간의 또 다른 표현이다. 어울려 사는 모든 것의 이름이며 어울려 살고 싶어 하는 모든 것의 희망이다. 개인은 가족 속에서, 가족은 국가나 민족에서 삶을 영위한다. 하지만 국가나 민족은 반드시 개인과 가족에서 구체적인 삶의 방식, 곧 '문화'를 생산하고 존속시킨다. 그런 의미에서 개인과 가족, 민족과 국가는 지극히 내밀한 공동체가 된다. 모든 생명은 유전적으로 스스로 이어지고 끊어지며 마르지만 넘칠 수밖에 없는 '공동의 형상'을 갖고 있다. 그것이 공동체가 천지간인 이유다.

어울림, 한국인의 심성에 흐르는 강물

최재목(영남대학교 철학과 교수)

우리의 꽃밭에 피어난 다문화

"아빠하고 나하고 만든 꽃밭에 채송화도 봉숭아도 한창입니다. 아빠가 매어놓은 새끼줄 따라 나팔꽃도 어울리게 피었습니다."

초등학교 교과서에 등장하는, 어린이들이 부르는 동요의 한 구절이다. 채송화, 봉숭아, 나팔꽃 모두 우리 주변 어디서나 친숙하게 마주칠 수 있는 꽃이다. 그런데 우리가 잊고 있는 것이 있으니 채송화는 남미의 브라질에서, 나팔꽃은 인도에서, 봉숭아는 동남아에서 우리나라까지 건너왔다는 사실이다. 지구촌의 서로 다른 곳에서 태어났지만 우리의 의식 속에서 마치 우리 고유의 꽃처럼 바뀌었고, 꽃밭에서는 어엿이 조화를 이루고 있다.

대하소설 『객주』의 작가 김주영 씨는 고향인 경북 청송에서 이주

여성 123명과 그 가족을 초청해 열린 행사에 참석해 이런 인사말을 건넸다.

"신문을 보다가 깜짝 놀랐습니다. 봉숭아는 동남아시아에서 들어왔고 나팔꽃은 인도, 채송화는 남미가 고향이랍니다. 이들 꽃은 언제 어떻게 들어왔는지는 모르지만 오랜 세월이 지나면서 우리 꽃이 되었습니다. 우리 고향을 지키는 다문화 가정 며느리도 이와 다를 게 없습니다."

각양각색을 담는 큰 그릇 같은 마음이 있어야 어울릴 수 있다. 우리 문화에는 바로 그 마음이 있다.

이러한 다문화적 시야는 신라 시대 최치원(崔致遠, 857~?))이 쓴 지리산 쌍계사의 「진감선사대공탑비문(眞鑑禪師大空靈塔碑)」 앞머리에 잘 드러나 있다.

"대저 도는 사람으로부터 멀지 않고, 사람에겐 다른 나라[異國]란 없다. 그래서 우리나라 사람으로서 유학자도 되고 불학자도 되었으며, 기필코 서쪽으로 대양을 건너가 이중 통역을 하더라도 학문을 하고자 하였던 것이다(夫道不遠人, 人無異國, 所以東人之子, 爲儒爲釋, 必也西浮大洋, 重譯從學)."

이 글은 이것저것 가리고 따지며 배척하지 않고 포용하고 포섭하는 다문화적·국제적 사유를 보여준다. 우리가 흔히 쓰는 '오지랖이 넓다', '주변머리가 있다'는 말에도 이러한 생각이 깃들어 있다.

모두가 함께하는 행사를 어울마당이라 한다. 요즘은 다문화와 관련한 차원에서 많이 쓴다. 어울림 예술 축제는 '하모니 아트 페스티벌(Harmony Art Festival)'로 번역하기도 하는데, 이때 '어울'은 '和', 곧 '조화'를 뜻한다.

우리 전통 문화에서도 '어울'이란 말이 사용된다. 둘 이상의 주검을 하나의 무덤에 함께 묻는 무덤인 합장묘(合葬墓)를 어울무덤이라 하는데, 이때 '어울'은 '合', 곧 '화합'을 뜻한다.

'어울림'은 '어우르다'라는 말의 명사형이다. '어울리다'는 여럿이 모여 한 덩어리나 한 판이 되는 것을 일컫는다. 다시 말하면 다른 성격을 지닌 둘 이상의 사람이나 물건이 서로 잘 조화를 이루는 것을 말한다.

주로 和(조화), 合(화합)을 의미하는 어울림은 개체 각각의 고유성이 사라진 '동화(同化)'와는 다르다. 각양각색을 지키면서 모인 것들이 각기 다채로움을 발하면서 큰 덩어리 즉 '한 판-한 마당'이 되는 것을 말한다. 모든 것을 모아서 비비면 맛있는 밥이 된다. 비빔밥이다. 바로 이것이 어울림 밥 아닌가.

사실 우리나라 사람들은 남의 일에 참 관심이 많다. 늘 눈이 밖으로 향한다. 이 일 저 일에 관심도 많고, 참견 또한 많다. 심지어는 남의 일에 발 벗고 나서는 사람들도 많이 본다. 이런 사람들을 가리켜 흔히 '오지랖이 넓다'고 한다. 오지랖이란 웃옷이나 윗도리에 입는 겉옷의 앞자락을 뜻한다.

겉옷의 앞자락이 넓으면 옷을 다 덮어버릴 수도 있고, 다른 물건에 이리저리 닿거나 스쳐서 다른 것에 방해가 될 수도 있다. 그래서 이 오지랖이란 말이 무슨 일이든 나서서 간섭하고 참견하는 것을 꼬집는 뜻으로 바뀐 것이다. 하지만 긍정적으로 보면, 어떤 일이 생겼을 때 뒤로 빠지거나 숨어버리지 않고 여기저기 적극적으로 나서서 잘 어울리는 모습을 의미하기도 한다.

또 우리는 주변머리가 있다, 없다는 말을 많이 한다. 주변머리란 주변성을 말한다. 주변성이란 일이 잘되도록 이리저리 힘쓰거나 처리하는 솜씨 혹은 감각이다. 어울림을 이끌어가는 기술, 테크닉이랄까. 어린 시절에 종종 하던 사다리 타기 놀이에서도 오지랖 넓고, 주변머리 있는 생각들의 편린을 읽어낼 수 있다.

숟가락 하나 더 놓기와 묻어가기

한국인들은 어울려 살기를 좋아한다. 그래서 서로 따뜻한 밥 한 그릇 같이 먹는 것도 좋아한다. 예전에는 혼자 밥을 먹는 경우가 많지 않았다. 최근에는 혼자 먹는 사람이 많아졌지만 과거에는 모두 떼거리로 몰려다니며 먹었다. 외국인들 눈에 그런 모습이 신기하게 비칠 정도였다. 서로 마주 앉아 따스운 밥 한 끼 함께 나누며 살아가는 것이 곧 우리들의 고향의 모습이었다. 원래 향(鄕) 자에는 이런 의미가 있다.

우리는 먹는 것에 관대해서 누가 오면 그냥 숟가락 하나 더 놓으면 된다고 생각했다. '음식 끝에 마음 상한다'는 말은 음식을 공평하게 같이하는 문화에서 나온 말이다. 경주 최부자 집의 육훈(六訓) 가운데 '과객을 후하게 대접하라'는 교훈에서도 음식으로 어울리고 나누는 미풍양속을 엿볼 수 있다.

또 우리는 어떤 일에서건 튀지 않고 함께 어울려서 묻어가는 것을 좋아했다. '친구 따라 강남 간다'는 말은 바로 그런 성향에서 비롯됐다. 이는 자고로 서로 어울려 다니기를 좋아하는 습관을 일컫는다.

더늠, 무한한 스토리텔링의 가능성을 담은 이야기의 바다

숟가락 하나 더 놓는 것은 큰 틀은 어그러뜨리지 않으면서 화합하고 조화를 이루는 것이다. 이런 모습은 판소리의 더늠에서도 찾아볼 수 있다. 더늠이란 판소리에서 명창들이 사설과 음악을 독특하게 새로 짜서 자신의 장기로 부르는 대목을 말한다. 날실에 끼워 넣는 씨실처럼, 더늠을 통해 수많은 버전의 이야기가 생겨난다. 그래서 더늠은 옛날 빨래터에서 아낙들이 시집살이를 털어놓듯 무진히 확장하는 이야기의 바다를 이루며, 각양각색의 스토리텔링을 구현한다.

다음은 더늠의 성격을 알게 해주는 예로서, 스토리텔러(명창)에 따라 다채롭게 변하는 더늠의 성격을 잘 보여준다. 이처럼 더늠은 무한한 가능성을 담은 의미의 공간이다.

동편제 박녹주 바디

아니리(도입부에서 놀부의 성격을 묘사하는 장면)
아동방이 군자지국이요, 예의지방이라. 십실지읍에도 충신이 있고 칠세지아도 효도를 일삼으니 무슨 불량한 사람이 있으리요마는 요순 시절에도 사흉이 났었고 공자님 당년에도 도척이 있었으니 아마도 일종 여기야 어쩔 수 없는 법이었다. 경상 전라 충청 삼도 어름에 놀보 형제가 살았는디 흥보는 아우요, 놀보는 형이라. 사람마다 오장이 육본디 놀보는 오장이 칠보라. 어찌허여 칠본고 허니 왼편 갈비 밑에가 장기 궁짝만 허게 심술보 하나가 딱 붙어 있어 본디 심술이 많은 놈이라. 그 착한 동생을 쫓아낼 량으로 날마다 심술 공부를 허는디 꼭 이렇게 허든 것이었다.

아니리(놀부가 흥부를 쫓아내는 장면)
이놈이 삼강도 모르고 오륜도 몰라 노니 어찌 형제 윤기인들 알 리가 있었느냐, 하루는 놀보가 심술이 나서 비오는 날 와가리 성음을 내어 "네 이놈 흥보야! 너도 늙어가는 놈이 곁말에 손 넣고 서리 맞은 구랭이 모냥으로 슬슬 다니는 꼴 보기 싫고 밤낮으로 내방 출입만 하야 자식새끼만 도야지 이물돗 퍼낳듯 허고 날만 못살게 구니 보기 싫어 살 수가 없다. 너도 나가 살어 봐라 이놈!"

동편제 박봉술 바디

아니리(도입부에서 놀부의 성격을 묘사하는 장면)
아동방이 군자지국이요, 예의지방이라, 십실촌에도 충신이 있었고, 삼척 유아라도 효제를 일삼으니, 어찌 불량헌 사람이 있으리요마는, 요순의 시절에도 사흉이 있었고, 공자님 당년에도 도척이라는 사람이 있었으니, 어찌 일동여기를 인력으로 할 수가 있나! 전라도는 운봉이 있고, 경상도에는 함양이 있는데, 운봉, 함양, 두 얼품에 박씨 형제가 살았으되, 형 이름은 놀보요, 아우 이름은 흥보였다. 사람마다 다 오장이 육보인디, 놀보는 오장이 칠보였다! 그 어찌 칠보냐 하며는, 이놈이 밥곤 먹으면, 남한테 심술부리는 보 하나가 왼쪽 갈비 속에 가서 장기 궁짝만 헌 것이 붙어 가지고, 병부 줌치 찬 듯 딱 이놈이 앵겨 가지고, 남한테 심술을 부리는듸, 꼭 이렇게 부리것다.

아니리(놀부가 흥부를 쫓아내는 장면)
심술이 이래 노니, 삼강오륜을 알며, 형제 윤기인들 알 리가 있겠느냐?
하로는 이놈이, 비 오고 안개 다뿍 찐 날, 와가리 성음을 내어 가지고 제 동생 흥보를 부르는듸, "네 이놈, 흥보야!" 흥보 감짝 놀래, "형님, 저를 불러겠습니까?", "오냐, 너 불렀다. 너 이놈, 네 자식들 장개를 보냈으면 손자를 몇을 놓쳤겠지? 너 이놈, 늙어가는 형만 믿고 집안에서 헐 일 하나 없이 되똥거똥 슬슬 돌아다니는 게 내 눈궁둥이가 시어 보아줄 수가 없구나. 요놈. 오날부터서는 네 계집, 자식 쫙 다리고 나가부러라!", "아이고, 형님. 한 번만 용서해주십시오!", "용서고 무엇이고 쓸데없이, 썩 나가! 너, 내 성질 알제, 잉! 만일 안 나가서는, 이놈, 살륙지환이 날 것이다, 이놈. 썩 나가!"

소리꾼이 한 바탕 가운데서도 특히 한 대목을 독특한 형태로 다듬어 놓은 소리가 더늠이다. 부르는 사람에 따라 더늠은 다채롭게 변화한다.

판소리는 창자와 고수, 관중이 함께 마당을 이끌어간다. 10폭 병풍 〈평양도〉에 묘사된 명창 모흥갑의 판소리 장면

추임새, 함께 어우러지는 소리의 생명력

더늠과 더불어 우리 판소리에서 한 가지 더 짚어볼 것이 있으니, 바로 추임새다. 추임새란 판소리를 부를 때 고수 (鼓手)가 흥을 돋우기 위해 발(發)하는 조흥사(助興詞)인데, 서양 음악에 서는 찾아볼 수 없는 국악만의 독특한 요소다. 추임새는 북 치는 사람이 소리의 구절 끝에서 "좋다, 좋지, 으이, 얼씨구" 또는 "흥!"과 같은 조흥사와 감탄사를 발하는 것으로, 흥을 돋울 뿐 아니라 다음 구절을 유발하는 데 도움을 준다. 추임새는 같은 말이라도 장면에 따라 표현 방법이 다르고, 아무 데서나 남발해서도 안 된다고 한다.

서양 음악에서는 연주자에게 방해가 될 것을 우려해 정숙을 유지하는 데 반해, 판소리는 창자와 고수 그리고 관중이 추임새를 통해

지질하고 쓸모없는 것들이 어우러져 새로운 쓰임과 의미를 만들어낸다.

흥과 설움, 한(恨)을 서로 교류하는 것이다. 고수뿐 아니라 관중들도 창자와 함께 추임새로 소리를 이끌어간다. 거기서 소리판의 생명력이 살아난다. 이것 역시 우리 어울림의 한 모습이다.

조각보에 깃든
접화군생의 정신

　　　　　여러 조각의 자투리 천을 모아 보자기를 만든 조각보에서도 한국 고유의 어울림의 민속 문화를 볼 수 있다. 여러 조각의 자투리 헝겊을 깁고 또 깁어 만든 보자기에서는 작은 것을 버리지 않고 아끼는 마음, 지질하고 쓸모없는 것들을 새로운 의미로 살려내는 지혜를 엿볼 수 있다.

　이것이 인간관계에 적용되면 예컨대 바보 온달을 장군으로 만든 평강 공주의 생각도 되고, 이것도 맞고 저것도 맞는 황희 정승의 사고도 된다. 세상에는 버릴 것이 없고, 모두 어울려 살 수 있다는 믿음이

157

깃들어 있는 것이다.

이런 사고는 우리 전통 속에 풍요롭게 나타난다. 접화군생(接化群生, 뭇 생명체들에 응접하여 교화함), 요익중생(饒益衆生, 중생들을 풍요롭고 이익되게 함), 홍익인간(弘益人間, 인간들을 널리 이롭게 함)이 바로 그것이다. 이 모두 어울림을 향한 깊고 두터운 포용력과 균형감 있는 사고를 대변한다. 또 원효의 십문화쟁(十門和諍) 사상 역시 제반 이념들이 어울릴 수 있는 철학 아니던가.

사람에서 사람으로 통하는 '하이퍼텍스트적' 사고

이러한 오지랖, 주변머리-주변성은 한국인들이 어울림을 이끌어내는 밑천이자 장점이다. 사돈의 팔촌까지 끌어들여 관계를 맺고 연결해가는 능력을 갖춘 한국인들이야말로 스티브 잡스가 말한 "connect the dots!"의 귀재들이 아닐까? 우리나라 사람은 수많은 점과 점을 연결해서 하나로 묶어 상통·달통하려는 '통(通)'의 사고와 능력이 있다.

『동의보감』에서는 "통즉불통(通卽不痛), 불통즉통(不通卽痛)"이라 했다. 기혈이 막히지 않고 통하면 통증이 없고, 막혀서 통하지 않으면 통증이 생긴다는 말이다. 옛사람들은 일이나 인간관계에서 잘 통하는 것을 최고라 생각했다.

인터넷에서 어떤 기사나 글(텍스트)을 읽다 보면 보통 글자들과는 다른 색깔(보통 청색)로 강조된 부분을 보게 된다. 이것을 클릭하면 그것과 관련된 또 다른 정보들이 화면에 떠오른다. 이런 식으로 클릭, 클릭해가면 끊임없이 내용들이 연결되어 하나의 맥락을 만들어낸다. 이처럼 한 문서에서 다른 문서로 링크하여 따라갈 수 있게 하는 것,

서로 다른 문서들이 연결되어 하나로 만들어지는 것을 요즘 용어로 '하이퍼텍스트'라 한다.

'링크＝접속＝접촉＝터치'의 과정을 따라 이어진 수많은 점들은 임의적으로 연결된 관계 속으로 들어온다. 우리는 바로 이런 유전자 구조를 갖고 있다. 공부로 연결하든(학연) 핏줄로 연결하든(혈연) 지리로 연결하든(지연), 네트워크상에서 서성거리며 인간관계를 링크해가고자 한다. 우리나라 사람들은 이러한 '관계적 링크'의 달인이라서, 어디든 비집고 들어가 일말의 조각만 있어도 서로 관계를 엮고 얽으려 한다. 심지어 수많은 가문의 족보에서도 그러한 하이퍼텍스트적 사고를 만날 수 있다. 이렇게 횡설수설(橫說竪說) 가로지르다 보면 모든 게 인다라망(因陀羅網)의 그물 속에 묶여 든다. 그래서 한 번의 클릭과 터치로 세상과 어울릴 수 있다.

때때로 '푼수' 소리를 들을 정도로 붙임성 좋고 들이대기 좋아하는 습성도 바로 이런 사고에서 나온 것이다. 관계를 연결해가다 보면 사돈의 팔촌 어딘가에는 가서 닿으리라는 믿음이 우리에게는 있다. 옷깃만 스쳐도 인연이라고 하지 않는가.

돌고 도는 세상, '유비쿼터스'적 인식

한시를 이루는 한자들을 원이나 사각형으로 배치한 시(詩)를 「선기도(璇璣圖)」라 하는데, 이것은 이렇게 읽어도 저렇게 읽어도 통한다.

「선기도」는 남북조시대 전진(前秦)의 소약란(蘇若蘭)이 유배 간 남편 두도(竇滔)를 그리워하며 오색실로 수놓아 만든 841자로 된 시다. 그런데 이것은 돌려가며 읽을 수도 있고 하나씩 건너뛰어 읽어도 시어가 연결되어, 전체 7958 수의 시를 읽어낼 수 있다. 「선기도」는 「직금회문(織錦回文)」이라고도 부른다. 회문(回文)이란 한시체의 하나로서 위아래 어느 방향으로 읽어도 뜻이 통하는 글의 한 형식이다.

이것은 마치 최근에 대학이나 사회에서 흔히 사용되는 '유비쿼터스(Ubiquitous, 사용자가 시간과 장소에 구애받지 않고 자유롭게 네트워크에 접속하는 것)'와 흡사하다. 유비쿼터스란 '어디든지', '도처에'라는 뜻의 라틴어 'ubique'에서 유래한 용어로서 '어디에나(everywhere) 존재한다'는 의미다. 이러한 유비쿼터스적 발상이 「선기도」에 깃들어 있는 것이다.

최근 버클리 캘리포니아대 동아시아도서관에서 발견한 『규방미담(閨房美談)』을 보면, 조선 시대 여인들이 「선기도」의 한자를 바탕으로 한시를 짓는 게임을 좋아했음을 알 수 있다. 우리 조상들의 사고 속에도 빙글빙글 돌고 도는 세상에 대한 인식이 스며 있었음을 보여주는 증거다. 또 유명한 가곡 〈그 집 앞〉(현제명 곡, 이은상 시)에서도 유사한 인식을 엿볼 수 있다.

오가며 그 집 앞을 지나노라면
그리워 나도 몰래 발이 머물고
오히려 눈에 띌까 다시 걸어도
되오면 그 자리에 서 겼습니다.

이런 어울림의 원환적 구조는 의상대사의 법성게(法性偈)에도 잘 드러난다. 그 근저에는 "행행도처 지지발처(行行到處 至至發處)", 곧 "걸어도 걸어도 그 자리, 가도 가도 떠난 자리"라는 달관이 깔려 있다.

유행가에서도 마찬가지다. 몇 년 전 나온 〈시계 바늘〉이라는 유행가에는 "시름을 털고 너털웃음 한번 웃어보자 시계 바늘처럼 돌고 돌다가……"라는 가사가 있다. 이 노래뿐만 아니라 우리나라 유행가 중에는 사람 사는 세상에 대한 달관을 담은 가사가 무척 많다. '화무십일홍 花無十日紅'이요 '달도 차면 기운다'는 말 속에도 인생을 한판 놀이로 생각하는 달관의 태도가 어려 있다. 일월영측(日月盈昃), 해는 서쪽으로 기울고 달도 차면 이지러지기 마련이라는 깨달음에서 비롯된 것이다.

영화 〈서편제〉에 나와 더욱 유명해진 〈사철가〉에서도 이야기한다. "백 년을 산다고 해도 병든 날과 잠든 날 걱정 근심 다 제허면 단 사십도 못 살 인생." 그러니 놀자고 한다.

이 산 저 산 꽃이 피니 분명코 봄이로구나. 봄은 찾어왔건마는 세상사 쓸쓸허드라. 나도 어제 청춘일러니 오날 백발 한심허구나. 내 청춘도 날 버리고 속절없이 가버렸으니 왔다 갈 줄 아는 봄을 반겨 헌들 쓸데있나. 봄아 왔다가 갈려거든 가거라. 니가 가도 여름이 되면 녹음방초 승화시라. 옛부터 일러 있고 여름이 가고 가을이 돌아오면 한로삭풍 요란해도 제 절개를 굽히지 않는 황국단풍도 어떠헌고. 가을이 가고 겨울이 돌아오면 낙목한천 찬바람에 백설만 펄펄 휘날리어 은세계가 되고 보면 월백 설백 천지백허니 모두가 백발의 벗이로구나. 무정 세월은 덧없이 흘러가고 이내 청춘도 아차 한번 늙어지면 다시 청춘은 어려워라. 어~어~ 어화 세상 벗님네들 이네 한

말 들어보소 인생이 모두가 백 년을 산다고 해도 병든 날과 잠든 날 걱정 근심 다 제허면 단 사십도 못 살 인생, 아차 한번 죽어지면 북 망산천의 흙이로구나 사후에 만반진수는 불여 생전의 일배주만도 못허느니라 세월아 세월아 세월아 가지 말어라 아까운 청춘들이 다 늙는다. 세월아 가지 마라. 가는 세월 어쩔거나. 늘어진 계수나무 끝 끝어리에다 대랑 매달아놓고 국곡투식 허는 놈과 부모불효 허는 놈 과 형제화목 못허는 놈, 차례로 잡어다가 저 세상 먼저 보내버리고 나머지 벗님네들 서로 모여 앉아서 한 잔 더 먹소 덜 먹게 허면서 거드렁거리고 놀아보세.

**서로 돕고 의지하는
'어진' 어울림**

이규보(李奎報, 1168~1241)는 "물아상구(物我相求, 사물과 내가 서로 돕는다)"라는 생각(『동국이상국전집』 제21권 「소연명(小硯銘)」) 을 했다. 그리고 그는 "생명 있는 것들(有血氣者)"이 "생명을 같이하기에 아픔도 똑같은 것(均血肉, 故其痛則同)"이라고 본다.(『동국이상국전집』 제21권 「슬견설(蝨犬說)」) 모두 어울림의 철학이다.

화담(花潭) 서경덕(徐敬德, 1489~1546) 또한 "사물은 서로 의지하는 존 재(物物賴相依)"(『화담집』 하, 「천기(天機)」)라고 보았다. 이렇게 서로서로 의 지하며 도와주며 사는 것이 바로 편들어주고, 거들어주기 아닌가. 품 앗이, 계, 두레, 향약의 사상은 이런 데서 나온다.

우리는 성품이 너그러운 것을 '어질다'고 한다. 이는 곧 까다롭게 따지지 않고 느슨한 듯 놓아두면서 상황에 맞춰 판단하거나 행동하 는 것을 말한다. 이런 사람을 속이 너르고 포용력 있는 '어진 사람'이

162

라 한다. 인(仁)을 '어질다'로 새기는데, 이것은 우리 식의 훈독법이다.

다산 정약용도 '인(仁)'을 사람과 사람 사이(間)에서 생기는 윤리적 능력(덕)인 동시에 사람과 사람의 어울림(際)에서 생기는 규범 개념으로 인식한 바 있다(仁之爲德生於人與人之間, 而仁之爲名成於人與人之際).(『중용강의보』 제1권)

'무간'의 사상에
스며 있는 통합의 사고

영주의 소수서원에 가면 소박한 자태의 '학구재(學求齋)'가 있다. 유생들이 공부하던 기숙사다. 잘 보면 이곳은 '공부 공(工)' 자 형태를 하고 있다. 세 칸으로 된 건물 가운데 대청은 앞뒤 벽이 없이 시원스레 뚫려 있어, 전후면의 경관이 바로 눈앞에 다가온다. 공부를 하는 건물에다 한 칸을 그냥 비워두었으니, 그 빈 칸 즉 '사이(間)'에 눈이 멎는다. 이 빈 칸은 "십 년을 경영하여 초려삼간(草廬三間) 지어내니/ 나 한 칸 달 한 칸에 청풍 한 칸 맡겨두고/ 강산은 들일 데 없으니 둘러두고 보리라"라고 노래한 송순(宋純, 1493~1583)의 시조에 나타난 이른바 '초려삼간'의 철학과도 통한다. 초려삼간은 '나(인간)'만이 쓰는 것이 아니고 '달[月]'과 '청풍(淸風)' 셋이 나누어 쓰는 공간이다. 여기에 강산은 있는 그대로 초려삼간의 병풍이 된다. 여기에서 우리는 무릎을 탁 칠 만한 '사이(틈새)의 풍류'를 만난다. 이 '사이'야말로 만물이 어울릴 수 있는 공간이다.

김장생(金長生, 1548~1631)은 "십 년을 경영하여 초려 한 칸 지어내니/ 반 칸은 청풍이요 반 칸은 명월이라/ 강산은 들일 데 없으니 둘러두고 보리라"라고 읊었다. 삼간(三間)이 반간(半間)으로 더 축약된, 기막힌

163

영주 소수서원의 학구재. 유생들의 기숙사로 대청의 앞뒤가 벽 없이 뚫려 있다.

'사이-어울림의 경영'을 읽을 수 있다. 이것은 있는 그대로의 텅 빈 공간에서 만물이 어울려 공생하는 희망과 행복의 설계도이며, 진공묘유(眞空妙有)처럼 텅 빈 곳에서 만 가지 묘미를 산출한다. 이 '사이'의 조감도는 마치 '강의 없는 강의'나 '전위 예술가의 어록'처럼 느껴진다.

또 한 가지, 안동 지방이나 동해안 산간 지방에는 까치구멍집이란 것이 있다. 대문을 들어서면 흙바닥인 봉당이 있고, 그 좌측에는 소를 키우는 외양간이, 우측에는 정지(부엌)간이 있어 가축과 주인이 하나의 공간에서 생활한다. 또 대청 상부 지붕마루 양 끝에는 까치구멍이 나 있다. 그래서 집 내부에서 밥을 짓고 쇠죽을 끓이고 관솔을 피울 때 발생하는 연기가 외부로 배출된다. 그뿐인가. 낮에는 이리로 빛을 받아들여 어두운 집 안을 밝힌다. 이렇듯 까치구멍집은 만물이 텅 빈 공간을 공유하며 살아가는 지혜의 원형이다. 노자가 말하는 "비어 있어서 바퀴가 굴러가는 바퀴통[輻]"이거나, 장자가 말하는 "도의 지도리[道樞]에서 무궁한 변화를 얻는 환중(環中)"과 같은 것 말이다.

학구재의 빈 대청마루, 까치구멍집의 공간, 십 년의 경영으로 얻은 선조들의 초려삼간. 이 모두 다양한 인간, 사물, 영역들이 만나 기탄없이 서로의 색깔 있는 의견을 교환할 수 있는 통합·통섭의 '장' 아닌가. 어울림 한 마당이다. 이러한 사고는 하곡 정제두의 〈양지체용도(良知體用圖)〉에서 볼 수 있듯이 '천지만물일체무간(天地萬物一體無間)'이다. 천지만물에는 간극이 없다.

무간한 '사이.' 거기서 어울려 지내는 사람들. 소쇄원 같은 정원에서 보는 천지만물일체의 어울림. 모두 무간의 사상에서 나온 것이다.

'어울림'의 메타 텍스트, '포함'의 정신과 '풍류'

여기에는 모든 요소들이 다 들어올 수 있는 튼튼한 메타 텍스트가 하나 더 있다. '포함(包含)'이라는 개념틀이다. 이것은 하나의 그릇이다. 포함이란 무언가를 사물이나 범위 속에 함께 들이거나 넣는 것을 말하는데, 각종 재료를 넣어서 담거나 섞을 수 있는 '그릇'을 말한다. 비빔밥 그릇처럼 각양각색의 재료가 섞이는 공간이 바로 포함이라는 개념틀이다.

범부(凡父) 김정설(金鼎卨, 1897~1966)은 '포함 삼교'의 포함에는 특별한 의미가 있다고 본다. 삼교란 유불선이며, 그것을 담는 그릇인 포함은 그 삼자에 앞선, 이미 주어진 선행하는 틀이라고 본다. 그것이 풍류도라는 것이다.

풍류도(風流道)의 성격을 구명(究明)하려면 첫째 그 도(道)를 어찌해

담양 소쇄원의 광풍각. 소쇄원은 자연과 인공의 조화를 절묘하게 이루어낸 한국의 대표적인 정원으로 평가받고 있다.

서 풍류라고 일렀을까. 우선 풍류란 어의부터 의미를 가진 것이고 또 실내(實乃) '포함(包含)' 삼교(三敎)라 했으니 이 '포함' 2자도 용이하게 간과해서는 안 되는 것이다. 이 포함 2자를 잘못 해석하면 우리 문화사의 전체가 사뭇 비틀어지게 되는 판이란 말이다. 이를테면 삼교를 조화했다거나 혹은 집성했다거나 혹은 절충했다거나 혹은 통일했다거나 혹은 통합했다거나 할 경우에는 본대 고유의 연맥(淵脉)은 없이 삼교를 집중한 것이 될 것이다. 그런데 이건 '포함'이라 했으니 말하자면 이 고유의 정신이 본대 삼교의 성격을 포함했다는 의미로 해석해야 할 것이다. 그리고 삼교라 한 것은 물론 유불선인데 이 풍류도의 정신이 이미 유불선의 성격을 포함한 것이거니와 여기 하나 중대 문제가 들어 있는 것은 풍류도가 이미 유불선 그 이전의 고유 정신일진대는 유불선적 성격의 각 면을 내포한 동시에 그보다도 유불선이 소유하지 않은 오직 풍류도만이 소유한 특색이 있는 것이다. 그야 꼭 특색이 있는 것이다. 그런데 이 난비(鸞碑)의 단편적 수절(數節)에는 이것이 언급되지 못했으니 과연 천고의 유감이다마는 글쎄 난비가 이미 전문이 아니고 또 난비의 찬자인 최고운(崔孤雲)의 사상과 식견이 과연 여기까지 상도(想到)했을는지 그것도 의문이다. 그는 또 그렇다 하고 대관절 풍류도는 그 정신이 이미 삼교의 성격을 포함했고 또 삼교 이외에 독특한 한 개의 성격을 가진 것이다. 이것이 과연 현묘한 풍류도란 것인데 이것을 모르고는 화랑을 모르는 것이고 신라 문화를 모르는 것이고 신라사를 모르는 것이고 한국 문화를 모르는 것이다. 그러면 풍류도란 도대체 무엇인가? 앞으로 더 연구해 보아야 할 과제이다.(김정설, 「풍류정신과 신라문화 ─풍류도론제언」)

그런데, 어울림의 풍류는 어떤 것일까? 세상에 꽃을 가꾸는 마음이며, 그런 멋을 만들어가는 일이다. 이는 '꽃씨를 진' 백결 선생에서 배울 수 있다. 세상이 각양각색의 사람과 생각으로 다채로운 꽃밭처럼 어우러지는 세상, "아빠하고 나하고 만든 꽃밭에 채송화도 봉숭아도 한창입니다. 아빠가 매어 놓은 새끼줄 따라 나팔꽃도 어울리게 피었습니다"라는 가사에 깃든 생각이 거기 있다.

김정설이 재현한 풍류의 모습 가운데 백결 선생을 묘사한 부분을 보자.

(백결 선생은) 그리고 자기 취미, 아니 취미라기보다는 생활은 첫째, 음악을 좋아하였었지만, 그러나 날씨나 좋고 할 때는 문을 닫고 앉

아서 거문고를 타는 일은 그리 없었다. 가끔 그는 큼지막한 망태를 메고 산으로 들로 다니면서 꽃씨를 따 모아 가지고, 꽃 없는 들판이나 산으로 돌아다니면서 뿌리곤 하였다. 선생은 이 일을 무엇보다도 오히려 음악 이상으로 재미스럽게 생각하였다. 혹시 누가 멋모르고 그것이 무슨 취미냐고 물으면 그는 "이것이 치국 평천하(治國 平天下)야"라고 대답하는 것이었다. 이것은 선생에게 있어서는 꼭 농담만은 아니었다. 그러기에 수백 리 길을 멀다 생각하지 않고 꽃씨를 뿌리러 다닐 때가 많았다. 그리고 백결 선생이 망태를 메고 지나간 곳마다 온갖 꽃이 다 피어나는 것이었다. 그리고 나무나 꽃 없는 산, 그중에도 벌겋게 벗겨진 산을 볼 때는 어떤 바쁜 일을 제쳐 두고라도 근처 사람을 불러 가지고 그 산을 다 집고는 길을 떠나는 것이었다. 그러곤 사람을 벗겨두면 나랏님이 걱정하는 것처럼 산을 벗겨두면 산신님이 화를 낸다고 말했다.(김범부, 「백결선생」, 『화랑외사』)

"큼지막한 망태를 둘러메고 산으로 들로 다니면서 꽃씨를 따 모아 가지고, 꽃 없는 들판이나 산으로 돌아다니면서 뿌리곤" 했다는 백결 선생. 그가 지고 다니던, 꽃씨를 담은 '망태'는 포함의 정신을 상징한다. 이 '포함'의 정신이 곧 어울림을 만들어내는 멋이고 풍류 아닌가.

꽃씨를 가득 진 남자. 풍류인. 천지만물의 '무간.' 모든 사상과 이념을 '포함'하는 철학은 자연과 인간이 하나로 녹아든, 섬세하고 빈틈없는 '어울림'의 미학이다.

이쯤에 당도하니, 문득 다음 구절이 떠오른다. 로버트 레드포드(Robert Redford) 감독의 영화 〈흐르는 강물처럼〉(1992)의 마지막 대사다.

이해는 못했지만 사랑했던 사람들은 모두 죽었다. 그러나 난 아직도 그들과 교감하고 있다. 어슴푸레한 계곡에 홀로 있을 때면 모든 존재가 내 영혼과 기억, 그리고 강의 소리, 낚싯대를 던지는 4박자 리듬, 고기가 물리길 바라는 희망과 함께 모두 하나의 존재로 어렴풋해지는 것 같다. 그러다가 결국 하나로 녹아든다. 그리고 강이 그것을 통해 흐른다.

그렇다. 어울림은 한국인들의 심성 속에 흐르는 강물이며, 거기에는 공동의 기억과 희망이 들어 있다. 다시 말해서 오래된 미학적 윤리이다.

비빔, 융통, 나눔으로
잇는 어울림의 지혜

정해경(여행 칼럼니스트, 블로그 '작은천국의 아날로그 감성' 운영자)

다문화 시대의 비빔 문화

어울림의 지혜가 필요한 시대다. 대한민국은 현재 갖은 반목과 분열의 신음을 앓고 있다. 정치적으로는 이념적 대립이 사회적 이슈가 되고, 경제적으로는 양극화 현상이 심화되고 있으며, 사회적으로는 다문화 현상이 시대적 화두로 떠오르고 있다. 그리하여 보수와 진보, 가진 자와 못 가진 자, 토착민과 이주민 사이에는 서로 어울릴 수 없는 긴장과 갈등의 골이 깊어지고 있다.

정치·경제·사회적으로 갈등과 반목의 긴장감이 흐르는 대한민국을 치유하고 상생의 소통으로 이끌어줄 치료제는 무엇일까? 전통적으로 내려오는 비빔, 융통, 나눔으로 버무린 어울림의 지혜야말로 한국 문화의 정수가 아닐까? 지금이야말로 어울려 사는 지혜가 절실한 시대다.

2012년 현재 대한민국은 이미 다문화 시대에 들어서 있다. 전 세계에서 밀려드는 다양한 인종들이 결혼해서 자식을 낳고 함께 일하며 살아가고 있다. '우리는 단군의 자손으로서 단일민족인 배달겨레'라는 민족주의 신화에 만족하는 시대가 저물고 있는 것이다.

실제로 한민족의 역사와 전통은 하늘에서 뚝 떨어진 독창적인 고립 문화가 아니라 삼국시대 이전부터 다양한 인종과 문화가 교류하면서 형성된 복합 문화였다. 한국 역사를 살펴보면, 무속·불교·유교·기독교 등 다양한 종교와 사상이 그렇거니와, 생활과 문화 역시 다른 나라에서 들어온 좋은 문화적 자산들을 새롭게 해석하고 변용하면서 이루어진 것이다. 예컨대, 우리 민족만 사용하는 한글 역시 다른 나라 글자에 대한 체계적 연구와 당대 최고의 언어학적 지식을 총동원해 만든 것이었다. '신토불이(身土不二)'를 외치며 배타적 순수성만을 고집해서는 다양한 문화와 소통하며 그 속에서 새로운 것을 만들어 온 한국 문화의 전통과 개성을 편협하게 오해하게 된다.

이런 측면에서 주목할 만한 전통이 바로 '비빔 문화'다. 비빔이란 요새 말로 하면 '퓨전(fusion)'이다. 비빔은 무에서 창조하는 것이 아니라 기존의 다양한 소재와 요인들을 버무려서 새로운 형태의 감동을 자아낸다는 점에서 어울림을 대표하는 문화적 양식이다. 북, 장구, 징, 꽹과리 등 네 가지 민속 타악기가 어우러지는 사물놀이나 갖가지 색깔과 소재의 반찬과 밥을 버무리는 비빔밥은 음악과 음식에서 비빔 문화의 정수를 잘 보여준다. 흥미로운 것은 여러 소재들이 조화를 이루면서도 저마다의 개성을 잃지 않는다는 점이다. 비빔은 차이를 제거하는 '동화'가 아니라 차이가 어우러지는 '조화'를 구현한다.

최근 들어 이러한 비빔 문화가 시대적 흐름을 타고 퓨전 한복, 퓨전 국악, 퓨전 한옥, 퓨전 막걸리 등 다양한 퓨전 문화로 전개되고 있다.

비빔이란 요새 말로 하면 퓨전이다. 비빔은 다양한 소재와 요인들을 버무려서 새로운 형태의 감동을 자아낸다는 점에서 어울림을 대표하는 문화적 양식이다.

특히 사물놀이의 리듬을 다양한 소재의 두드림을 통해 공유하는 무언극 형태의 〈난타〉 공연이 세계인들의 이목을 끌고 있으며, 숙명가야금연주단과 비보이 그룹 라스트원의 합동 공연은 퓨전 국악과 비보이 댄스를 접목하는 새로운 시도로 주목받고 있다. 이제 비빔은 소재와 주제는 물론 영역과 장르의 경계마저 넘어서고 있는 것이다.

이러한 비빔 문화는 갈수록 늘어가는 문화 다양성과 다문화 가정에 대한 고민과 배려가 필요한 현실에서 되새길 만한 어울림의 문화적 전통이다. 다문화 시대로 접어든 대한민국에는 특정한 가치관을 일률적 잣대로 들이대며 다양한 문화적 차이를 '틀림'으로 규정짓고 탄압하는 상극의 절대주의 문화관이 아니라 다양한 문화적 차이를 '다름'으로 존중하면서도 버무려서 새로운 '하나'를 만들어가는 상생의 비빔 문화가 필요하다고 생각한다.

융통의 어울림, 보자기 정신

다양한 인종과 문화가 서로의 차이를 인정하면서 함께 어울려 살아가는 유일한 길은 현상의 상대적 양면성을 인정하고 양자를 하나의 틀 안에서 원융회통(圓融會通)하는 것이다. 태극기의 중심에 위치한 태극(太極)이 음과 양을 한데 품고 양자가 역동적으로 균형과 조화를 이루면서 작동하는 것처럼, 일견 모순되어 보이는 상대적 가치들이 일정한 긴장을 이룬 채 밀고 당기는 역동성을 있는 그대로 품을 수 있는 틀이 있다면 융통의 어울림을 이루어낼 수 있을 것이다.

사회 역시 크게 다르지는 않을 것이다. 자유와 평등, 보수와 진보는 일견 모순되어 보이지만, 그러한 가치들이 각축하는 현실을 거리를 두고 떨어져서 보면 하나의 오케스트라 또는 모자이크처럼 일정한 조화를 읽어낼 수 있다.

융통의 어울림을 잘 보여주는 대표적인 사례가 바로 보자기다. 마치 다양한 악기들이 제각각 자기 소리를 내지만 전체적으로 어우러져 훌륭한 화음을 이루는 오케스트라처럼, 보자기는 여러 색깔과 모양을 지닌 다양한 천을 잇대어 하나의 거대한 모자이크를 구성한다.

보자기는 구조나 도안이라는 측면뿐 아니라 기능 면에서도 융통성을 구현한다. 보자기는 그것이 감싸는 내용물의 모양에 따라 자유자재로 다양한 형태로 바뀔 뿐 아니라 물건을 싸서 덮거나 가리거나 장식하거나 운반하거나 의례에 활용하는 등 다양한 용도로 사용되었다. 특히 보호와 장식의 의미를 지닌 보자기는 물건을 주고받는 목적으로 사용할 때에는 상대방에게 정성과 예의를 표현한다. 보자기는 자유롭게 변화하는 역동성과 더불어 정성과 예의를 한데 보듬어서 융통의 어울림으로 드러낸다는 점에서 주목할 만하다.

나눔의 상생 문화

다른 한편 경제 민주화가 시대적 화두로 주목받고 있다. 물질적으로 풍요로운 이들과 궁핍한 이들 사이에서 불거지는 양극화의 심화는 공동체 붕괴의 위험마저 드러낸다. 부유한 사람의 자식은 교육과 투자를 통해 더욱 부유해지고 가난한 사람의 자식들은 비빌 언덕이 없어 더욱 가난해진다. 부의 대물림과 양극화된 사회구조의 고착화는 날이 갈수록 심해지고 있다. 악순환이다. 개천에서 용 난다는 말은 이미 옛말이 되고 말았다.

"가난은 나라도 구하지 못한다"고 하면서 어려운 사람들의 형편을 외면하는 부자들도 많지만, 최근 들어 사회적 약자들의 어려움을 덜어주고 그들과 함께 나누는 기부 문화가 부상하고 있다. 사적 이윤 추구보다 공적 행복 나눔을 실천하는 사회적 기업도 늘어나고 있다. 전통 시대 향약과 두레에서부터 1920년대 일제로부터 경제 자립을 실현하기 위해 노력한 물산장려운동을 거쳐 1997년 외환위기 때의 금 모으기 운동에 이르기까지 우리 민족은 어려움도, 즐거움도 함께 나눔으로써 더불어 사는 지혜를 실천해온 전통이 있다.

'기쁨은 나누면 배가 되고 슬픔은 나누면 반이 된다'는 속담에서 볼 수 있듯이, 넉넉한 사람이 부족한 사람을 도울 뿐 아니라 어려운 사람이 더 어려운 사람을 돕는 따스한 정(情)이 개인적 이익을 위해 서로 외면하는 것이 아니라 가진 자와 못 가진 자가 서로 어울리는 상생(相生)의 문화를 만들어왔다.

이웃 나라 군주들이 백성 위에 위압적으로 군림할 때 백성을 위해 불철주야 고심하며 한글을 창제했던 세종대왕은 백성들과 함께 어우러지는 이상을 꿈꾸며 〈여민락(與民樂)〉이라는 음악을 들었다. 가난한 백성들의 어려움을 함께하기 위해서 선비들은 고대광실을 짓고 사치하기보다는 초가삼간에 만족하며 정직하고 품격 있는 청백리로서 배려와 봉사의 모범을 보여주었다. 〈여민락〉과 청백리의 정신은 조선판 노블레스 오블리주로서 더불어 사는 어울림의 지혜라고 할 수 있다.

국난을 맞아 가산을 팔아 의병을 일으키고 독립운동에 헌신하며 솔선수범하는 선비들도 많았지만, 평시에도 사회적 책무를 의식한 부자들은 오늘날까지 존경과 칭송의 대상이 되고 있다. 특히 경주 최부자와 구례 운조루를 비롯해 오늘날까지 지속적으로 나눔의 상생 문화를 실천한 역사적 사례들은 좋은 귀감이 될 만하다.

상생을 위한 어울림의 지혜, 경주 최부자

경주 최부자 집안은 1600년대 초반 최치원(崔致遠, 857~?)의 19세손인 최국선(崔國璿, 1635~1682)으로부터 28세손인 한말의 최준(崔俊, 1884~1970)에 이르기까지 10대에 걸쳐 무려 300년 동안 만석의 부를 유지했다. '부자가 삼대를 가기 어렵다'는 속담도 경주 최부자에게만은 적용되지 않았다. 어떻게 이렇게 오랜 기간 한 집안이 부를 유지하면서도 많은 사람들에게 존경을 받을 수 있었을까?

1800년대 후반, 부유한 양반계급은 부를 축적하기 위해 수단과 방법을 가리지 않았다. 이들의 탐학과 부패는 날로 심해지고 하층민들과의 빈부 격차는 극에 달해, 결국 동학혁명이 일어나게 되었다. 동학혁명군이 그동안 자신들을 착취해 재물을 모은 부자들을 내버려두지 않았을 것은 불 보듯 뻔한 일, 허나 그때 최부자 집만은 유일하게 살아남았다고 한다. 최부자가 권력을 멀리하고 일정 규모 이상 재산이 쌓이면 사회에 환원했으며 어려운 사람들의 처지를 이해하고 검소하게 살면서 자선을 베풀었던 데서 그 이유를 찾을 수 있다. 그리고 일제시대에는 평생 상해 임시정부에 독립운동 자금을 지원한 독립운동가였으며, 그 후 영남대를 설립해 교육 사업에 전 재산을 쏟아부음으로써 300여 년간 자신들의 부자 원칙을 지켰다. 이처럼 최부자의 경우 서구의 어느 귀족 못지않게 많은 자선 활동과 사회 공헌으로 '책임 있는 부자'의 책무를 훌륭하게 실천했다고 할 수 있다.

특히 최부자 집안의 모범은 한두 대에 그치지 않고 집안의 전통으로 전해 내려왔다는 데서 더 큰 의미를 찾을 수 있다. 육훈(六訓)과 육연(六然)이라는 가훈으로 전해지는 최부자 가문의 기본적인 생활 지침은 현대에도 큰 귀감이 되고 있다. 육훈에는 나와 내 가족 그리고 이웃과 더불어 행복하게 잘살기 위해 나누며 사는 삶의 철학이, 육연에는 인생을 살아가는 마음가짐이 담겨 있다.

먼저 육훈의 내용을 살펴보자. "첫째, 진사 이상의 벼슬을 하지 마라. 둘째, 1만 석 이상의 재산을 모으지 말며, 1만 석이 넘으면 사회에 환원하라. 셋째, 흉년에는 남의 땅을 사지 마라. 넷째, 과객(過客)은 후히 대접하라. 다섯째, 며느리들은 시집온 뒤 3년 동안 무명옷을 입어라. 여섯째, 사방 100리 안에 굶어 죽는 사람이 없게 하라."

좀 더 구체적으로 살펴보면 "과거를 보되 진사 이상은 하지 마라"라는 첫째 원칙은 조선 시대의 계급사회에서 양반 신분을 유지할 수 있을 만큼만 과거를 보고 벼슬을 하되, 권력에 대한 욕심은 경계하라고 가르치고 있다. "재산은 1만 석 이상 모으지 마라"라는 둘째 원칙에 따라 최부자 가문은 1만 석 이상의 재산은 사회에 환원했다고 한

경주 최부자 가문의 '육훈'과 '육연'은 우리 전통에 존재했던 노블레스 오블리주 정신의 일례를 보여준다.

다. 특히 소작료를 낮춤으로써 소작인들에게 직접적인 도움을 주었다. 소작인들은 최부자 집이 살아야 자기가 산다는 마음으로 더욱 열심히 일을 했으니, 결국 더불어 함께 살아가는 상생의 실천 방식이었다. "과객을 후하게 대접하라"라는 셋째 원칙에 따라 1년 소작 수입 쌀 3000석 가운데 1000석은 과객을 대접하는 데 쓰고 나머지 1000석은 어려운 사람을 돕는 데 썼다고 하니, 그 규모 면에서 놀라울 따름이다. 넷째 원칙으로 "흉년에는 남의 논밭을 매입하지 마라"라고 한 것은 궁지에 몰린 사람의 처지를 이용해 부를 축적하지 말라는 가르침이다. 흉년이 들어 어쩔 수 없이 헐값에 땅을 팔아야 하는 사람들의 어려움을 틈타 재산을 늘리는 것이 아니라 오히려 그들을 구제하기 위해 자신의 재산을 나누었다고 한다. 여기서 '남이 죽어야 내가 산다'는 상극(相剋)의 논리를 벗어난 최부자 집의 재물에 대한 철학을

177

엿볼 수 있다. 다섯째 원칙은 "최씨 가문의 며느리들은 시집온 뒤 3년 동안 무명옷을 입어라"로, 어찌 보면 며느리들을 고생시키는 것처럼 보일 수도 있다. 하지만 곳간의 열쇠를 가지고 집안의 살림을 책임지던 여자들의 근검절약 정신을 강조한 말이다. 없는 사람의 처지를 제대로 이해하고 자신들에게는 엄격하게, 타인들에게는 후하고 자비롭게 대하는 겸손한 생활 태도야말로 이 시대의 부자들이 가장 본받아야 할 부분이라고 할 수 있다. 마지막으로 "사방 100리 안에 굶어 죽는 사람이 없게 하라"라는 여섯째 원칙에 따라 1년 소작 수입 3000석 가운데 1000석을 빈민 구제에 썼다고 한다. "주변 사람들이 굶어 죽는데 나 혼자 재물을 지켜서 무엇하겠느냐"며 곳간을 헐어 이웃을 보살폈던 최부자 집의 1대 부자인 최국선의 선행에서 비롯된 일이다. 혼자서만 배불리 잘 먹고 잘사는 것이 아니라 이웃과 함께 나누며 덕을 베풀라는 가르침이라고 할 수 있다.

다음으로 육연의 내용을 살펴보자. "첫째, 스스로 초연하게 지내고 [自處超然], 둘째, 남에게는 온화하게 대하며[對人靄然], 셋째, 일이 없을 때는 마음을 맑게 가지고[無事澄然], 넷째, 일을 당해서는 용감하게 대처하며[有事敢然], 다섯째, 성공했을 때는 담담하게 행동하고[得意淡然], 여섯째, 실의에 빠졌을 때는 태연히 행동하라[失意泰然]." 요컨대, 육연은 자신의 몸을 닦는 수신의 마음가짐에 대한 가르침이다.

이처럼 경주 최부자 집은 집안을 이끌어가는 정신뿐 아니라 개인적으로 집안 구성원이 바른 품성을 지니고 살아야 한다는 구체적인 지침을 육훈과 육연을 통해 대대로 가르쳐왔다. 그리고 이것이야말로 우리가 현대에 본받아야 할 조선판 노블레스 오블리주 정신의 핵심이라고 할 것이다.

뒤주와 굴뚝에서 배우는 배려의 미학, 구례 운조루

경상도에 최부자가 있다면 전라도에는 운조루(雲鳥樓)가 있다. 구례 운조루는 류이주(柳爾冑, 1726~1797) 가문이 보여준 겸손과 배려의 미학이 서려 있는 곳이다. 운조루는 자신이 가진 것을 과시하기보다는 이웃과 나누는 미덕을 전통으로 삼았다.

'구름 속에 새처럼 숨어 사는 집'이라는 낭만적인 이름을 가진 운조루는 지리산의 산세와 물세가 어우러진 아흔아홉 칸 대저택으로, 건축물 자체가 예술품이라고 알려져 있다. 그러나 이 집이 유명한 것은 고택의 아름다움 때문만은 아니다. 이곳은 나지막한 굴뚝과 타인능해(他人能解)라는 이름의 쌀뒤주로 더 유명하다.

타인능해, '가족이 아니어도 누구나 쌀뒤주를 열 수 있다'는 뜻의 글귀가 새겨진 쌀뒤주는 누구든지 마음대로 열어 쌀을 퍼갈 수 있었다. 쌀이 세 가마니나 들어가는 이 쌀뒤주는 바로 운조루의 주인인 류이주가 특별히 고안한 것으로, 혼란스러웠던 19세기 조선의 상황에서 흉년까지 들어 살기가 힘들었던 서민들에게 자신이 가진 것을 온전히 나누려는 마음이 담겨 있다. 무엇보다 자신이 직접 쌀을 퍼주지 않고 누구든지 필요한 사람이 직접 쌀을 퍼가도록 한 것은 물론, 쌀을 퍼가는 사람들이 집안 사람 누구의 눈에도 띄지 않도록 하기 위해 집주인의 눈에 잘 띄지 않는 행랑채에서 사랑채로 가는 길목에 놓아둔 것에서는 혹시라도 자신의 선행으로 상처받을 수 있는 가난한 이들의 자존심까지 생각한 세심한 배려가 돋보인다.

또 이 집에는 여느 집과 달리 높은 굴뚝이 없다. 끼니를 해결하지 못하는 사람들이 많았기에 자신의 집 굴뚝에서 나오는 연기를 보면

'구름 속에 새처럼 숨어 사는 집'이라는 이름을 가진 운조루. 전남 구례 류씨 가문은 수대에 걸쳐 나눔과 배려의 미덕을 실천했다.

서 가난한 사람들이 마음 상할까 싶어 1미터도 되지 않는 낮은 굴뚝을 만들었다고 한다. 그리고 건물 아래 기단에 구멍을 내어 그곳으로 연기가 나오도록 만들었다고 하니 보릿고개도 넘기기 어려웠던 시절, 배고픔의 서러움을 가진 사람들에게 밥 짓는 연기마저도 감추고자 했던 운조루 사람들의 따뜻한 배려의 마음이 전해온다.

그 후 구한말에는 혼란스러웠던 시대 상황에 쌀값이 올라가고 농민들의 생활은 더욱 피폐해졌지만 소작료를 올리지 않았다. 또 일제 시대에 운조루는 우국지사들의 문화 사랑방이었으며, 국채보상운동을 주도하는 등 어려운 이웃에게 인정을 베풀며 가진 자로서 도리를 다했다.

각종 민란과 동학운동, 뤼순 사건, 한국전쟁 등 격변의 시대를 지나오면서 운조루가 지금처럼 건재할 수 있었던 것은 어쩌면 바로 이 타인능해의 정신 때문일 것이다. 나눔이 과시와 홍보의 수단이 되어버린 오늘날, 쌀뒤주와 굴뚝에서 이웃과 어울려 사는 배려의 아름다움을 고스란히 느낄 수 있는 운조루는 모두가 더불어 사는 어울림의 참모습을 새삼 곱씹게 한다.

사회화되는 나눔의 실천

우리 전통 속에 살아 있는 나눔과 상생의 지혜를 새로운 방식으로 현대에 계승하고자 노력하는 이들이 등장하면서 나눔의 문화가 서서히 퍼져 나가고 있다. 특히 대중에게 큰 영향력을 발휘하는 연예인들과 스포츠 스타들이 나눔을 몸소 실천하면서 일반인들도 나눔에 대한 생각이 바뀌고 있다.

단순히 '돈을 내고, 물품을 기증하고, 음식을 기증하는 것'만이 아니다. 지금 당장 수중에 돈이 없어도 자신이 가진 열정으로, 노동으로, 시간으로, 혹은 마음으로 다양한 나눔을 실천하고 있다. 나눔의 패러다임이 변하고 있는 것이다. 요즘 유행하고 있는 지식 나눔 콘서트, 강연 콘서트, 힐링 캠프 등은 각 분야의 전문가들인 문화예술인, 기업인, 지식인들이 자신들의 재능을 사회에 기부하는 새로운 형태의 나눔 문화로 서서히 자리를 잡아가고 있다. 이러한 재능 기부는 재능이 있는 사람이라면 누구든 충분히 동참할 수 있기에 그 의미가 더욱 크다. 자선과 기부는 가진 사람들만의 전유물이 아니라는 인식이 널리 퍼지는 한편, 새로운 형태의 기부자들이 등장함으로써 전통적인 나눔의 정신이 현대로 폭넓게 계승되고 있다고 할 수 있겠다.

2부

한국인,
예를 알고
흥을 즐기다

한국인의 웃음과 해학

신광철(한신대학교 디지털문화콘텐츠학과 교수)

해학,
한국인의 웃음 유전자

웃음은 인간의 자연적 감정에서 샘솟는 가장 순수하고 원초적인 표현이다. 해학(諧謔)은 한국적 웃음 유전자가 무엇인지를 보여주는 중요한 실마리다. 우리 민족은 예로부터 해학을 즐겨왔다. 1970년 서울에서 열린 제37차 국제 PEN 대회에서 우리 측이 제시한 주제가 '동서 문학의 해학'이었던 것도 이러한 맥락에서 이해할 수 있을 것이다. 이 대회에서 김동리(金東里, 1913~1995), 황순원(黃順元, 1915~2000), 이은상(李殷相, 1903~1982) 선생이 하신 말씀을 통해 해학에 담긴 한국인의 문화 코드를 읽어내는 지름길을 찾을 수 있다.

김동리 선생은 "한국 사람은 고대로부터 해학을 좋아했고 또한 해학적인 국민"이라고 했고, 황순원 선생은 "한국의 해학은 예술 의식에 의해 만들어졌다기보다는, 직접 생활에서 솟아나왔다"고 했다. 또 이은상 선생은 "동양의 해학은 자연과 지혜에서, 그리고 서양의 해학은 자유와 지식에서 비롯되어 각각 출발점을 달리했다고 볼 적에 하나는 심리적으로 파악해야 하고, 다른 하나는 논리적으로 다뤄야 한다"고 하면서, 동양적(한국적) 해학의 유능제강(柔能制剛, 부드러운 것으로서 억센 것을 제어한다)과 초탈의 경지를 강조했다. 김동리 선생을 통해서 해학이 한국인의 문화유전자임을 재삼 확인할 수 있고, 황순원 선생을 통해서 해학이 생활, 즉 삶에 대한 관조와 여유에서 비롯한 것임을 깨닫게 된다. 또 이은상 선생을 통해서 우리의 해학이 서양의 유머와는 다른 결을 지닌 것임을 알게 된다. 이러한 세 가지 깨달음에 담겨진 의미를 풀기에 앞서 먼저 해학에 대한 정의를 내려보고자 한다.

해학,
익살, 풍자

『표준국어대사전』에 따르면, '해학'이란 "익살스럽고도 품위가 있는 말이나 행동"을 뜻한다. 여기에서 두 가지를 눈여겨볼 수 있다. 첫째는 '익살'과 '품위'의 어우러짐이고, 둘째는 그것이 '말'이나 '행동'으로 구체화된다는 점이다. 같은 사전에서 '익살'의 뜻을 찾아보면 "남을 웃기려고 일부러 하는 말이나 몸짓"을 가리킨다. 이처럼 해학에 내재된 익살의 요소는 '남을 웃기려는' 의도를 취하고 있으며, 그러한 의도를 '일부러' 드러내는 말과 몸짓으로 구체화된다. 그러하기에, 해학의 양상은 우스꽝스럽게 표현하여 웃음을 유발하는 것으로 나타난다. 이때 그 표현의 대상이 되는 것은 사회적 현상이나 현실이다. 해학은 현실의 과장 혹은 왜곡, 사회적 현상 혹은 계층에 대한 비꼬기를 통해 구현된다. 하지만 그러한 과장이나 왜곡, 비꼬기는 정

민화 〈작호도〉(왼쪽)와 〈이묘봉인도〉(아래)에는 우리나라의 대표적인 해학의 코드가 담겨 있다.

곡을 찌르기는 하여도, 날 선 배격이나 대립으로 치닫지는 않는다. 오히려 정답고 긍정적인 우스개로 귀결되는 경우가 더 많다. 이를 통해 해학이 지닌 품위, 더 나아가 품격을 논할 근거를 찾을 수 있다.

　해학이 지닌 이 같은 품위·품격에 대한 인식은 '해학'과 '풍자' 사이의 간극을 떠올리게 한다. '풍자'란 "남의 결점을 다른 것에 빗대어 비웃으면서 폭로하고 공격함", "문학 작품 따위에서 현실의 부정적인 현상이나 모순 따위를 빗대어 비웃으면서 씀"을 뜻한다.(『표준국어대사전』) 풍자(諷刺)의 '자(刺)'는 '찌를 자'로, 대상에 대한 비판과 공격의 자세를 전제한다. 이에 비해 해학(諧謔)의 '해(諧)'는 '화(합)할 해', '학(謔)'은 '희롱거릴(농담) 학'으로, 비록 대상에 대한 희롱을 수반하지만 비판보다는 농담에 가까우며 궁극적으로는 화합을 지향한다. 린위탕(林語堂, 1895~1976)은 해학과 풍자 사이의 간극을 다음과 같이 논한 바 있다.

186

풍자는 쏜다. 그것은 겨울의 살을 베는 듯한 찬바람과 같다. 해학은 우리 모두를 즐겁고 아늑한 우의에 찬 분위기 속에 감싸주는 하늘의 자우(慈雨)와도 같다. 그것은 졸졸 흐르는 작은 시내와도 같고 또 푸른 목장을 비추어주는 태양과도 같다.

한국인의
미의식과 해학

한국인이라면 누구나 떠올리는 해학의 이미지가 있다. 토기, 토우, 귀면와, 장승, 민화, 풍속화, 불화(특히 하단 불화) 같은 것들이다. 그중에서 민화와 풍속화, 그리고 불화를 중심으로 한국적 해학의 미의식을 살펴보도록 하자. 호랑이 담배 피던 시절의 이야기를 그린 〈이묘봉인도(二卯奉寅圖)〉, 〈까치 호랑이 그림(작호도, 鵲虎圖)〉 같은 민화에는 해학의 문화 코드가 생생하게 표현되어 있다.

생활상과 풍속을 묘사한 풍속화에서도 해학의 문화 코드를 어렵지 않게 찾을 수 있다. 민화의 해학이 현실의 과장 또는 왜곡을 통해 웃음을 유발하는 데서 비롯된 것이라면, 풍속화의 해학은 현실을 관조하는 따뜻하고 재치 있는 웃음의 유발을 통해 구현되는 것이다. 김홍도(金弘道, 1745~?)의 〈빨래터〉, 신윤복(申潤福, 1758~?)의 〈단오풍정(端午風情)〉 같은 풍속화에는 해학의 문화 코드가 인상적으로 표현되어 있다 (이 두 그림은 각각 특정 기업의 세탁기와 세제 광고, 샴푸 광고에 활용되기도 했다).

김홍도의 〈빨래터〉에는 여인들의 개방적인 모습이 인상적으로 그려져 있으며, 이를 몰래 훔쳐보는 선비의 모습이 재미있게 표현되었다. 김홍도는 여인들의 모습과 선비의 모습을 대비해 엄격한 규율이 지배하는 유교 사회의 현실을 해학적으로 묘사했다. 신윤복의 〈단오

신윤복의 풍속화 〈단오풍정〉.

풍정〉도 비슷한 해학의 구도를 보여준다. 초여름 단오절 골짜기에 물
놀이 나온 여인들을 바위 뒤에서 숨어서 숨을 죽이고 엿보는 젊은 사
미승들의 눈길이 특히 인상적으로 묘사되었다. 〈단오풍정〉은 여인들
과 사미승들의 대비를 통해 성속(聖俗)의 경계조차 해학의 대상으로
삼은 셈이다.

　　민화와 풍속화의 해학 코드는 현대 한국 회화에서도 재현되었다.
해학의 대가 이중섭(李仲燮, 1916~1956)의 작품 〈소와 게와 새〉, 장욱진
(張旭鎭, 1917~1990)의 〈호랑이 있는 풍경〉, 권정찬(權正燦, 1954~)의 〈호
랑이와 올빼미〉 등에서 이러한 흐름을 찾아볼 수 있다. 〈소와 게와
새〉는 서로 상대도 안 되는 강자와 약자 사이의 관계에서도 사태가
'뒤집히는' 의외의 가능성을 통해 해학의 코드를 표현했다. 〈호랑이

있는 풍경〉과 〈호랑이와 올빼미〉에서는 민화 〈까치 호랑이〉의 해학적
코드에 대한 현대적 해석이 이루어지고 있다.

대표적인 종교화 가운데 하나인 불화에서도 해학의 코드를 읽어
낼 수 있다. 불화 해석의 가장 기본적 방식 가운데 하나는 상단, 중단,
하단의 배치를 따라 읽어내는 것이다. 대개 상단은 불단(佛壇), 중단은
보살단(菩薩壇), 하단은 신중단(神衆壇)으로 구분된다. 상단 불화와 중
단 불화가 불교 사상에 충실하게 격식을 갖춘 데 비해, 하단 불화에
는 민중적 감각의 영향이 상당히 반영되어 있다. 이는 하단(신중단)에
전래의 토속 신앙이 반영된 흐름과 관련된 것이기도 하다. 하단 불화
의 그림들은 그림체의 양식과 표현에서도 상단 불화에 비해 자유로운
편이다. 특히 삶에 대한 알레고리적 표현이 두드러지는데, 이를 통해
상·중단 불화에서는 나타나지 않는 해학적 요소가 드러난다.

삶에 대한 관조와 여유, 그리고 해학

한국인의 해학은 생활 속에서 나온 것이라
는 점에서 진정성을 지닌다. 해학은 삶에 대한 관조의 태도로부터 비
롯되고, 그러한 태도로 말미암아 체득한 여유를 통해 확장되는 것이
다. "삶이 여유로울 때 해학이 샘솟는다"는 표현은 이러한 맥락에서
이해할 수 있다. 해학은 높은 자리의 시선에서 아래를 내려다보면서
대상을 공격하며 조롱하는 웃음이 아니라, 현실을 어르면서 웃음을
이끌어내어 긍정의 에너지로 확장될 웃음을 지향한다. 이때, 환경(현
실)은 더 이상 수동적이지 않게 된다. 능동적 환경에서 해학이 증폭되
는 것이다.

이러한 면에서 해학을 '카타르시스'의 맥락에서도 읽어낼 수 있다. 긍정적 웃음을 통한 일상의 탈출! 이것이 해학에 담긴 카타르시스의 동력이다. 한국인은 억눌림과 절망의 현실을 복수가 아닌 해학을 통해 돌파해왔다. 이러한 '돌파'가 '주거니 받거니'의 '행동'을 통해 이루어진 것이라는 점 또한 중요하다. 조선 시대 서민들의 놀이마당이었던 '통영오광대'에서 이러한 '돌파'와 '주거니 받거니'의 '행동' 요소를 발견할 수 있다. 이러한 요소는 변혁과 화합의 힘을 내재한 것이기도 하다. 중요무형문화재 제6호 '통영오광대' 보존회장 김흥종의 언급은 이러한 요소의 의미를 분명히 드러내주고 있다.

> 비극을 희극으로 만들며, 사회 변혁의 힘을 가진 게 오광대죠. 일단 화두를 던져주면 관중이 "맞다" 하면서 동참하는 것. (중략) 오광대는 관중의 추임새로 하나 되는 수평형 무대입니다. 광대가 주인공이 아니라 앉아 있는 청중 자체가 광대이고, 관중을 끌어내는 게 광대의 역할이에요. 그런 의미에서 광대는 '화합의 아이콘'이 아니겠습니까?

통영오광대에 담긴 이와 같은 해학의 코드는 최근 '핫 셀러브리티'로 떠오른 〈개그콘서트〉의 '용감한 녀석들'에게서도 발견된다. 통영오광대와 용감한 녀석들은 현실의 풍자(내용), 춤과 노래의 어우러짐, '마당/판'을 통한 커뮤니케이션의 증폭을 통해 웃음을 유발한다는 점(형식)에서 맥락을 공유한다. 물론 둘 사이에는 차이도 있다. 통영오광대의 '판'이 '주거니 받거니'의 '경험'의 역사를 공유하는 데 비해, '용감한 녀석들'은 아직 그러한 역사를 만들어가는 중이다. '용감한 녀석

통영오광대놀이는 억눌림과 절망의 현실을 복수가 아닌 해학을 통해 풀어낸다.

들'의 시도가 해학의 진정성을 발현하려면, 무엇보다도 실질적인 '주거니 받거니'의 과정이 살아 있는 거친 '추임새'를 창출해나가야 할 것이다.

해학과
유머

해학은 현실을 익살스럽게 비틀어 웃음을 유발해냄으로써 카타르시스를 느끼게 한다는 점에서 창조성을 지닌다. 해학은 비평의 대상을 배격하거나 타자화하지 않고, 마당/판에 불러내어 어르고 어우러진다는 점에서 소통성을 지닌다. 해학의 이러한 창조적 긍정과 소통적 자유의 에너지는 서양의 유머에 대해 변별성을 보여준다.

다시 이은상 선생의 말을 떠올려보자. 선생은 "동양의 해학은 자연과 지혜에서, 그리고 서양의 해학은 자유와 지식에서 비롯되어 각각 출발점을 달리했다"고 보면서, "하나는 심리적으로 파악해야 하고, 다른 하나는 논리적으로 다뤄야 한다"고 주장했다. 선생의 언급에서 자연 대 자유, 지혜 대 지식, 심리 대 논리의 구조를 추출할 수 있다. 지혜와 지식으로 해학과 유머를 변별한 선생의 시도는 탁월했다고 본다. 지혜를 심리의 자리/시각에서, 지식을 논리의 자리/시각에서 읽어내야 한다는 주장도 설득력을 지닌다고 하겠다. 여기에 덧붙여, 지혜와 심리를 관통하는 한국적 '정(情)'의 맥락을 살피는 일도 중요하다.

해학은 대상에 대한 연민과 동정을 담고 있다. 해학은 또 긍정적인 태도로 재치 있게 함께 '웃고 웃어주는' 농담의 영역에 속한다. 이러한 농담은 민속, 예술, 문학 등 다양한 분야에서 다양한 방식으로 전승되어왔다. 판소리의 '주제'가 '한'임에도 불구하고, 그 '정조(情調)'는 '해학'이라는 점을 통해, 이러한 농담에 실린 해학의 품격을 읽을 수 있다. 판소리의 인물 중에서는 서구적 개념의 악인은 찾아보기 힘들다. '악인'조차 소화해버릴 정도로 한국적 해학은 넉넉함을 지니고 있는 것이다. 판소리 〈흥부가〉에는 이러한 넉넉함의 해학 코드가 잘 나타나 있다. "판소리는 슬플 때조차도 웃는다"는 언급은 이러한 맥락에서 이해할 수 있다.

한국적 해학의 코드는 초월적 맥락을 보여주기도 한다. 임권택 감독의 영화 〈축제〉에도 나타났듯, 장례식이 망자(亡者)를 기리는 엄숙한 의식임에도 불구하고 남은 자들에 의해 '축제화'된다는 점 등을 통해, 이러한 맥락에 담겨진 의미를 읽어낼 수 있다.

해학은 발화자와 청자, 그리고 말하고 듣는 이야기의 줄거리를 이루는 대상이 어우러지는 맥락과 정황 속에서 구현된다. 여기에서 내용을 구성하는 것은 그 대상과 관련된 이야기이지만, 그러한 내용을 현실적으로 구현하는 이는 발화자, 즉 '해학적 주체'다. 해학적 주체의 창조성과 상상력은 이야기를 더욱 풍성하게 꾸며서 '주거니 받거니'의 과정을 더욱 생생하게 해준다.

해학적 주체의 중요성을 판소리에서도 찾을 수 있다. 판소리에서 중요한 것은 대본(가사)이 아니라, 창자(唱者)의 창조적인 역량이요, 해학적인 순발력이다. 판소리의 해학은 그러한 점에서 일종의 '네버 엔딩 스토리'라고 할 수 있다.

우리 역사에는 수많은 뛰어난 해학적 주체가 있었다. 연암 박지원도 그중 하나다. 연암은 스스로 '껄껄[笑笑]대사'로 자처할 만큼 해학에 일가견이 있었다. 그에게는 '남을 웃기고자 하는' 유전자가 있었다(『열하일기』에 가장 자주 나타나는 말이 '포복절도'라고 한다). 한번은 이런 일이 있었다고 한다. 사절단을 따라 북경을 방문한 연암이 이국땅의 어느 점포에 씌어진 이야기를 촛불 아래 열심히 베껴 쓰고 있었다. 그러자 주인이 그 이유를 궁금해하며 물었다. 연암은 이렇게 답했다.

고국으로 돌아가면 사람들에게 한 번씩 읽혀 그들로 하여금 배를 틀어쥐고 넘어지도록 웃기려고 하오. 먹던 밥알이 벌 날듯 튀고 갓끈이 썩은 새끼처럼 끊어지게 할 거요.

연암 박지원 초상.

오늘날 문화의 시대, 콘텐츠의 시대에 즈음하여, 다시금 연암과 같은 해학적 주체의 중요성이 부각되고 있다. 최근 '글로벌 스타'로 부각되고 있는 가수 싸이는 21세기형 해학적 주체의 가능성을 보여주고 있다. 그의 노래 〈강남 스타일〉에는 '반전'의 해학이 드러나 있다. "낮에는 따사로운 인간적인 여자"요 "커피 한 잔의 여유를 아는 품격 있는 여자"가, "밤이 오면 심장이 뜨거워지는" "그런 반전 있는 여자"가 된다(여기에서, 앞서의 분석 과정에서 중요한 키워드였던 '여유'와 '품격'이 등장하며, 그것들은 '밤'을 맞이하여 '반전'에 이르고 있음을 의미심장하게 읽을 수 있다). '사나에(사나이)'도 마찬가지다. 그는 "점잖아 보이지만", "놀 땐 노는 사나이"요, "때가 되면 완전 미쳐버리는 사나이"다. 그는 또한 "근육보다 사상이 울퉁불퉁한 사나이"다. 여자가 "감각적인 여자"라면, 남자(사나이)는 "뭘 좀 아는 놈"이다. 뮤직비디오에서는 해학의 코드가 더욱 강렬하게 드러난다. 뮤직비디오는 (전혀 '강남스럽지 않은') 동네 놀이터에서 시작된다. 이는 앞으로 이 노래에서 운위될 '강남'이 발화자의 '놀이마당'이 될 것임을 지시하는 것이기도 하다. 이는 현실 '전복'의 해학 코드와 맥락을 같이하는 것이기도 하다. 뮤직비디오에 등장하는 아줌마들의 (익히 알려진 상투적인) 동작과 패션, 그리고 반전에 가까운 진지함도 다분히 해학적이다. 〈강남 스타일〉을 세계적으로 주목받게 한 요소 가운데 하나인 '말춤'과 다양한 '후크'도, 엇박과 추임새라는 해학의 코드와 관련지어 해석할 수 있다.

가수 싸이의 성공은 단순한 '돌발' 사건은 아니라고 생각한다. 따지고 보면 그는 '웃기는 남자' 또는 '웃겨주는 남자'라는 일관된 콘셉트를 가지고, 자기만의 '스타일'을 다듬어왔다. 몇 차례 우여곡절이 있기는 했지만(아니, 그러한 우여곡절이 있었기 때문에), 그는 단지 스타일을 고수하기만 한 것이 아니라, 그러한 스타일을 통해 대중과 함께 하려는 시도를 병행해왔다. 이른바 '싸이 흠뻑쇼'라는 브랜드(대중들을 재미에 흠뻑 젖게 만들어주겠다는)를 통해서도 이러한 시도를 읽어낼 수 있다. 요컨대 싸이는 이 시대의 해학적 주체로서 우리와 함께해왔고, 이제는 인류와 함께할 채비를 갖추어나가고 있다. 제2, 제3의 해학적 주체들이 다양한 분야와 장르에서 활약할 수 있도록 '추임새'를 넣어보자! 그러기 위해서 우선적으로 필요한 것 가운데 하나가 해학이라는 문화 유전자에 대한 유전자은행(DB 또는 아카이브)을 만드는 일일 것이다.

우리 그림 속의
풍자와 해학

조정육(미술사가. 블로그 '조정육의 행복한 그림 읽기' 운영자)

풍자와 해학

어떤 상황을 직설법으로 얘기하는 데는 많은 위험이 따른다. 특히 정치적인 사안이나 권력가의 비리에 관한 내용일 경우 생명의 위험까지 감수해야 할 때도 있다. 그럴 때 사람들은 에둘러 표현하는 묘미를 부린다. 특정한 사람의 실명을 거론하지 않으면서 그 사람에 대해 신랄하게 비판하는 것이다. 이것이 풍자다. 이때 전달하는 사람이 심각하면 안 된다. 아픈 내용이지만 듣는 상대가 호탕하게 웃으면서 받아들일 수 있어야 한다. 풍자에 해학이 필요한 이유다.

풍자의 사전적 의미는, "잘못이나 모순 등을 빗대어 비웃으면서 폭로하고 공격하는 것으로 주로 문학이나 연극에서 사회 또는 개인의 악덕·모순·어리석음·결점 따위를 비웃음·조롱·익살스러운 모방·반어법 등 여러 가지 방법으로 비난하거나 때로는 개선하기 위한 의도로 쓰는 예술 형식"이라고 정의되어 있다. 해학은 "익살스러우면서도 품위 있는 말이나 행동 또는 농담"을 뜻하며 비슷한 말로 유머, 회해(諧謔), 배회(俳諧) 등이 있다. 풍자의 내용은 사회와 개인의 악덕이나 어리석음을 들추어내고, 인간의 탐욕과 욕망을 건드린다. 그런 의미에서 풍자의 대상이 권력을 가진 사람이나 정치인들 혹은 귀족이나 부유층이 되는 것은 자연스러운 일이다.

합리성과 논리성을 강조하는 서양에서는 비합리적이고 비논리적인 인간 행위를 풍자하는 풍자화가 매우 발달했다. 속담을 인용해 어리석은 사람들의 행위를 풍자한 작품으로는 피터르 브뤼헐(Pieter Brueghel, 1525~1569)의 〈소경이 소경을 이끈다〉가 있다. 귀족과 부유층의 어리석음을 풍자한 작품으로는 윌리엄 호가스(William Hogarth, 1697~1764)의 〈유행에 따른 결혼〉이 있고, 바보스럽고 허영기 많은 황제의 가족을 그린 작품으로는 고야(Francisco Goya, 1746~1828)의 〈카를로스 4세의 가족〉을 들 수 있다. 프랑스대혁명 이후 정치적 진통을 겪으면서 드러나는 추악한 인간 군상들에 대한 신랄한 비판은 도미에(Honoré Daumier, 1808~1879)의 〈가르강튀아 같은 루이 필리프〉가 돋보인다.

서양의 풍자화가 현실에 대한 직접적이면서도 통렬한 풍자와 해학이 특징이라면, 우리 그림은 은근하면서도 암묵적인 것이 특징이다. 이런 차이는 그 시대를 살았던 사람들의 현실 인식과 시대 의식의 차이에서 기인한다고 볼 수 있지만, 근본적으로는 동양화와 서양화의 차이에서 비롯된다고 볼 수 있다. 동양화가 암시적이고 함축적이라면 서양화는 직설적이고 구체적이다.

예를 들어 동양화에서 텅 빈 화면에 작은 풀 한 포기만을 그려넣었다고 하자. 이때 화선지 위의 풀은 단지 풀 한 포기만을 의미하는 것이 아니다. 풀이 지천으로 자라고 있는 언덕이나 넓은 초원을 상징한

김시, 〈동자견려도〉, 16세기 후반, 비단에 색,
111×46cm, 서울, 개인 소장.

다. 그래서 풀 한 포기는 결코 하나가 아니고 그 배후에 담긴 여러 가지 상징으로 존재하게 된다. 그림 속에 붓질 몇 번으로 표시된 가느다란 물줄기는 우람한 계곡의 물줄기이며, 산 위에 구불구불한 선으로 그려진 구름은 웅장한 산봉우리, 즉 자연을 상징한다. 동양화는 눈에 보이는 것이 전부가 아니다. 눈에 보이는 가시적 물상을 통해 그 물상 너머의 세계를 사유하게끔 만드는 것이 동양화의 세계다. 그래서 동양화는 보고 감상하며 즐기는 그림이라기보다는 그림을 매개로 삼아 그림이 놓여 있는 우주와 우주의 원리를 생각하게 하는 철학의 표현이다. 이렇게 함축적이고 상징적인 동양화에서 풍자와 해학이 어떻게 전개되었는지 조선 시대 회화를 중심으로 살펴보기로 한다.

알아도 좋고 몰라도 좋은 풍자 방식

김시(金禔, 1524~1593)의 〈동자견려도(童子牽驢圖)〉와 함윤덕(咸允德, 16세기)의 〈기려도(騎驢圖)〉는 조선 중기의 절파 화풍(浙派畫風)을 얘기할 때

함윤덕, 〈기려도〉, 16세기 후반, 비단에 연한 채, 15.6×19.2cm, 국립중앙박물관.

거론되는 대표작이다. 〈동자견려도〉에 보이는 흑백 대조가 심한 산과 거칠고 까칠한 필치의 필묵법은 절파 화풍의 대표적인 특징이다. 이 그림의 미술사적 의의가 절파 화풍의 조선적인 변형이라는 데 있다면, 그림 읽는 재미는 나귀와 나귀를 끄는 흰옷 입은 아이에게서 찾을 수 있다. 돌다리를 건너지 않으려고 네 발로 버티는 나귀와 어떻게 하든지 나귀를 잡아당겨 보려고 안간힘을 쓰는 어린 동자의 기 싸움이 그대로 전해지는 작품이다.

물론 이 작품 속에는 당시의 시대적인 모순이나 잘못을 폭로하고 조롱하려는 풍자적인 의도는 담겨 있지 않다. 윌리엄 호가스나 도미에 식의 직접적인 표현법을 기대했다면 실망스럽기 그지없다. 그러나 이것이 우리 그림의 간접적인 풍자 화법이다. 〈동자견려도〉는 단순히 고집을 부리는 나귀와 어린아이를 그린 작품일 수도 있고, 아무리 다 그쳐도 고집불통인 인간을 풍자적으로 그린 작품일 수도 있다. 그림 너머의 세계로 생각을 확장해나가는 것, 그것은 전적으로 그림을 감상하는 사람의 몫이다.

〈기려도〉 또한 마찬가지다. 곧 쓰러질 듯 지쳐 있는 나귀는 아랑곳하지 않고 시 구절만 생각하는 선비의 모습을 현실 세계에 초탈한 고아한 양반으로 해석할 수도 있고, 다른 사람의 아픔쯤은 전혀 개의치 않는 특권층의 무심함을 꼬집는 것으로도 해석할 수도 있다. 김시나 함윤덕이 과연 그런 날카로운 풍자 의식을 담아 붓을 들었느냐 하는 것은 별개의 문제다. 그림은 작가의 손을 떠나는 순간 관람자의 것이 되기 때문이다.

현실을 해학적으로 풍자한 김홍도

우리 그림이 항상 이런 간접 화법만으로 구성된 것은 아니다. 한국 미술사를 화려하게 수놓았던 불세출의 화가 김홍도의 『풍속화첩』에는 그 시대 사람들의 고민과 문제의식이 담겨 있다. 우리가 잘 알고 있는 〈타작〉에는 마름과 소작인들 간의 갈등이 드러나 있다. 코흘리개의 손도 빌려야 할 만큼 바쁜 수확철에 소작인들은 타작을 하느라 여념이 없다. 그 와중에 소작인들을 감시하는 마름은 낮술을 한잔 걸친 후 삐딱하게 옆으로 다리를 꼬고 누워 담배를 피우고 있다. 그러거나 말거나 소작인들의 얼굴은 수확의 기쁨으로 입이 벌어져 있다. 물론 모두 다 그런 것은 아니다. 젊은 총각은 아직 이 상황을 받아들이기에는 너무 혈기왕성하다. 이 그림에서 유일하게 얼굴에 불쾌한 감정을

김홍도, 『풍속화첩』 중 〈타작〉. 종이에 연한 색, 27×22.7cm, 국립중앙박물관.

가득 담은 인물이다.

이렇게 〈타작〉은 당시 신분제의 모순과 계층 간의 갈등이 은근하게 풍자되어 있다. 그러나 풍자의 방법은 신랄하거나 비판적이기보다는 해학적이다. "익살스러우면서도 품위 있는 말이나 행동"의 정의에 알맞게 유머러스하다. 자세히 들여다보지 않으면 단순히 늦가을에 타작하는 장면을 그린 그림으로 지나칠 만큼 직설적이지 않다.

〈빨래터〉는 〈타작〉보다 조금 더 적나라하게 양반을 꼬집은 작품이다. 아낙네 네 명이 시원한 냇가에서 빨래를 하고 있다. 바위에 앉아 머리를 땋고 있는 아낙은 이미 빨래를 끝내고 머리까지 감은 듯하다. 오른쪽 바위 위에 펼쳐서 말리고 있는 옷이 그녀가 빤 빨래일 것이다.

김홍도, 『풍속화첩』 중 〈빨래터〉, 종이에 연한 색, 27×22.7cm, 국립중앙박물관.

오랜 시간을 기다린 아기는 칭얼거리며 엄마에게 젖 달라고 보챈다. 세 아낙은 아직도 정신없이 빨래를 하는 중이다. 두 여자는 방망이질을 하고 한 여자는 빨래를 헹군다. 빨래터는 동네 여자들이 수다를 떠는 장소이기도 하다. 가운데 여자는 방망이질을 하면서도 옆에 있는 사람을 쳐다보며 자신이 하는 이야기에 정신이 팔려 있다. 여자들은 일하는 데 거치적거리는 치마를 무릎 위로 걷어 올리고 가장 편안한 자세로 빨래를 하는 중이다. 빨래터는 남자들의 시선 따위는 신경 쓰지 않아도 되는 여자들만의 공간이기 때문이다. 때론 입고 있던 옷을 훌훌 벗어 던지고 목욕을 할 수도 있을 만큼 안전한 장소다.

그런데 그녀들의 생각이 짧았다. 금남 구역으로만 알았던 장소에 남자가 나타났다. 그것도 양반이 몰래 나타났다. 남자는 행여 여자들이 자신의 출현을 알아차릴까 봐 바위 뒤에 몰래 숨었다. 그러곤 여자들 중 한 사람이라도 자신의 존재를 알아차리지 못하도록 부채로 얼굴을 가렸다. 인간의 욕망에 따라 행동하면서도 양반의 체면은 살리고 싶은 남자의 허위의식이 은근히 드러나 있다. 그다지 에로틱한 풍경도 아닌데 굳이 몸을 숨기고 보는 저 양반은 더 야한 장면을 보면 어떤 행동을 취했을까.

이 밖에도 김홍도의 『풍속화첩』에는 강렬하지는 않으나 알아차릴 수 있는 풍자의 코드가 암시되어 있다. 〈서당〉에 앉아 있는 아이들의 순서에도 부잣집 도령과 가난한 집 아이의 눈에 보이지 않는 질서가 숨겨져 있고, 〈씨름〉의 구경꾼들의 모습에도 양반과 평민의 생활 방식을 꼬집는 대목이 들어 있다. 그러나 워낙 은근슬쩍 해학적이다 보니 보통 사람은 알아채지 못하고 넘어가기 십상이다. 이것이 우리 그림이 표현하는 풍자 방식이다.

양반을 풍자하면서 양반에게 그림을 판 신윤복

이런 풍자 방식이 신윤복에 이르면 좀 더 과감해지면서 적나라하게 바뀐다. 신윤복의 『풍속화첩』에는 조선 후기 양반 사회의 이중적인 모습을 날카롭게 간파한 시선이 담겨 있다. 그는 기녀와 양반을 주로 그렸다. 양반과 한량들이 주인공으로 등장하는 작품을 통해 남녀유별이 철저한 유교 시대에 도덕군자인 척하는 사람들의 허위와 가식을 풍자했다. 그림을 통해 뼛속까지 유교적인 이념으로 무장한 듯 고상하게 행동하는 양반들의 도덕성에 의문을 던진다. 그런데 그 해학과 풍

203

신윤복, 『풍속화첩』 중 〈연당야유도〉, 종이에 색, 28.2×35.2cm, 간송미술관(위)
신윤복, 『풍속화첩』 중 〈주유청강〉, 종이에 색, 28.2×35.2cm, 간송미술관(아래)

자가 어찌나 교묘하고 표현이 뛰어났던지 화를 내야 할 양반조차도 도리어 신윤복의 그림을 찾게 만들었다.

우리에게 신윤복의 작품으로 널리 알려진 〈연당야유도(蓮塘野遊圖)〉는 고위 공무원의 놀이 행태를 풍자한 작품이다. 당상관 이상의 고급 관료로 보이는 세 남자가 어느 개인 집 후원에서 기생을 불러 놀고 있다. 평소 여자라면 쳐다보지도 않을 것처럼 근엄한 양반들이 그들만의 천국에서 노는 모습이 가관이다. 기생을 만지고 쳐다보고 수작하는 양반들의 행위가 호색가들 못지않다. 지체 높은 양반이라 해도 닫힌 공간이나 다른 사람의 시선이 가닿지 않는 곳에서는 얼마나 형편없이 무너질 수 있는지 알 수 있다. 신윤복은 그림 속에 찬문(贊文)을 직접 쓰고 관지(款識)와 도인(圖印)을 덧붙여 자신의 작품임을 밝히고 있다. 이것은 신윤복이 자신의 작품 활동에 대해 당당하게 생각했다는 것을 의미하며, 당시 사회가 이런 그림들을 수용할 수 있을 만큼 변화되었음을 말해준다.

양반에 대한 날카로운 풍자는 〈주유청강(舟遊淸江)〉 같은 작품에서 절정에 이른다. 기생들을 데리고 뱃놀이하는 양반들의 모습을 그린 이 작품은 언뜻 보면 그다지 이상할 것이 없는 풍속화 같다. 그러나 뒷짐 지고 있는 양반과 턱을 괴고 앉은 양반의 허리띠가 흰색이라는 것을 알고 나면 이야기는 달라진다. 흰색 허리띠는 그 사람이 상중이라는 뜻이기 때문이다. 부모가 세상을 떠나면 3년 동안 흰옷을 입고 있어야 하는데 부모님의 묘지를 지켜야 할 사람이 지금 기생을 데리고 뱃놀이를 나왔다. 명분을 중시하는 유교 사회에서 언감생심 가당찮은 일이다.

양반의 표리부동한 양면성을 비판하는 그림인데도 신윤복의 주고객층이 양반이었던 것을 감안하면, 정작 이 그림을 주문한 양반 계층에서는 신윤복의 그림에 담긴 풍자성을 크게 문제 삼지 않은 듯하다. 그런 여유로움은 중인 화가의 그림 한 장으로 노발대발하기에는 양반층 세력이 훨씬 강고하다는 자신감에서 나왔을 것이다. 신윤복의 그림이 워낙 교묘해서 알면서도 눈감아줄 만큼 양반들의 기분을 즐겁게 해줬기 때문인지도 모른다. 한마디로 단언할 수는 없으나 아마 후자에 더 가까울 것이다. 분명히 욕을 한 것 같은데 워낙 고운 목소리로 하다 보니 욕을 들은 것인지 칭찬을 들은 것인지 혼란스러운 가운데 그냥 지나치는 것 같은 상황 말이다.

진달래꽃 피는 봄날 기생을 말에 태우고 견마잡이에 나선 양반을 그린 〈연소답청(年少踏靑)〉이나 기방에서 체면 불구하고 갓이 떨어져 나가도록 싸움질을 마다하지 않는 〈유곽쟁웅(遊廓爭雄)〉 같은 그림도 마찬가지로 장미꽃 속에 가시를 감춘 듯 드러나지 않는 풍자를 담고 있다. 신윤복의 생애는 확실하게 밝혀져 있지 않다. 도화서 화원으로 근무하던 중 한량과 기녀가 등장하는 남녀 간의 춘의(春意)를 그리다가 쫓겨났다는 이야기도 야사처럼 전해 내려온다. 전설 같은 이야기지만 그의 그림을 보고 있노라면 과감한 붓질에 그럴 만도 하다는 생각이 든다.

김홍도의 〈송하맹호도〉와 민화 〈까치 호랑이〉

풍자와 해학은 민화에서도 발견할 수 있다. 민화에는 보는 사람을 웃게 하고 즐겁게 해주는 유머와 위트가 담겨 있다. 그중에서도 특히 소나무 위에 앉은 까치를 쳐다보는 호랑이를 그린 〈까치 호랑이〉는 우

김홍도, 〈송하맹호도〉, 비단에 연한 색, 90.4×43.8cm, 리움미술관(왼쪽)
작자 미상, 〈까치 호랑이〉, 종이에 색, 93.0×60.5cm, 리움미술관(오른쪽)

리에게 친숙한 소재와 고정관념을 깬 설정으로 많은 사람들의 사랑
을 받는 그림이다. 이 그림의 원래 모델은 소나무 아래 서 있는 용맹
스러운 호랑이를 그린 〈송하맹호도〉다. 김홍도가 그린 〈송하맹호도〉
를 보면 금세라도 종이를 뚫고 달려 나올 듯한 조선의 호랑이가 얼마
나 용맹스러운지 느낄 수 있을 것이다. 그리고 어떤 짐승이라도 감히
가까이 다가설 수 없을 만큼 위엄이 서린 〈송하맹호도〉를 보다가 까
치의 눈치나 살피는 희화화된 〈까치 호랑이〉를 보면 그림에서 풍자와
해학이 어떤 의미를 지니는지 쉽게 이해할 수 있을 것이다. 〈까치 호랑
이〉는 호랑이라는 절대 권력 혹은 근접하기 힘든 권위마저도 힘없는

207

까치한테 놀림을 당할 만큼 변해버린 세태를 풍자하고 있는 듯하다.

그러나 과연 그럴까. 정말 〈까치 호랑이〉를 그린 무명 화가들은 지금의 우리가 생각한 것처럼 바보 호랑이와 영리한 까치를 묘사하려고 의도했을까. 아마 그렇지 않았을 것이다. 그림을 그린 사람은 물론 그림을 감상하는 사람조차도 이 그림 속에서 통렬한 해학과 풍자를 느끼지는 않았을 것이다. 그저 민화를 감상하고 소유하던 서민들의 순박한 감성에 맞추다 보니 이런 형식의 그림이 출현한 것이다. 민화 작가가 김홍도처럼 뛰어난 실력자가 아니라는 점도 이런 우스꽝스러운 작품이 탄생하게 된 배경이 되었다. 다만 그 시대를 떠나 지금의 시각에서 비판적으로 바라보다 보니 풍자적이고 해학적으로 느끼게 되는 것이다. 원래 우리 민족은 그림 속에 보는 사람을 찌르거나 해치는 칼날 같은 비웃음을 섞어놓는 그런 민족이 아니다. 그러기에는 천성적으로 계산적이거나 작위적인 것을 싫어하는 민족이다. 조금은 싱거울 정도로 모자라고 천연스러운 맛을 즐기는 민족이다. 그렇다 하더라도 현대를 사는 사람들이 〈까치 호랑이〉를 보고 느끼는 풍자와 해학이 전혀 틀린 것이라고는 할 수 없다. 명화는 시대를 달리하여 여러 가지 해석을 낳는 법이기 때문이다.

이런 우리 그림을 두고 근대적인 비판 의식이 부족하다거나 현실 인식이 결여되었다고 단정 짓는 것은 우리 민족의 특성을 잘 알지 못하고 하는 소리다. 비록 즉각적인 효과는 나타나지 않으나 두고두고 울림을 주는 그림이 간접 화법으로 그린 풍자화이기 때문이다. 언뜻 봐서는 별 특징이 없는 것 같은데 시간이 지날수록 기억에 남으며 가르침을 주는 그림. 그것이 바로 우리 그림이 지닌 매력일 것이다.

이철수, 〈바람난 까치 호랑이〉, 1984년, 고무판, 93×129cm.

새로운 풍자 형식, 패러디

풍자와 해학을 얘기할 때 패러디를 빠뜨릴 수 없다. 패러디의 사전적
인 의미는 "전통적인 사상이나 관념, 특정 작가의 문체를 모방하여
익살스럽게 변형하거나 개작하는 수법 또는 그렇게 쓴 작품. 흔히 당
대 가치관의 허위를 풍자하고 폭로하는 방법으로 쓰인다"라고 되어
있다. 패러디에는 풍자와 해학이 들어가되 모방이 전제되어야 한다.
그러나 그 모방은 독창적인 모방이다. 패러디에서 중요한 것은 '변형'
과 '개작'이다. 패러디한 작품은 오리지널 작품에 패러디한 작가의 시
각이 개입되기 때문에 원작품과는 전혀 다른 메시지가 담긴다.

　이철수의 〈바람난 까치 호랑이〉는 조선 시대의 〈까치 호랑이〉를 패
러디한 작품이다. 영리한 까치가 앉아 있는 소나무 아래 어리숙한 호

김경주, 〈삼재부적도〉, 1984년, 목판, 50×70cm.

랑이가 있는 도상은 이철수의 작품이 먼 과거의 작품에 빚지고 있음을 알 수 있다. 그런데 〈바람난 까치 호랑이〉는 조선시대의 〈까치 호랑이〉에는 등장하지 않는 '자유의 여신상'을 그려넣음으로써 전혀 다른 내용으로 바뀌었다. 섹슈얼한 이미지가 강조된 '자유의 여신상'과 흥분하여 자신의 꼬리를 핥고 있는 호랑이는 마치 본처(한국)가 있는데도 매끈한 여자(미국)한테 눈길을 빼앗긴 남자의 모습을 연상시킨다. 호랑이가 얼마나 심하게 여인에게 정신이 팔렸으면 온몸에 별이 돋는(마치 미국의 한 주로 전락한 듯) 것도 모르고 있을까. 미국을 향해 끊임없이 추파를 던지는 한국 사람을 통렬하게 비판하기 위해 전통적인 회화를 패러디한 작품이다.

이 밖에도 김경주의 〈삼재부적도〉는 우리가 낡은 유산으로만 여겼던 부적을 패러디해 1980년대라는 시대를 풍자한 작품이다. 원래 '삼재부적(三災符籍)'은 수재(水災), 화재(火災), 풍재(風災)를 막아주는 부적으로 매나 독수리를 호랑이와 함께 그린 것이다. 그런데 김경주는 〈삼재부적도〉에서 매의 날개에 별을 그려넣음으로써 미국을 상징하는 새로 변형했다. 그 매가 날카로운 발톱으로 호랑이의 등을 움켜쥐고 있는데 호랑이는 발목이 쇠사슬에 묶여 꿈쩍할 수가 없다. 원 작품에서 삼재를 물리치기 위해 협동하는 매와 호랑이가 김경주의 작품에서는 적대적인 관계로 바뀌었다. 매와 호랑이가 싸우면 누가 이길지는 명약관화한 일이다. 이 작품을 제작한 예술가의 시대 의식이 과연 옳은지 그른지에 대한 판단을 논외로 하고 본다면, 패러디에 의해 작품의 내용이 어떻게 바뀌는지를 확인할 수 있는 적절한 예가 될 것이다.

이처럼 풍자와 해학, 패러디를 통해 삶을 얘기하는 그림에는 여러 형식이 있다. 무거운 현실을 직설적으로 표현할 수 없을 때 쓰던 이런 형식이 그림 보는 재미를 배가해주고 우리의 고단한 삶을 되돌아보게 한다. 풍자와 해학은 어떻게라도 자기 마음속에 있는 이야기를 다른 사람과 공유하고자 하는 욕망이 사라지지 않는 한 앞으로도 계속해서 우리의 예술 속에서 그 모습을 드러낼 것이다.

K-팝, 세계인의 마음에 '흥'을 돋우다

이상민(가톨릭대학교 ELP 학부대학 교수)

K-팝,
세계로 뻗어가다

노래 속에는 삶의 희로애락이 담겨 있다. 우리는 노래를 부르며 사랑을 기다리고 이별에 아파하고 고난을 이겨내며 희망을 찾아간다. 노래는 시간과 공간을 초월하고, 언어와 문화의 장벽을 넘나든다. 노래는 어떤 말보다도 강한 설득력을 지니고, 어떤 행위보다도 강한 공감대를 형성한다. 노래를 통해 우리는 하나가 될 수 있고, 더 나은 세상을 함께 꿈꿀 수 있다.

오늘날 K-팝(Korean popular music)이 전 세계를 흔들고 있다. 싸이의 〈강남 스타일〉은 지구촌을 말춤에 빠트렸고, 슈퍼주니어의 〈쏘리쏘리(Sorry Sorry)〉는 대만 음악 순위에서 115주 동안 1위를 차지하는 신기록을 세웠다. 한국 가수들의 해외 진출은 이미 1960년대부터 있어왔다. 1962년 김시스터즈는 〈찰리 브라운〉으로 미국 빌보드 R&B 차트에 올랐고, 그 후 이미자를 비롯해 김연자, 계은숙, 조용필 등의 가수들이 꾸준히 일본 음반 시장에 진출했다.

그러나 오늘날 K-팝을 이끌고 있는 아이돌 가수들이 해외로 진출한 것은 1990년대 후반에 와서다. 1998년 당시 아이돌 그룹이었던 HOT가 한국 가수로서는 처음으로 중국에서 앨범을 발매했고, 2000년에는 북경에서 첫 해외 콘서트를 열었다. 그리고 대만에 진출한 클론도 신나는 무대로 큰 인기를 얻으며 K-팝의 태동을 알렸다.

본격적인 K-팝 시대는 보아의 노래에서 시작되었다. 2002년 SM엔터테인먼트에서 일본 시장 진출을 위해 야심차게 준비한 보아는 〈리슨 투 마이 하트(Listen to My Heart)〉로 일본 오리콘 앨범 차트에서 한국 가수로는 처음으로 1위를 했다. 그 후 동방신기, 비, 세븐, 파란, SG워너비, 장나라 등의 가수가 일본, 중국, 대만, 태국, 베트남 등지로 진출하게 되었다. 이 가수들의 활동으로 K-팝은 기반을 더욱 단단하게 다졌고, 해외에서 인지도도 점점 높아졌다.

2009년 K-팝은 일본과 동남아시아 시장을 넘어 미국 및 유럽 등지로 영역을 확장했다. 이해에는 보아와 세븐이 미국에서 데뷔 무대를 가졌고, 원더걸스가 〈노바디(Nobody)〉로 미국 빌보드 싱글 차트에 진입했다. 빅뱅, 소녀시대, 카라, 2NE1, 2PM, 비스트 등 다양한 아이돌 그룹이 일본, 중국, 대만을 비롯한 동남아시아 전역에서 각종 음반 순위 상위권에 올랐다. 그 후 2011년에 열린 SM 소속 가수들의 월드투어 콘서트는 유럽에서 큰 반향을 일으켰고, 같은 해 8월에는 미국 빌보드 차트에 K-팝 차트가 신설되었다. 그야말로 이 시기의 K-팝은 무서운 속도로 성장했다.

2012년 싸이의 〈강남 스타일〉이 아이돌 그룹 중심의 K-팝에 지각

가수 싸이가 프랑스 파리 트로카데로 광장에서 2만여 명의 시민 앞에서 공연을 하고 있다.(유튜브 캡처 이미지)

변동을 일으켰다. 싸이의 6집 대표곡 〈강남 스타일〉은 유튜브 조회수가 7억 회(2012년 11월 기준)를 넘었고, 미국을 비롯한 18개국의 아이튠스에서 1위, 미국 빌보드 차트 3주 연속 2위에 올랐다. 거침없이 질주하는 행보에 싸이 자신도 트위터를 통해 놀라움을 표시할 정도였다. 그동안 공연과 음반 발매를 통해 끊임없이 미국 음악 시장의 문을 두드리던 K-팝이 뉴미디어를 타고 순식간에 미국 주류 시장으로 진입하게 된 순간이었다.

지난 10여 년간 세계로 뻗어 나간 K-팝의 행보는 숨 가빴다. 그러나 사람마다 K-팝을 바라보는 시각은 사뭇 달랐다. 노래, 춤, 비주얼 삼박자를 갖춘 아이돌 그룹이 세계시장에서 경쟁력이 있다고 보는 긍정적인 시각이 있는가 하면, 아이돌 그룹과 댄스곡에 편중된 K-팝이 지속되기는 어렵다고 보는 부정적인 시각이 있다. 여기에 어린 연습생들을 혹독하게 훈련시키는 K-팝 시스템에 대한 우려의 눈길도 존재한다. 또 K-팝의 용어에서부터 외국 제작자의 참여, 그룹 멤버의 국제화, 다양한 음악 장르의 혼합에 이르기까지 문화적 이식성과 혼종성에 대한 논의도 한창이다.

그럼에도 오늘날 K-팝이 세계인의 마음을 홀린 것만은 틀림없는 사실이다. 이는 영국 학자 키스 하워드가 말한 것처럼 K-팝이 "지구적 팝의 지역적 변종"으로 보편성과 특수성을 획득했기 때문이라고 볼 수 있다. K-팝은 익숙하면서도 중독성이 강한 일렉트로닉 리듬, R&B와 힙합의 멜로디, 쉽게 따라 할 수 있는 후렴구, 한국어와 영어로 혼합된 노랫말 등으로 세계적 보편성을 획득했다. 그리고 아이돌 그룹 멤버들은 동양인 특유의 미소년 미소녀의 외모에 서구적 몸매를 드러내며 K-팝의 또 다른 개성을 표출했다. K-팝은 여기에 잘 짜인 안무, 조직적이면서 역동적인 무대, 가수와 관객이 함께 즐길 수 있는 놀이 한마당을 펼쳐놓는다. 그야말로 K-팝은 신나게, 흥겹게, 신명나게 들썩이며 세계로 뻗어가고 있다.

K-팝, 신나게 풀어내다

K-팝은 한 편의 퍼포먼스다. 여기에는 듣는 재미, 보는 재미, 함께하는 재미가 있다. 아이돌 그룹의 화려한 댄스와 비주얼, 다양한 장르의 높은 음악적 완성도, 거기에 관객과 함께 호흡하며 교감하는 K-팝 무대는 묘하게 한국의 전통과 닮아 있다. 바로 "한 판 놀아 보세"하며 흥을 돋우는 마당놀이, 말과 노래로 관객을 웃고 울게 하는 판소리, 현란한 기술과 리듬으로 어깨를 들썩이게 하는 농악에 깃들어 있는 '흥'의 문화유전자가 K-팝에도 흐르고 있는 것이다.

'흥'은 한자어 '興(흥)'으로 볼 수도 있고, 우리말로 볼 수도 있다. 우리말 '흥'은 "신이 나서 감탄할 때 내는 콧소리"의 뜻을 가진 감탄사다. 〈흥타령〉에서 "흥흥 노래하고 덩덕궁 북을 치고"에서 나오는 '흥흥'이 그 대표적 사례다. 한자어 '興(흥)'은 '마주 들다'는 뜻의 '舁(여)'와 '同(동)'의 합성어로, '힘을 합한다'는 뜻을 지닌다. '흥'은 한자어와 우리말에서 유사하게 감동, 즐거움 등의 긍정적인 감정이 고양된 정서적 상태를 뜻한다.(신은경, 『풍류-동아시아 미학의 근원』)

'흥'에서 파생된 단어를 떠올려보면 '흥'이 가진 속성을 파악할 수 있다. '흥이 솟다', '흥이 난다', '흥을 돋우다', '흥겹다', '흥청거리다', '흥분' 등의 언어에서 느낄 수 있는 것처럼 '흥'은 그것이 일어나는 상승의 상태를 일컫는다. 이때의 상승은 주체의 내면으로 침잠해가는 정적인 상승이 아니라 외면적으로 발산해가는 역동적인 상승이다.

'흥'이 가진 상승의 정서는 슬픔이나 부정적 감정보다는 밝고 긍정적이며 쾌활한 기분의 정서를 지칭한다. 기쁨의 감정을 표현하는 수단으로는 말, 노래, 춤이 있다. '흥'의 강도가 높아질수록 이를 표현하는 데 말보다는 노래가, 노래보다는 춤이 효과적이다. 예를 들어 우리는 즐거운 일이 있을 때 "어깨춤이 덩실덩실 절로 난다"라는 말을 하곤 한다. 이는 한껏 고양된 '흥'의 정서를 온몸으로 발산하는 것이다.

2002년 한일 월드컵이 열렸을 때, 한국 축구의 4강 신화와 함께 한국의 응원 문화가 주목받았다. 나라 전역을 붉은 물결로 물들인 거리 응원은 한마디로 '흥분의 도가니'였다. 사람들은 승리의 기쁨에 취해 너도나도 얼싸안고 목청껏 노래 부르고 춤을 추며 극도의 희열을 경험했다. 이는 마치 집단 제의를 마친 뒤 혹은 마을의 굿판이 벌어진 뒤에 일어나는 난장(亂場)의 형태와 흡사하다. 흥취가 넘쳐흘러 혼돈과 무질서의 상태로 나아가는 몰입의 상태는 신명(神明)에 의해 이루어지는 것이다. 이때 신명의 '신'은 '흥'과 마찬가지로 한자어 '神(신)'과 우리말 '신'을 구분하는 것이 무의미하다. 즉 '신난다'의 '신'과 '신령'의 '神(신)'이 동일한 의미로 사용되는 것이다.

'신나게, 재미있게, 즐겁게 한다'라는 의미에서 신명은 인간의 잠재적 능력을 일깨워 예상 밖의 좋은 성과를 일궈내는 힘을 지니고 있다. 한때 신명에서 파생된 '신바람'이 경영학에 접목되어 신바람 경영이 유행한 적이 있었다. 신바람 경영은 신이 나게 일을 함으로써 자신이 해낼 수 있는 능력 이상의 성과를 내도록 하는 경영 철학을 말한다. 원래 신명이란 천지와 자연의 조화를 주재하는 온갖 신을 모시는 굿에서 무당과 모인 사람들이 경험하는 집단적이며 종교적인 엑스터시의 감정을 일컬었다. 그 후 신명은 인본주의적 사상의 영향을 받아 일상 속에서 느끼는 강렬한 희열의 긍정적인 감정으로 변화했다. 신명은 원초적이고 긍정적인 감정이지만, 그렇다고 아무 때나 인간에게 내재된 생성과 소멸, 기쁨과 슬픔, 긴장과 이완 등의 감정을 발산할 수는 없다. 그렇기에 신명은 특정한 때와 장소에서 특정한 행위를 통해 분출되어야 하는 것이고, 이를 우리는 '신명풀이'라고 부른다.

한국 문화는 맺고 푸는 문화, 긴장과 이완의 문화, 울음과 웃음이 공존하는 문화다. 지금까지 한국 문화를 바라보는 시각은 맺힘의 대상, 풀어야 하는 대상인 '한(恨)'에 집중되어왔다. 그러나 오늘날 한국 문화는 삶을 향한 긍정적 웃음의 표출, 갈등과 모순을 풀어내는 과정에 주목한다. 우리말에는 '풀이'와 관련된 단어가 유독 많다. 예를 들어 뒤풀이, 분풀이, 살풀이, 한풀이, 화풀이 등을 비롯해 아기를 낳은 산모를 보고는 몸을 풀었다 하고, 술을 마신 다음 날에는 속을 풀자고 한다. 또한 남과 오해를 풀었다, 나쁜 기분이 풀렸다, 오랜만에 만나 회포를 풀었다고 말하기도 한다. 이처럼 '풀다'라는 단어에는 마음 속에 맺힌 응어리, 육체적으로 힘겨운 과정, 오랜 시간의 기다림 등이 해소된다는 의미가 들어 있다.

억압된 감정이 풀릴 때 경험하는 쾌감에 대해서는 동·서양의 문화 가 비슷하다. 아리스토텔레스가 『시학』에서 말한 카타르시스도 비극 적 정서 체험을 풀어내는 감정의 정화 작용이고, 신명풀이도 맺힌 정 서를 발산하는 과정이다. 그러나 카타르시스가 희비극을 명확하게 구 분하여 감정의 정화를 일으키는 데 반해, 신명풀이는 결말은 해피엔 딩이지만 그 과정에서는 웃고 우는 희비극이 공존한다. 이는 한국 문 화의 주요 특징으로, 신명풀이의 기저에 '흥'과 '한'의 정서가 함께 깃 들어 있기 때문이다. 다시 말해 신명풀이는 응축된 '한(恨)'을 발산해 내는 '흥(興)'의 정서로 표출되었고, 이는 한국 문화의 전통적 미학 원 리로 자리 잡게 되었다.

한국 대중가요가 모습을 드러내기 시작한 초창기에 음악은 당대의 시대상, 사회상을 반영하고 대중들의 애환을 담아내는 역할을 했다. 1932년 발매된 이애리수의 〈황성의 적〉에는 황성 옛터를 바라보며 시 대적 아픔을 겪고 있는 자신의 황망함을 달래는 연민의 감정이 드러 나 있다. 또 1970년대 포크 음악, 1980년대 언더그라운드 음악, 1990 년대 신세대 발라드 가수들의 음악에 이르기까지 한국의 대중가요에 는 애상적 정서가 큰 흐름으로 자리 잡고 있었다.

한편 풍자와 해학을 통해 웃음과 흥을 유발하는 대중가요도 꾸준 히 명맥을 이어오고 있었다. 1938년에 나온 〈뚱딴지 서울〉은 1930년 대 서울의 모던 보이와 걸의 행태에 대한 비난을 가사 속에 담아냈다. "모던 걸 아가씨들 동근 종아리/데파트 출입에 굵어만 가고/ 저 모던 보이들의 굵은 팔뚝은/네온의 밤거리에 야위어가네"와 같은 비판적 시선에 "뚱딴지 서울 꼴불견 많다/뚱딴지 뚱딴지 뚱딴지 서울"이란 후렴을 반복적으로 사용함으로써 유쾌한 풍자를 만들어냈다. 1960년 대에 서영춘이 불러 지금까지 회자되고 있는 〈서울 구경〉은 1936년 강홍식의 〈유쾌한 시골 영감〉을 리메이크한 노래다. 〈서울 구경〉 역시 시골에서 서울에 올라온 노인이 낯선 근대 문명에 당황하는 모습을 빠른 리듬과 후렴구의 웃음소리로 경쾌하게 풀어내고 있다. 1995년 제16회 강변가요제에서 금상을 수상한 육각수의 〈흥보가 기가 막혀〉 는 판소리와 랩을 접목해 새로운 음악 장르를 만들었고, 특이한 몸짓 과 반복되는 후렴구로 웃음을 유발했다.

오늘날 K-팝에서는 일명 '후크송'이라 불리는, 짧은 후렴구가 지속 적으로 반복되는 현상이 강하게 나타나고 있다. 2007년 "텔미 텔미 테테테테테 텔미"라는 가사로 큰 인기를 끈 원더걸스의 〈텔 미〉를 시 작으로, 소녀시대의 〈지(Gee)〉, 슈퍼주니어의 〈쏘리쏘리〉, 카라의 〈나 만의 허니〉, 브라운아이드걸스의 〈어쩌다〉, 2PM의 〈어게인 어게인〉, 티아라의 〈보핍보핍(Bopeep Bopeep)〉 등 수많은 후크송이 등장했다. 이에 대해 의미 없는 후렴구가 반복되는 현상이 과해지면서 음악 자 체가 너무 가벼워지는 것 아니냐는 우려와 함께 과도한 상업성을 표 출하는 것에 대한 부정적인 시선이 존재한다. 그러나 중독성이 강하 고 반복되는 리듬으로 쉽게 흥을 돋울 수 있으며, 청자들에게 강한 인상을 남기고 전파 속도가 빠르다는 점에서 후크송은 분명 매력적이 다. 다시 말해 이는 언어를 배제하더라도 국제적으로 보편적 대중성 을 획득할 수 있다는 장점을 갖는다. K-팝은 일렉트로닉 댄스, R&B, 힙합 등 영미권 음악을 흡수하여 이를 한국적 시각으로 재해석해냈

2007년 〈텔 미〉를 히트시킨 원더걸스. 이를 시작으로 아이돌 가수의 수많은 후크송이 등장했다.(유튜브 캡처 이미지)

다. 외국의 음악을 수용하되 새로운 의미를 부각시켜 우리 것으로 만듦으로써 세계시장에서 경쟁력을 지닌 K-팝이 될 수 있었던 것이다.

'흥'은 그저 즐겁고 기쁘고 재미있는 정서만을 지칭하는 것은 아니다. 탈놀이나 판소리에서 보이는 '흥'의 기저에는 눈물과 웃음의 양가적 감정이 깔려 있다. 탈놀이는 비속어와 음담패설이 난무하고, 플롯의 구성이 미약하며, 상황에 맞지 않는 사자성어 및 고사성어의 활용 등을 통해 재미와 웃음을 유발한다. 때로는 앞뒤가 맞지 않는 서사 전개에서도 흥이 날 수 있는 것은 귀함과 천함, 존귀와 천대, 고급과 저급, 양반과 천민, 처와 첩, 적자와 서자, 부와 빈, 젊음과 늙음 등 사회를 구성하는 이분법적 기준을 무너뜨리기 때문이다. 이 와중에 관객은 경계가 허물어지고 갈등이 뭉그러지고 음지의 것이 양지로 치고 올라오는 혼돈의 상태에서 희열을 느끼게 된다. 바로 이것이 탈놀이에서 '흥'이 느껴지는 본질이다.

K-팝에서의 '흥'도 마찬가지다. 싸이의 〈강남 스타일〉은 한마디로

우스꽝스러운 재미를 준다. 그런데 싸이의 코믹한 말춤은 그의 클래식한 옷차림과 희극적 불일치를 가져온다. 낮과 밤이 완전히 다른 공간인 강남에 빗대 자신도 강남 스타일이라고 노래하는 모습에서는 웃음이 나온다. 소녀시대의 〈지〉에서도 소녀들은 사랑스럽고 귀여운 모습으로 개다리춤을 춘다. 원더걸스의 〈노바디〉는 자신을 버리려는 남자를 향한 슬픔을 표현하는 가사에 밝은 음악을 붙여 만들었다. 럼블피쉬도 흥겨운 멜로디로 헤어지는 연인들의 슬픈 감정을 노래하는 〈예감 좋은 날〉을 불렀다. 슬픔 속에서 기쁨을 노래하고, 이별 속에서 만남을 바라보며 약동하는 건강한 밝음의 정서가 바로 K-팝의 '흥'으로 나타나는 것이다.

이처럼 한국 문화에서의 '흥'은 서양 문화에서처럼 이분법적 대립이 전복되어 한쪽이 주도권을 잡는 데서 유발되는 것이 아니라, 한데 뒤엉키고 섞여 서로 이해하고 화해를 하는 데서 나온다. 그렇기에 한국 문화에서 '흥'은 어느 누구에게나 즐겁고 재미있는 것이며, 여기에서 소외되는 사람은 아무도 없다. 이를 통해 '흥'의 기저에서 발현한 K-팝은 우리의 삶을 신명나게 풀어낼 수 있는 것이다.

K-팝, 흥겨운
몸짓으로 함께 놀다

우리는 기분이 좋으면 콧노래를 흥얼거린다. 그런데 기분이 더 좋으면 박수를 치고 발을 구른다. 박수를 치고 발을 구르며 어깨를 들썩이는 것은 '흥겨움'이 넘쳐날 때 일어나는 몸짓이다. 몸짓은 최고의 '흥겨운' 상태를 표현하는 수단이다. 몸짓을 통한 '흥겨움'이 체현될 때 우리는 생동하는 생명력을 느끼고 낙관적인 마음을 갖게 된다. '흥'을 발산하는 장(場) 안에서 우리는 자유롭게 즉흥적으로 교감하며 타인을 향한 밝은 기운을 가진다.

'흥'은 관계성 속에서 발현된다. 관계의 대상은 주로 사람이지만, 때에 따라 자연이나 무생물이 되기도 한다. '흥'은 내가 타자와의 관계를 통해 형성하는 생명력에서 만들어진다. 바로 우리가 타자와의 조화 속에서 즐거움과 어울림을 추구하려 할 때 '흥'이 발생하는 것이다. 또한 삶을 치열하게 살아가면서 현실에 몰입하고 열중하는 모습속에서 웃음과 해학이 나타나기도 한다. 무엇보다 현실을 직시하고 그 안에서 긍정적이며 적극적인 관계를 맺으려는 인간 중심의 관계속에서 진정한 '흥'의 묘미를 느낄 수 있다.

'흥'은 혼자일 때보다 여럿일 때 더 빛을 발한다. '흥'은 동일 공간에 있는 사람들에게 즉각적으로 그 기분을 함께 느낄 수 있도록 만들어주는 전이성이 강하다. 그것이 일단 흥기(興起)되면 빠르게 전파되어 집단적 공감대를 형성한다. 판소리의 경우를 살펴보면, 일차적으로 중중모리나 자진모리 같은 빠른 장단과 리듬을 통해 '흥'이 조성된다. 예를 들어 〈흥보가〉에서 끼니를 해결하고자 형 집에 다녀온 흥보가 매를 맞지 않고 왔다는 사실을 흥보의 아내가 알게 되었을 때, 아내는 오히려 흥보가 맞지 않고 왔다는 사실에 기뻐 덩실덩실 노래를 부르며 춤을 춘다. "흥보 마누라 좋아라/흥보 마누라 좋아라/얼씨구나 절씨구" 하는 상황적 아이러니가 발생했음에도 관객은 함께 리듬을 타며 흥겨워한다. 여기에 창자의 표정, 발림, 고수의 호응은 '흥'을 유발하는 이차적 요인이 된다. 관객이 던지는 추임새는 판소리의 '흥'을 한껏 고조시키는 역할을 한다. 관객의 추임새는 정형화되지 않은 것으로 자발적 발로에서 나오는 즉흥적 행위다. 분위기를 고조시키는

데에 관객과 고수의 추임새는 결정적인 역할을 한다. 공연 중에 추임새가 나온다는 것은 판소리에 몰입된 관객의 정서가 극대화되었다는 표시다.

K-팝은 그 어느 때보다도 많은 아이돌 그룹의 등장으로 화려한 전성기를 맞이하고 있다. 적게는 2명에서 많게는 13명으로 구성된 아이돌 그룹은 노래와 함께 환상적인 퍼포먼스를 펼치는 것이 특징이다. 이들은 제각각 개성과 특색에 따라 노래 외에도 예능 및 토크쇼, 드라마 등에서 활발히 활동을 한다. 9명으로 구성된 소녀시대가 경우에 따라서는 태연, 티파니, 서현 세 명이 모여 만든 '태티서'란 그룹으로 활동하기도 하는 것처럼, 구성된 그룹 내에서도 재그루핑(regroup-ing)이 매우 유연하게 이루어진다. 아이돌 그룹은 엄청난 연습과 훈련으로 난이도 높은 댄스 기술을 선보이며 관객의 눈길을 사로잡는다. 특히 이들은 마치 자로 잰 듯 정확하고 절도 있는 동작으로 무대를 장악한다. 이들은 그야말로 흥겹게 춤추며, 보는 이의 눈을 황홀하게 한다. 여러 명이 모여 함께 추는 군무(群舞)는 세계시장에서 단연 돋보이며 K-팝의 특색으로 자리 잡게 되었다.

이처럼 K-팝은 노래와 춤, 그리고 랩이 어우러진 퍼포먼스 공연을 통해 신나는 놀이성을 전달한다. 아무리 힘든 노동도 즐기는 마음으로 하면 놀이가 된다. 예로부터 힘든 농사일을 할 때 다 함께 노래를 부른 것은 노동을 즐기기 위한 하나의 방편으로 볼 수 있다. 요한 하위징아(Johan Huizinga, 1872~1945)가 "인간의 놀이는 예술, 정치, 의례, 스포츠, 문명 등 삶의 전 영역에서 고도로 발전하였으며, 놀이를 아는 것은 마음을 아는 것"이라고 말했듯이, 놀이를 통해 우리는 타자와 새롭게 소통하는 방법을 발견할 수 있다.

공연자와 관객이 연결되어 있는 마당놀이 전통은 관객의 능동적인 참여를 이끌어내는 K-팝 특유의 흥겨운 공연 문화로 이어진다.

　판소리는 무대 위에서 펼쳐진다. 창자와 청자는 판소리에 몰입된 관객의 추임새를 통해 교감하지만, 무대 위에서 행해지는 공연이라 일상과 단절되어 있다. 반대로 탈춤의 경우 마당에서 펼쳐지기 때문에 무대와 일상이 연속되어 있다고 볼 수 있다. 탈춤은 공연이 끝날 무렵 관객 모두가 마당으로 나와 함께 춤을 추는데, 이러한 행위에서 공연자와 관객, 무대와 일상의 구분이 없어진다. 이는 일종의 난장(亂場)으로 탈춤의 절정에 해당한다고 볼 수 있다.

　K-팝에서도 판소리의 추임새, 탈춤의 난장과 유사한 모습이 나타난다. 관객들은 가수들이 노래를 부르는 중간중간 응원 메시지를 외쳐주고, 특정 가수의 팬은 같은 색깔의 풍선을 흔들며 호응해준다. 또 원더걸스의 〈노바디〉와 〈텔 미〉, 슈퍼주니어의 〈쏘리쏘리〉, 소녀시대의 〈지〉, 티아라의 〈보핍보핍〉 등의 노래에는 관객들이 쉽게 따라할

수 있는 특정한 몸짓이 있다. K-팝은 군무를 아이돌 그룹만이 할 수 있는 특정한 것이 아닌 관객과 함께할 수 있는 것으로 만들었다. 비록 무대와 일상이 단절되어 있다 하더라도 다 함께 춤추는 어울림을 통해 하나가 될 수 있다. 군무를 통해 일체감을 경험한 관객은 아이돌 그룹의 노래와 몸짓 하나하나에 적극적으로 반응하며 놀이판을 역동적으로 이끌어간다. 관객이 함께 춤추는 집단적 행위가 더해지면서 '흥'의 속성이 더욱 강화되는 것이다.

이처럼 K-팝은 관객의 능동적 참여를 이끌어내는 데 주력한다. 군무(群舞)의 '군(群)'은 아이돌 그룹뿐만 아니라 관객까지 아우른다. K-팝이 집단적 공감의 정서, '흥'을 보여주기 위해서는 아이돌 그룹 구성이 필연적이었다. 그런데 2012년 전 세계를 강타한 〈강남 스타일〉의 싸이는 솔로 가수다. 싸이는 아이돌 그룹이 창발해내는 흥취의 발원지를 관객 집단에서 찾았다. 그는 종종 관객석으로 내려가 관객들과 함께 춤을 추며 노래를 부르는데, 이는 10여 년 전부터 그의 콘서트에서 볼 수 있는 일종의 트레이드마크다. 그는 자신의 공연에 '흥'을 배가해줄 그룹으로 관객을 택했고, 관객은 거기에 열광적으로 호응을 한다.

한국의 놀이는 앞놀이, 본놀이, 뒷놀이의 순서로 진행된다. 앞놀이는 고사와 길놀이를 말하는데, 길놀이는 놀이패들이 놀이판에서 조금 떨어진 곳에서부터 노래, 춤, 익살을 벌여 자연스럽게 구경꾼이 모이게 하는 일종의 마케팅 전략이다. 놀이판에 도착한 후에는 놀이패와 구경꾼들이 신나게 한 판 놀고 난 후에야 본놀이(탈춤)가 벌어졌다. 이미 한바탕 어울린 구경꾼들은 놀이패의 노래 한 구절, 몸짓 하나에 몰입하고 반응하는 적극적인 구경꾼이 되는 것이다.

우리네 마당놀이는 앞놀이, 본놀이, 뒷놀이의 순서로 진행된다. 그중 앞놀이는 자연스럽게 구경꾼이 모이게 하는 일종의 홍보 역할을 한다.

　희한하게도 싸이의 〈강남 스타일〉이 인기를 얻게 된 과정을 살펴보면 놀이의 진행 과정과 비슷하다. 〈강남 스타일〉의 길놀이는 뉴미디어를 통해 이루어졌다. 이 노래는 유튜브를 통해 전 세계 구경꾼을 모았고, 단시간 내에 최대의 성과를 내는 바이럴 마케팅(Viral Marketing, 네티즌들이 이메일이나 메신저, 블로그, SNS 등을 통해 자발적으로 기업이나 상품을 홍보하도록 하는 마케팅 기법) 효과를 톡톡히 보았다. 그 후 구경꾼들은 자연스럽게 말춤을 따라 하며 신나게 놀기 시작했고, 이는 패러디물로 제작되었다. 본놀이는 이제 막 시작되었다. 사람들이 싸이의 노래, 춤, 말에 귀를 기울이고 반응하기 시작하면서 적극적인 구경꾼이 된 것이다.

　인간이 표현하고자 하는 사상, 감정, 의지는 모두 몸을 통해 나타난다. 그중에서 노래와 춤은 개인의 극대화된 감수성을 몸으로 표현

226

해내는 것이다. 개인의 감성은 내적인 것으로 감각되지 않지만, 몸으로 표현된 노래와 춤은 외적인 것으로 감각된다. K-팝은 흥겨운 몸짓으로 함께 노는 외적인 장을 마련해준다. 이 안에서 우리는 자신을 옭아매는 구속으로부터 잠시 벗어나 내면의 생명력이 약동하는 '흥'을 느낄 수 있을 것이다.

K-팝, 한국 문화의 지평을 넓히다

K-팝이 세계 속 한국 문화의 지형을 새롭게 만들어가고 있다. "가장 한국적인 것이 가장 세계적이다"라는 말이 세간에 오르내리며 드라마, 음식, 패션 등이 주목을 받을 때 K-팝은 열외였다. K-팝은 가장 한국적인 것도, 가장 세계적인 것도 아니었기 때문이다. 이 시기에는 오히려 영미권의 팝 양식이 한국 대중가요에 수용된 과정에서 나타난 문화 혼종화에 대한 분분한 의견을 바탕으로 K-팝의 정체성에 대한 논의가 제기되었을 뿐이다.

K-팝은 용어 자체에서부터 문화 혼종성을 담아내고 있다. 'K'가 한국을, 'Pop'이 미국의 대중음악을 뜻하는 것처럼, 'K'에는 지역적 특수성이, 'Pop'에는 세계적 보편성이 들어 있다. K-팝은 국내 음반 시장이 무너지자 탈출구를 찾기 위해 필사적으로 세계시장을 개척해 나갔고, 세계시장에서 통할 수 있는 글로벌 요소를 갖추게 되었다.

이제 K-팝은 드라마와 함께 한국 문화를 세계에 알리는 양 날개가 되었고, 빠르게 세계 곳곳으로 전파되고 있다. 이러한 K-팝의 성공에 대해 지금까지는 주로 해외 진출 전략, 아이돌 육성 시스템 구축, 노래·춤·외모 겸비와 같은 현재적이고 외연적인 측면에서 바라보았다.

그러나 K-팝에는 한국 문화의 전통적 기반을 토대로 구축된 무언가가 분명히 내재되어 있다. 이것은 K-팝이 다른 나라의 음악과 구분되는 변별점으로 작용하고 있음에도 불구하고, 이에 대한 논의는 활발하게 이루어지지 않았다.

K-팝에는 한국인의 뜨거운 열정이 담긴 역동적인 문화유전자 '흥'이 담겨 있다. 이는 한국인의 마음이 모아져 발산되는 신명풀이의 열정적 형태로 나타난다. 신명에 공존하고 있는 '한'과 '흥'의 정서는 맺고 푸는, 울고 웃는 한국 문화의 특징을 만들어냈다. 자신과 타자, 사회와 세계를 향한 열린 마음을 드러내는 긍정적이고 능동적인 '흥'은 몸을 통해 노래와 춤으로 표현된다. K-팝은 감각적인 리듬과 입가에 맴도는 노랫말, 그리고 매혹적인 춤으로 관객을 하나로 묶어준다. K-팝이 세계에서 통할 수 있는 것은 우리에게 신나게 놀 수 있는 장을 마련해주기 때문이다.

'신나게 움직이기(galumphing)'는 인류학자들이 말하는 고등 생명체의 특징 중 하나로, 스티븐 나흐마노비치는 "신나게 움직이기는 어린 강아지나 고양이에게서 흔히 볼 수 있는 순수한 놀이 에너지"라고 말한다. 그에 따르면 신나게 움직이기는 효율성의 측면에서 본다면 과장되고 과도한, 아무 쓸모없는 에너지 낭비로 보이지만, 이것은 인간에게 대단히 큰 진화적 가치를 띠고 있다는 것이다. 놀이 과정에서 인간은 신체 형태, 사회 형태, 사고 형태, 이미지, 규칙 등을 온갖 방식으로 혼합하고 바꿔봄으로써, 변화하는 맥락과 조건에 훨씬 더 잘 적응한다고 한다. 그는 놀이는 자유로운 즉흥 작업이고, 이는 변화하는 세상에 대처할 능력을 연마시킨다고 말한다.

이처럼 자발적이고 집단적이며, 관계 속에서 형성되는 '흥'은 자기

가치를 확인하고 표현하는 경험의 세계를 확립한다. 우리가 행복을 느끼고 살아가는 맛을 알게 해주는 '흥'은 집단적 정서 공감이며, 언어의 장벽을 넘어서 보편 감흥을 이끌어내는 핵심 방편이 된다.

참고문헌

김대행, 『웃음으로 눈물 닦기』, 서울대학교출판부, 2005
김유정탄생100주년기념사업추진위원회 편, 『한국의 웃음문화』, 소명출판, 2008
김학선, 『K-POP 세계를 홀리다』, 을유문화사, 2012
김효, 「한국과 서구의 공연예술 미학」, 『외국문학연구』 제39호, 2010.8
로제 카이와, 이상률 역, 『놀이와 인간』, 문예출판사, 1994
신은경, 『풍류』, 보고사, 1999
요한 하위징아, 이종인 역, 『호모 루덴스』, 연암서가, 2010
윤태일, 「'신명의 매체서사학'에 대한 탐색적 고찰」, 『언론과학연구』 제10권 4호, 2010
이수안, 「유럽의 '한류'를 통해 본 문화 혼종화」, 『한독사회과학논총』 제22권 1호, 2012
이재복, 「놀이, 신명, 몸」, 『한국언어문화』 제47집, 2012
스티븐 나흐마노비치, 이상원 역, 『놀이, 마르지 않는 창조의 샘』, 에코의서재, 2008
장유정, 『오빠는 풍각쟁이야』, 민음IN, 2006
조동일, 『탈춤의 원리 신명풀이』, 지식산업사, 2006
한민·한성열, 『신명의 심리학』, 21세기북스, 2009

내가 경험한 '한국인의 흥', 그 신명 나는 순간들

김선미(브랜드 매거진 편집장, 디자인 사이트 '디자인 읽기' 운영자)

'한국인의 흥', 그 작은 이야기

한국인의 흥. 제목만 들어도 누구나 연상되는 장면이 있을 것이다. 혹자는 신명 나는 굿판이나 농사 절기에 맞춰 상모를 돌리고 풍악을 울리는 향토 축제를 떠올릴 것이고, 또 누군가는 모든 한국인의 심장을 뜨겁게 만들었던 2002년 월드컵을 떠올릴 것이다. 요즘 열풍을 일으키고 있는 싸이의 〈강남 스타일〉에 맞춰 수많은 사람이 말춤을 추는 장면을 연상하는 사람도 있겠다. 한국인의 역사 속에는 이렇듯 언제나 역동적인 '흥'의 순간들이 있었다. 최근 들어 각광을 받고 있는 한류 역시 화려한 퍼포먼스와 보는 이들까지 함께 즐길 수 있는 군무가 그 인기의 원동력 역할을 했으며, 이는 한국인의 흥과도 쉽게 연결된다.

'한국인의 흥'을 주제로 하는 글이니, 사실 정석대로라면 역사적으로 우리의 문화에서 그 '흥'이 어떻게 발현되어왔는지를 살펴야 할 것이다. 이를테면 부여의 영고(정월에 온 백성이 모여 며칠 동안 음주 가무를 즐기

230

며 하늘에 제사를 지냈던 일종의 축제)부터 싸이의 〈강남 스타일〉까지를 연결하며 한국인의 흥을 고찰하는 방식 말이다. 그런데 그렇게 큰 틀로 풀어나가자니 왠지 '흥'이 나질 않는다. 조금 더 직접적으로 체감할 수 있는 이야기를 하고 싶달까.

그래서 여기서는 역사와 문화를 관통하는 거시적인 한국인의 흥에 대해서는 일절 논하지 않을 작정이다. 대신 나의 삶에서 경험하고 몸소 느낀 한국인의 흥에 관해 이야기를 풀어보려 한다. 어차피 대한민국 국적을 가진 한국인이니 '내가 느낀 흥' 역시 '한국인의 흥'을 설명하는 아주 작은 단서는 될 터이니까. 그러니 말하자면 이 글은 참으로 사적이고 주관적인 내 삶의 '흥'에 대한 기록인 셈이다.

새해맞이에서 느낀 '흥'의 연대감

대학 새내기 시절, 입시에서 벗어난 해방감을 만끽하며 학교에서 새로 사귄 친구들과 몰려다니는 즐거움에 푹 빠져 있던 나는 12월 31일, 가장 전형적인 방식으로 새해맞이를 하기로 했다. 바로 보신각 타종을 들으며 종각에서 한 해를 시작하는 것. 합법적으로(?) 밤을 새울 수 있다는 기대에 부풀어 친한 친구들끼리 우르르 보신각으로 향했다. 보신각 타종 행사는 광복 이듬해인 1946년부터 시작되었다고 하니 그 역사가 꽤 오래된 셈이다. 그 후 1985년 보신각종 주조위원회로부터 신종을 기증받아 해마다 삼일절과 광복절, 그리고 제야의 종 타종 행사 때 33번을 타종한다고 한다. 사실, 그 의미보다 다 같이 즐기며 새해를 맞는다는 즐거움이 더 크겠지만 말이다.

종각에 도착하니 이른 시간이었는데도 거리는 사람들로 넘쳐났다.

'제야의 종' 타종 행사는 수만 명의 시민이 운집하는 우리나라의 대표적인 새해맞이 행사로 자리 잡았다. 보신각종 타종은 12월 31일 말고도 삼일절과 광복절에도 행해진다.

다들 추위에 대비해 얼굴까지 꽁꽁 싸맨 중무장 상태였지만 표정만큼은 설렘으로 가득했다. 거리 곳곳에서는 방송국이며 이런저런 단체에서 다양한 행사를 열어 사람들의 시선을 끌고 있었고, 사람들은 연인끼리 가족끼리 친구끼리 새해를 기다렸다. 그렇게 얼마나 시간이 흘렀을까. 이윽고 자정 무렵이 되자 사람들이 보신각을 중심으로 크게 운집했다. 사람 열기 때문에 추위도 가실 정도였다. 자정을 1분여 남겨두었을 때 방송 진행자의 카운트다운이 시작되었고, 종각에 모인 수천수만 명의 사람은 일제히 한목소리로 숫자를 세어갔다.

"5, 4, 3, 2, 1, 네, 드디어 새로운 한 해가 시작되었습니다. 올 한 해 모두 이루고 싶으신 일들 다 이루시고 건강하시기 바랍니다!!"

진행자의 덕담과 함께 엄청난 수의 축포가 밤하늘을 수놓았다. 그러니까 사람들의 흥이 고취되는 일종의 시작점을 알리는 축포였다. 삼삼오오 모여 있던 사람들은 옅게 흩어져 주변의 모르는 사람들과도 악수하거나 어깨동무를 하며 덕담을 나눴다. 그리고 마침내 사람들의 흥을 더욱 고조시킬 사물놀이패들의 가락이 시작되었고 너 나 할 것 없이 신명 나는 사물놀이에 몸을 맡기기 시작했다. 불과 몇 시간 전만 해도 열심히 공부하는 학생이었고, 공적인 일을 처리하는 공무원이었고, 평범하게 집안 살림을 하는 주부였을 그들이 마치 오래전부터 알아온 사이처럼 서로의 손과 어깨를 잡고 신명 나는 춤판을 벌였다. 그것은 단순히 개개인의 성향이라고 단정할 수만은 없는 모습이었다. 그렇게 놀고 있는 무리를 바라보며 마음을 자극하는 흥겨운 사물놀이패의 가락을 듣고 있노라면 누구든 어느새 그 틈에 끼어서 어깨를 들썩이게 되니 말이다. 스무 살을 갓 넘긴 나에게 그 순간은 일종의 문화적 경험으로 다가왔다. 처음으로 동시대의 사람들과 흥의 연대감을 느꼈다고나 할까. 또 진부하다고만 생각했던 사물놀이패의 가락과 신명 나는 놀음에 처음으로 몸과 마음이 움직였던 순간이기도 했다. 물론 그 후 극심한 피로감에 감기로 며칠 앓긴 했지만, 이렇게 회상하는 지금도 그때의 공기와 사람들의 열기, 온몸이 들썩이던 묘한 감정이 고스란히 떠오른다.

학술 답사에서 만난 '흥'의 유전자

지금도 하는지 모르겠지만, 라디오 프로그램 중에 〈우리의 소리를 찾아서〉라는 것이 있었다. 제작진이 전국을 돌아다니며 민요를 수집해 사라져가는 구전 민요를 그대로 전파에 실어 보내는, 나름대로 실험적이고 의미도 있는 프로그램이었다. 내게 이 프로그램이 낯설지 않았던 것은 유사한 추억이 있었기 때문이다.

대학 시절 나는 정기적으로 할머니, 할아버지들이 들려주는 이야기와 민요 등을 들으러 다녔다. 국문과에는 1년에 두 번씩 지역을 정해 할머니, 할아버지들을 만나서 사라진 민담과 노동요 등을 채집하는 정기 학술 답사가 있었다. 학부생 전원이 참여하는 이 답사는 각 지방의 민담, 노동요, 방언 등을 채집하고 돌아와 일일이 녹취를 풀고 기록해 책으로 엮는 중요한 행사였다. 점점 사라져가는 구비문학의 요소들을 직접 채록하고 이론에 갇힌 학문이 아닌 생생한 현장을 체험할 수 있는, 지금 생각해보면 돈으로도 살 수 없는 값진 경험이었다.

　　지역이 정해지고 답사길에 오르면, 각 조별로 흩어져 마치 좋은 인터뷰이를 만나기 위해 돌아다니는 방송국 제작진들처럼 할머니, 할아버지들을 길거리 캐스팅했다. 우리는 녹음기와 사진기, 필기구를 무기 삼아 논으로 밭으로 할머니, 할아버지들을 찾아다녔고, 도시에서 온 학생들이 마냥 예쁘고 고마웠던 할머니, 할아버지들은 시간 가는 줄 모르고 이야기보따리를 풀어놓으셨다. 그런데 참 흥미로웠던 것은 우리가 만난 할머니, 할아버지들이 하나같이 훌륭한 소리꾼이자 이야기꾼이었다는 사실이다. 물론 정식으로 국악 교육을 받은 것은 아니었지만, 이야기의 끝에는 언제나 한 곡조의 멋스러운 타령이 흘러나왔다. 그들에게 '노래'는 일종의 대화였고 삶의 일부였다. 과거 역사를 살펴봐도 우리 민족은 노래하기를 무척 즐겼으며, 모든 의례에 노래가 따랐음을 알 수 있다. 흥겨울 때도 노래를 했고 한 맺힌 신세 한탄을 할 때에도 노래에 마음을 실었다. 어르신들은 전해오는 이야기를 말씀하시다가도 예고 없이 어느 순간 노래를 시작하셨다. 이야기를 노래로 만들어 들려주는 것이었다. 그러다 절로 흥에 겨워 일어나서 춤까지 추다 보면 어느새 답사 현장은 춤과 소리, 이야기가 가득한

강원도 영월 답사에서 할머니 할아버지와 함께(2000년 3월). 앞줄 왼쪽이 필자.

놀이마당이 되기 일쑤였다. 그 놀이마당은 자연스레 마을 회관이나 노인정으로 이어졌다. 이야기를 더 해주신다며 할머니, 할아버지들은 노인정으로 우리를 이끄셨고 맛있는 음식과 술까지 내어주셨다. 그리고 다시금 놀이마당이 시작되었다. 할머니, 할아버지들의 구수한 노랫가락과 홀짝홀짝 들이켠 막걸리 덕분에 어느새 우리도 느릿한 박자에 몸을 맡기며 동화되었던 기억이 난다. 돌아보면 그때 우리를 움직이게 한 건 막걸리의 취기만은 아니었다. 할머니, 할아버지의 삶 속에서 오랫동안 누적된 '흥'이라는 정서가 우리에게 전이되었던 것이다.

감칠맛 나는 소리 속에 녹아들어 있는 흥과 한, 즐거움과 괴로움은 그 압도적인 진정성으로 우리의 마음에 또 다른 울림을 만든다. 하지만 어느덧 그러한 흥을 기억하고 이어가는 세대들은 이미 평균

70~80세 이상의 고령층이 되었다. 국문학과에서 이어져오고 있는 학술답사처럼 그 흥을 계속 이어갈 수 있는 다양한 방식의 노력이 필요할 듯싶다. 그런 의미에서 〈우리의 소리를 찾아서〉를 만든 최상일 피디의 이야기는 다시금 여운을 남긴다.

이 땅에 알맞게 자연 진화되어온 '토종'에 관한 연구가 활발해지는 이즈음, 음악과 문학의 토종 유전자를 담뿍 간직한 민요가 풍부하게 남아 있다는 사실은 우리에게 더없는 축복입니다. '우리의 소리'가 이제 우리 모두의 귓전을 맴돌며, 잃어버렸던 역사와 정체성과 자긍심을 한꺼번에 되찾아주기를 진심으로 소망합니다.

장인정신을 가진 '민요 피디' 최상일은 13년 동안이나 전국을 돌아다니며 민요를 수집하고 연구해, 사라져가고 있는 구전 민요를 복원하고 보전하는 데 큰 기여를 했다. 우리 민요에 대한 본능적인 이끌림으로 민요에 빠져든 그는 황무지처럼 버려져 있던 민요의 밭에서 이삭을 줍고 뿌리를 캐내는 일을 해왔다. 그가 이 땅 곳곳을 밟아 다니며 발굴·채록한 구전 민요는 양적·질적으로 가히 대단한 규모다. 정부나 학계에서도 하지 못했던 일을 곁눈질 한 번 없이 해온 그는 조금만 늦었어도 이 땅에서 영원히 사라져버렸을 수많은 민요들과 함께 '한반도의 민중문화사'라고 해도 좋을 옛날이야기들을 차곡차곡 쌓아나갔다. 점점 사라져가는 민요에 관한 이렇다 할 저서가 없는 현실에서, 이런 열정으로 그가 저술한 『우리의 소리를 찾아서』는 우리 민요의 대중화를 한 단계 앞당길 수 있는 저작이라 할 수 있다. 『우리의 소리를 찾아서』는 두 권으로 이루어졌는데, 1권은 우리 민요의 가장 큰 부분을 차지하는 노동요 85편, 2권은 노동요를 제외한 다양한 민요, 즉 유흥요·의례요·서사 민요 등 66편으로 채워져 있다. 또 함께 들어 있는 CD에는 민요가 생생하게 수록되어 그 참매력을 고스란히 느낄 수 있다.

이제 민요를 불러주신 노인들 중 많은 분이 돌아가셨지만 그분들의 목소리는 남았다. 10여 년 동안 전국을 '무른 메주 밟듯' 돌아다니며 녹

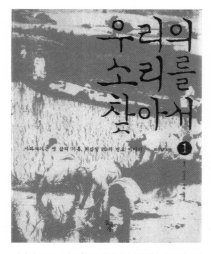

최상일 PD는 전국을 돌아다니며 채록한 구전민요를 두 권의 책으로 펴냈다. 사진은 『우리의 소리를 찾아서』 1권 표지(돌베개 출판사 제공).

음하고 기록해온 사람들이 있었기에, 남겨진 귀한 '소리'를 듣는 우리의 귀는 행복하다. 이제 우리는 라디오에서 흘러나오는 짤막한 우리 민요의 감칠맛 나는 소리에 담긴 뜻과 정서뿐 아니라, 그에 더하여 힘들고 괴로울 때나 신명 나고 흥겨울 때 '소리'를 벗 삼아 일상을 지탱했던 앞 세대의 풍부한 삶의 이야기까지 만날 수 있게 되었다.

판소리 〈사천가〉에 구현된 진화하는 한국인의 '흥'

어린 시절 나는 노래를 곧잘 부르는 어린이였다. 학교를 대표해 시 주최 어린이 동요 대회에 출전하여 묵직한 상도 종종 탔다. 방송국 동요 대회에 출전한 것을 녹화한 비디오테이프는 내게는 부끄러운 기억이지만 지금까지도 우리 가족의 즐거운 이야깃거리가 되고 있다. 이런

내가 아주 꼬마였던 시절 즐겨 부르던 십팔번이 있었으니 바로 〈내 이름 '예솔아'〉라는 노래였다. "예솔아, 할아버지께서 부르셔, 네 하고 달려가면 너 말고 네 아범" 이런 식의 중의적인 표현이 담겨 있던 가사로 기억한다. 그런데 당시 이 노래의 주인공이었던 이자람 양이 어느덧 국악인으로 성장했다는 뉴스를 보았다. 동초제 〈춘향가〉를 8시간 완창해 기네스북에 등재되었다는 이야기도 들렸다. 그 후 그녀는 문화예술인으로서의 다양한 행보를 거듭하더니 '이자람 밴드'를 만들어 개성 강한 인디 뮤지션의 모습도 보여주었다. 그로부터 몇 년 후 나는 서울 삼성동에 있는 한 공연장에서 판소리 명창으로 변신한 그녀의 공연을 보게 되었다.

그날 공연한 〈사천가〉는 브레히트의 서사극 〈사천의 선인〉에서 영감을 받아 한국의 젊은 예술가들이 만든 판소리 공연이었다. 〈사천의 선인〉이라면 몇 해 전 대학로에서 연극으로 관람한 적이 있었는데, 다양한 배우들이 나와 흥미로운 서사 구조로 극을 전개해 꽤 재미있었다. 그런데 이것이 판소리로 바뀌어 공연된다니. 그때까지만 해도 내가 가진 판소리에 대한 기억은 〈국악 한마당〉 같은 프로그램에서 나이 많은 국악인이 〈춘향가〉나 〈흥부가〉 등을 부르던 모습이 다였다. 그나마 코미디 프로그램 〈쓰리랑 부부〉에서 콩트 중간에 해설자 역할을 한 신영희 명창 정도가 국악에 대한 고루한 선입견을 조금 상쇄해주었다고나 할까. 하지만 이자람의 〈사천가〉는 이미 관객들뿐 아니라 언론에서도 극찬을 받고 있었다. 그녀가 직접 공연의 극본을 쓰고, 일인다역으로 열연한다고 했다. 막연한 기대감과 함께 판소리에 대한 선입견을 놓지 못한 채 공연을 관람하기 시작했다.

〈사천가〉는 한마디로 흥의 도가니였다. 이 작품은 한국에 전해 내

브레히트의 서사극 〈사천의 선인〉을 번안한 판소리 〈사천가〉의 공연 모습.

려오는 오래된 예술 양식의 박물관적 재현이 아니었다. 신명 나는 판소리 이야기꾼의 흥이 현대의 정서와 교집합을 찾은 공연이었다. 공연 중간중간 관객석에서는 저도 모르게 추임새가 터져 나왔다. 사람들은 그녀의 이야기에 몰입하는 과정에서 자신에게 내재돼 있던 '흥'이라는 정서를 발견하고 이를 표현했다. "얼쑤! 그렇지! 아무렴!"이라는 추임새가 이렇게 자연스럽게 나오다니 놀라울 따름이었다. 오늘날 한국 현실의 우스꽝스럽고 한심한 세태를 판소리라는 장르로 시원스레 꼬집은 각색도 흥미로웠고, 거기서 발생하는 진득한 공감대가 흥으로 연결되니 자연스레 추임새도 나왔던 것이다.

판소리와 고법을 공부한 국악인과 록밴드 활동을 하는 전자 베이시스트의 협업 작업으로 만들어진 음악적 구성 또한 이물감 없이 극에 집중할 수 있는 매개체가 되었다. 지루하고 고루하다고 느꼈던 판소리의 느낌은 어디에도 없었다. 이렇게 많은 실험이 가미되었지만, 예술감독 남인우 씨는 철저히 판소리로서 〈사천가〉를 정의했다.

우리는 〈사천가〉 앞에 뮤지컬 판소리, 음악극 등의 다른 수식어를 붙이는 것을 거부합니다. 〈사천가〉는 그냥 판소리입니다. 우리가 이런 결론을 내린 것은 지금 전해 내려오는 전통 판소리 5바탕이 아니라 판소리의 태생, 그리고 핵심적 가치에 관한 탐구를 통해 이 작업을 진행했기 때문입니다. 우리가 추구하는 진정한 동시대성이란 역사와 인종을 뛰어넘어 언제 어느 곳에서나 보편적인 가치를 지니는 것입니다. 〈사천가〉가 동시대를 살아가는 사람들의 이야기를 담아내고, 함께 호흡하고, 살아 움직이며, 끊임없이 진화하는 이 시대의 판소리가 되기를 바랍니다.

지난 2007년 초연한 판소리 〈사천가〉는 해마다 새로운 모습으로 진화해오고 있다. 이자람의 흥겨운 판소리 무대는 유럽, 미국을 거쳐 세계인들의 마음까지 흔들었다. 2010년 폴란드 콘탁트 국제연극제에 공식 초청되어 최고여배우상을 수상했고, 미국 시카고 월드뮤직 페스티벌과 워싱턴 페스티벌, 2011년 프랑스 리옹 민중극장, 파리 시립극장에서 초청 공연을 하며 종횡무진 세계 곳곳을 누비고 있다. 〈사천가〉 프랑스어판이 발간될 정도라니 가히 그 인기를 짐작할 수 있다. 엔터테인먼트와 결합한 싸이의 〈강남 스타일〉이 미국 전역에 신나고 재미있는 흥을 전파했다면, 판소리라는 전통 문화 장르와 결합한 이자람의 〈사천가〉는 좀 더 내밀하고 분명한 '한국의 흥'을 전파하고 있는 것이다. 지금도 이자람은 수많은 사람들의 마음에 '흥'이라는 정서를 불러일으키는 촉매제로 신명 나는 소리 마당을 펼치고 있을 것이다.

세계로 통하는 '흥'

지금까지 내가 직접 경험한 '흥'의 순간들을 회상해보았다. 이뿐만이 아니라 2002년 월드컵이나, 큰 행사나 중요한 일정 끝에 어김없이 이어지는 '뒤풀이' 문화도 흥의 순간들로 기억된다. 그런데 가만히 그 흥의 순간들을 되돌아보니 몇 가지 공통점이 있다. 우선, 항상 '우리'라는 정서가 기저에 깔려 있다는 것이다. 나 혼자만 신나고 즐거운 것이 아니라, 타인과 만나 화합하고 소통하며 어울릴 때 비로소 흥겹다는 표현을 자연스럽게 쓸 수 있다. 그러니까 '흥'이라는 정서는 언제나 이를 함께 나눌 수 있는 대상을 전제로 한다. 12월 31일 종각에서 불특정 다수의 사람들과 신명 나게 어울렸던 기억이 그렇고, 한적한 시골 마을에서 할아버지, 할머니들과 어울렸던 학술 답사 때의 기억이 그렇고, 판소리라는 유려한 문화 장르 속에서 관객과 무대의 경계가 허물어졌던 순간의 기억이 그렇다.

또한 노래와 춤 등의 매개체를 통한다는 공통점도 있다. 흥은 '정서'로만 규정되는 것이 아니라 어깨를 들썩이고, 신명 나는 가락에 맞춰 몸을 움직이고 소리를 낼 때, 다시 말해 '표현'할 때 비로소 온전해지는 것이다. 결국 우리라는 공동체적 정서를 기반으로 개인들이 연대하여 나누는 '흥'이라는 표현법은 한국인 고유의 소통법이라 할 수 있다. 흥미롭게도 한국인 고유의 이 신명 나는 소통법은 다른 언어를 쓰는 나라, 세계 곳곳에서도 흔쾌히 통하는 글로벌 소통법으로 진화하고 있다. 이 얼마나 흥겨운 일인가!

한국의 예의와
선비 정신

이만열(임마누엘 페스트라이쉬, 경희대학교 후마니타스 칼리지 교수)

조선의 두 전통,
선비 정신과 예

한국은 영토도 크지 않고 인구도 많지 않은 나라다. 대륙과 연결된 반도국이지만 남과 북으로 분단된 일종의 '섬 나라'이며, 100여 년 전에는 식민지로 전락한 가슴 아픈 상처도 안고 있다. 해방 후 겪어야 했던 한국전쟁은 또 얼마나 가혹한 시련이었던 가. 그럼에도 한국은 큰 나라다. 포괄적인 문화라는 개념에서 큰 나라 라는 뜻이다. 식민지를 벗어난 지 반세기 만에 한국 경제는 세계 10 위권 안쪽을 넘볼 정도로 눈부시게 발전했다. 그뿐 아니라 이제는 문 화예술 분야나 스포츠 분야에서도 괄목할 만한 성과를 내놓고 있다.

최근까지 특별히 '문화'라는 영역에서 세계에 내놓을 만한 것이 많 지 않았던 한국은 이제 세계적인 한류 열풍의 진원지가 되어 동남아 시아는 물론 유럽을 넘어 북미 대륙을 휩쓸고 있다. 싸이의 〈강남 스타일〉열풍은 일시적 행운이 아니라 한국 문화의 저력이 전 세계적으로 통할 수 있음을 증명한 일대 사건이라고 생각한다. 파리, 런던, 뉴욕 할 것 없이 한국어로 된 노랫말을 흥얼거리고 떼를 지어 '말춤'을 추는 세계인들을 보면서 실로 엄청난 변화가 일어나고 있음을 느낄 수 있다.

이렇듯 21세기 세계 경제와 문화를 선도하는 한국인의 저력은 어디에서 나왔을까? 무엇보다 나는 지난

조선을 세운 이들은 가장 중요한 한양의 남쪽 정문에 '예(禮)'를 높이는(崇) 문이란 이름을 붙였다.

500여 년 동안 지속된 한국의 전통에서 그 힘을 찾아야 한다고 생각한다. 하버드 대학교에서 한국 고전문학을 공부하면서 조선 시대 문인들 중 김만중(金萬重, 1637~1692), 박지원, 정약용(丁若鏞, 1762~1836) 등의 글을 흥미롭게 읽은 적이 있다. 그들은 선비 정신을 이상으로 삼는 동시에 학문을 실천하고 현실 정치 문제를 타개하는 가치의 중심에 항상 '예(禮)'를 두고 있었다. 이들의 글을 한 자 한 자 읽어보면 이상적인 선비상과 '예학(禮學)'에 대한 언급이 참으로 많이 등장한다. 나는 이 두 가지 한국의 전통에 깊은 인상을 받았다. 먼저 예에 대해 살펴보자.

조선의 예학, 사회질서를 회복하는 실천 철학

사실 예학은 예의 본질과 옳고 그름을 탐구하는 유학의 한 분야다. 한국의 예학은 단지 관혼상제의 단순한

사례를 모아놓은 것이 아니라 사회질서를 평화로운 수단으로 유지하는 헌법에 가까운 성격의 제도라는 느낌이 들었다. 서구 문화의 토양에서 살아온 나로서는 인간 행위의 규범이자 사회질서의 근간으로서 예학과 예의를 내세우는 것이 매우 의아하면서도 신선하게 다가왔다.

동아시아에서 예는 생활 깊숙이 녹아 모든 것에 영향을 미치는 삶의 일부였다. 서양학자로서 동아시아 4개국에서 생활하고 공부하면서 이제는 어느 정도 익숙해졌다고 생각하지만 한·중·일 삼국은 시대별로, 지역별로 예의 모습이 너무 달라 한마디로 정의하거나 특징을 정리하는 것이 쉽지 않다. 다만 지식인과 엘리트 사회를 중심으로 간단히 정리해보면, 일본의 '예'는 관습 중심이고 현실을 긍정적으로 바라본다고 평가할 수 있는 반면, 중국의 '예'는 전체를 중심으로 사회를 통치하고 정치적 지위를 강조하며, 한국의 '예'는 감정과 사회질서를 두루 포괄하는 특징을 지닌다고 할 수 있을 것 같다.

17~18세기에 조선은 중국의 『주자가례(朱子家禮)』를 바탕으로 예학이라고 알려진 독특한 형태의 학문 분야를 발전시켰다. 예학은 인간과 인간의 관계, 더 나아가서는 인간과 사회, 국가의 문제를 중시하는 학문이었다. 그런 의미에서 예학은 실천 철학이라 할 수 있다. 임진왜란과 병자호란을 거친 조선 사회가 실천 철학인 예학으로 그 무게중심을 옮긴 것은 그만큼 사회질서가 혼란스러웠던 것도 하나의 원인이었을 것이다. 선비들마저 명분과 예의염치보다는 이익[利]에 더 관심을 갖게 되었을 때 전통적 질서의 유지와 교화의 기능을 지닌 예가 강조될 수밖에 없었던 것이다.

조선 예학의 기틀을 세운 사상가는 바로 사계(沙溪) 김장생(金長生, 1548~1631)이었다. 사계의 예학과 정치사상은 임진왜란과 병자호란을

겪은 직후의 혼란한 사회질서를 회복하고 국가를 재건하기 위한 실천적인 성격을 지니고 있었다. 율곡 이이에게서 사사한 사계는 『가례집람(家禮輯覽)』, 『상례비요(喪禮備要)』, 『근사록석의(近思錄釋疑)』, 『경서변의(經書辨疑)』 등의 저서를 남겼는데, 이처럼 그가 예론에 집중한 까닭은 모든 인간이 어질고 바른 마음으로 서로 도와

사계 김장생의 영정. 조선 중기의 대표적인 유학자로 조선 예학의 기틀을 세웠으며, 그 공로로 아들 김집과 함께 성균관 문묘에 배향되었다.

가며 살아갈 수 있도록 개개인의 행동 방식을 구체적으로 규정하는 질서가 필요하다고 보았기 때문이다. 어짊[仁]과 바름[義]이 선악과 도덕을 판단하는 불변의 기준이라면, 올바른 마음과 어진 마음을 드러내는 태도와 절차가 바로 예다. 따라서 예는 언제나 어질고 바른 것이어야 할 뿐 아니라, 어질고 의로운 것이라 하더라도 그것은 반드시 예로써 표현되어야 하는 것이다.

소셜 네트워크 시대의 예의

다른 한편 예학은 가문이나 소속된 공동체, 정부 또는 국가 내에서 불편한 법에 의지하지 않고도 올바르고 예의에 어긋나지 않게 행동할 수 있는 방법을 제시하는 학문이라고 할 수 있다. 예학은 윤리에 대한 개인의 협력과 엄격한 규칙을 통해 집단 간 갈등에 대한 해법을 제공한다. 예학은 처벌 요소를 갖고 있지 않기 때문에 네트워크 사회에서 발생하는 갈등을 해결하는 데 있어서 법률보다 높은 수준의 자정 기능을 비롯해 더 많은 순기능을 지니고 있다고 생각한다.

오늘날 우리는 다양한 네트워크를 이루며 살아가고 있다. 흔히 현대 사회를 무수한 관계망 속에서 이루어지는 복잡한 상호 관계가 개인의 실존적 삶에 중대한 영향을 미치는 네트워크 시대라고 정의한다. 이런 사회적 관계망은 최근 페이스북을 비롯한 소셜 네트워크를 통해 급속하게 확대되고 있지만, 사실 우리는 그것의 정확한 본질과 의미를 제대로 알지 못하고 있는 실정이다. 더구나 소셜 네트워크를 통해 이루어지는 각종 행위와 정보 교환의 범위, 사회적 윤리 등을 규제하는 법적 수단은 아직 마련되지 않고 있다. 어떤 사람들은 이런 문제들을 다루기 위한 법률적·제도적 수단이 만들어질 수 있는지조차 근본적으로 의문시하기도 한다.

오늘날 개인의 삶과 평판은 각종 미디어나 비방 행위에 너무 쉽게 노출되고 있다. 그 결과 때로 아주 참담한 손실을 불러오기도 한다(각종 사생활 침해, 명예훼손 등이 불러온 비극적 사건들을 떠올려보라). 그럼에도 블로그나 트위터를 통해 다른 사람에게 가해지는 유해한 행위들을 규제할 법적 제도를 요구하는 것은 바람직스럽지 않을 뿐 아니라 비효율적인 것인지도 모른다. 네트워크 시대가 활짝 열린 오늘의 현실에서 도덕적 행동을 권장하는 새로운 대책이 절박한 상황인 것이다. 그 대책은 무엇보다 처벌 중심의 법적 제재가 아닌 자정 과정을 유도하는 접근법이어야 한다.

이런 측면에서 한국의 지적 전통 가운데 예학은 오늘날의 딜레마에 의미 있는 해법을 제공해줄 수 있다고 생각한다. 한국에서 발전된 예학은 어떻게 하면 타자와의 관계에서 적절하고 예의 있는 행동을 할 수 있는지를 궁구하는 학문이다. 이것은 가족이나 사회에서 발생하는 각종 갈등과 분쟁을 평화적이고 효율적으로 해결하는 수단이 될 수 있다. 다양한 사람들이 모여 사는 복잡한 사회에서 서로를 존중하면서, 무엇을 하고 어떻게 행동해야 하는가를 밝힌 것이 예학인 것이다.

날이 갈수록 유동성이 강해지는 인터넷 시대에 법률이 규제할 수 있는 부분은 극히 제한적이다. 반면에 예학은 조직 운용이라는 측면에서 매우 효과적인 수단으로 기능할 수 있다. 또 예학에서 제시되는 규칙은 인간만이 아니라 아바타나 심지어 사이보그에게도 적용될 수 있다. 왜냐하면 예학은 사람인가 아닌가를 따지는 것이 아니라 무엇이 적절한지를 따지고 예를 중시하기 때문이다. 21세기 정보기술 혁명은 이전까지 국가와 개인을 구분해주었던 수많은 장벽들을 와해시켰고, 그 결과 다양한 관계 속에서 엄청난 유동성을 창출해냈다. 이런 조건에서 예학은 개인들 간의 관계는 물론 정부기구 간의 문제에 대해서도 다양한 잠재적 규범을 제공할 수 있고, 이것은 우리에게 엄청난 가치가 될 수 있다.

현대 한국과 예의

전통적으로 한국인들은 예의와 집단의식을 매우 중시한다. 현대화와 산업화를 거치면서 예절의 가치나 공동체 정신이 많이 훼손되었다고는 하지만, 여전히 많은 사람들이 예의범절을 중시하며, 어른은 아이에게 예절을 가르치고 아이는 어른에게 예의를 표

충남 논산 소재 돈암서원 사계 김장생의 학문과 덕행을 추모하기 위해 세운 호서지방의 대표적인 서원이다.

한다. 하지만 진정한 예절은 나이와 성별과 직급에 따른 사회적 계급에 따라 용수철처럼 변하는 것이 아니다. 한국에서는 나이나 학번, 직위나 연봉을 묻는 것을 자연스러운 첫인사로 여기지만 이것은 예절과 전혀 다른 것이다. 사회적인 지위고하에 따라 사람을 존중하고 무시하는 것은 유교의 가르침이 아니다. 공자는 지위와 권력을 가졌다고 해서 아부한 적이 없으며, 모든 것을 백성의 편에서 생각하고 판단하고자 했다. 군주에게 문제가 있다고 판단되면 스스로 다른 나라로 떠나버렸다.

예절이 진정 가치를 지니기 위해서는 반드시 평등사상이 전제되어야 한다. 한국인들은 미국이 평등사상이 대단히 투철한 국가라고 알고 있으나 꼭 그렇지만은 않다. 평등을 사랑하고 중시하지만 절대적이지 않고 사람들마다 생각하는 평등의 기준도 다르다. 한국에서는 아버지가 먼저 수저를 들기 전에 식사를 하지 않는 관습이 있다. 예전에는 겸상도 하지 않고 부권을 누렸다. 하지만 이런 것은 진정한 예절도 아니고 유교의 합리적 가르침도 아니다. 서양학자로서 관찰자의 관점에서 본다면 이러한 한국의 가부장적 권위주의는 형식주의적인 측면에서 지나치다는 생각을 지울 수가 없다. 본질은 사라지고 껍데기만 딱딱하게 남아 있는 것은 아닌가 생각된다.

한 가지 더 들자면 한국어는 영어권 언어와 달리 존칭어가 너무 많다. 존칭어와 존댓말은 한국어의 가장 큰 특징이라고 해도 과언이 아닐 정도로 지나치게 많게 느껴진다. 그것이 과할 경우 자칫 합리적 의사소통과 민주적 의견 개진을 저해하지는 않을지 걱정스럽다. 한국인들이 흔히 범하는 우가 하나 있다. 영어는 위아래 개념도 없고 어른아이 할 것 없이 모두 반말로 이야기한다고 생각하는 것이다. 한국인들의 관점에서 보면 예의도 개념도 없는 몰상식한 행동이지만 사실 영어에는 반말이 없다. 앞서 말했듯이 평등을 존중하기 때문이다. 반말이 없기 때문에 또한 존칭어가 있을 수 없다.

예의범절은 시대와 상황에 따라 끊임없이 변한다. 조선 예학의 기틀을 세운 사계 김장생도 예가 고정불변하는 것이라고는 생각하지 않았다. 주자의 가르침을 곧이곧대로 받아들인 것이 아니라 조선 사회의 실정에 맞게 새로운 해석을 덧붙였기 때문에 그의 사상이 조선 사회를 재건하는 정신적 기둥 역할을 할 수 있었던 것이다. 변화하는 현실에 맞게 끊임없이 재해석된 예만이 그 합리적 핵심을 보존하면서 후대에도 이어질 것이다. 오늘 우리에게 필요한 예는 현실의 요구에 응답할 수 있는 '살아 있는 예'다.

정보기술 혁명으로 삶의 양태가 근본적으로 바뀌고 있는 오늘날의 세계에서 도덕성과 용기, 상상력을 발휘할 수 있는 새로운 지도자를 양성하는 일은 어떻게 가능할까? 오늘의 과제를 풀기 위해 과거로 눈을 돌려 해법을 찾는다면 우리는 어떠한 것에서 도움을 받을 수 있을까? 조선의 선비 정신은 해답을 줄 수 있을까? 선비 정신이라면 '도덕성', '용기', '상상력'을 지닌 인간을 양성하는 데 어떤 힌트를 줄 수 있지 않을까?

우선 조선의 선비 전통은 인간과 제도, 기술 사이를 유연하게 조율하는 방법을 가르칠 수 있다는 점에서 주목된다. 현대 사회는 기계의 편리함과 현대화를 지나치게 강조해서 인간의 근원적인 판단력이 떨어지는 경향이 있다. 상상력은 컴퓨터에서는 결코 얻을 수 없다. 도덕성 또한 그렇다. 인간의 바람직한 행위와 기술이 촉진하는 길은 서로 충돌하는 경우가 많다. 기술의 편리함을 때로는 무시하거나 거리를 두는 일에도 용기와 도덕성이 필요하다. 선비 정신은 그런 맥락에서 매우 중요한 역할을 담당할 수 있다.

선비 정신은 또한 한국인만을 위한 것에 머물지 않는다. 지금 한국, 미국, 유럽 등 여러 나라에서 가장 문제가 되는 것이 바로 책임감이 없는 엘리트다. 그 해결책을 선비 정신에서 찾아보면 어떨까. 한국의 '선비 정신'을 해외에 적극적으로 소개하면 많은 사람들이 영감을 받을 수 있다. 아프리카의 조그만 마을에 사는 사람들이 위대한 '선비(Seonbi)' 정신, 독서, 도덕, 실천의 전통을 삶의 신조로 삼는다면, 그것이 바로 선비 정신의 국제화가 될 것이다.

안동 군자마을의 탁청정(濯淸亭). 조선의 '선비 정신'은 오늘을 사는 우리에게 책임 있는 리더십이 무엇인지를
깨우쳐줄 수 있지 않을까.

　일본에는 사무라이 정신이 있다. 세계 각국 어디에 가든지 모르는
사람이 없을 만큼 널리 알려진 일본의 대표적인 정신문화가 사무라
이 정신이다. 한국의 아이들도 놀이를 할 때 "나는 닌자다!"라고 이야
기하는 경우를 종종 볼 수 있다. 철부지 어린아이가 일본을 대표하는
정신을 말하는 아이러니가 벌어지는 것이다. 그만큼 일본 하면 사무
라이가 떠오르고 영국 하면 신사가 떠오르지만, 한국이라고 하면 아
직 뚜렷이 떠오르는 표상이 없다. 하지만 한국에는 수백 년을 이어온
대표적인 정신문화로서 선비 정신이 있지 않은가.

　어떤 사람들은 선비 정신이 남성 중심주의적 한계를 지니고 있다
고 평가절하하기도 한다. 물론 오늘날의 선비 정신은 남성의 전유물
이 되어서는 안 된다. 조선 시대에는 부권 중심의 문화로 가부장이 리

251

더 역할을 했지만, 현대 사회에서 한국이 세계적인 국가로 발돋움하기 위해서는 여성의 역할이 더욱 중요하다. 지금도 여성은 틀림없이 한국의 주요 엔진으로 활약하고 있다. 여성의 역할은 앞으로 더욱 커질 것이다.

그런 만큼 선비 정신은 남성만의 전통이 아니라 여성들의 전통으로까지 확장되어야 한다. 선비 정신은 새로운 희망과 전망을 주는 전통이 될 수 있다. 고대 그리스 사회에는 노예도 있었고 여러 가지 안좋은 관습도 있었지만 민주주의 전통은 그때 시작되었다. 좋지 않은 것도 많았던 시대의 전통을 현대에서는 좋은 전통으로 발전시켜서 쓰고 있는 것이다. 선비 정신 또한 마찬가지다. 현대 사회에 맞게 여성들의 가치도 충분히 담아낼 수 있는 정신으로 발전시킬 수 있고, 또 적극적으로 그것을 추구해야 한다고 생각한다.

**전통에서
배운다는 것**

이런 관점에서 한국의 전통 문화는 현대 사회가 직면하고 있는 많은 문제에 해결책을 제시할 수 있다. 몇 가지 구체적인 사례를 들어보자. 우선 『조선왕조실록』은 세계적으로 드문 기록 문화의 모범이자 언론 제도의 모범이다. 또한 조선의 풍수 사상은 미신으로만 치부할 것이 아니라 생태계를 고려하고 자연을 보호하는 친환경적인 자연관을 품고 있는 소중한 유산으로 발전시킬 수 있다. 앞서 언급했듯이 한국의 예학 전통은 소셜 네트워크 시대에 가장 적합한 윤리관으로 개발될 수 있다. 18세기 한·중·일 삼국이 공유했던 동아시아 공동체 의식(한자문화권)을 오늘날 되살려내는 것은 어떨까? 충분히 가능하고 의미 있는 일이 될 것이다. 무엇보다 책임감 있는 지식인을 길러내는 일은 오늘날 모든 국가가 당면한 시급한 과제다. 전통 유교 속에서 찾아볼 수 있는 민주주의적 요소나 전통 농업이 지닌 현대적 가치 또한 결코 간과할 수 없다.

현대 중국의 예를 조금 더 살펴보자. 중국에게 미국이나 서양의 '민주주의'를 도입하라고 강요한다면 반발이 심할 것이다. 하지만 중국의 유교적 전통, 즉 '원나라 이전의 민주적인 유교 전통'이라는 형태로 '민주주의'를 소개한다면 대단히 효과가 클 것이다. 중국의 유교적 전통 속에도 '민주주의적' DNA가 있기 때문이다. 전통 속에 있었던 민주주의를 되살려내는 것에 대해서는 별다른 저항이 없을 것이다. 선비 전통을 기반으로 한 새로운 민주주의라면 동아시아의 '민주주의 르네상스'도 가능할 수 있지 않을까? 선비 정신 속에는 그럴 만한 잠재력이 충분하다고 생각한다.

최근 한국에서 과학자를 꿈꾸는 아이들이 점점 줄어들고 있다는 보도를 접한 적이 있다. 요즘 초등학교에서 장래 희망을 물으면 멋져 보이거나 돈을 많이 버는 편한 직업, 예를 들면 아이돌 가수라든지 공무원이라고 대답한다고 한다. 대학에서도 인문학이나 사회과학, 자연과학은 점차 도태되고 경제·경영학이나 공학·의학과 같은 실용 학문만이 대접받고 있다. 실용 학문이 취업에 일시적으로 유리할지는 모르겠지만, 실제로 삶을 살아가고 직업적인 활동을 잘해나가는 데 도움이 되는 것인지는 검증되지 않았다. 오히려 철학과 같은 인문학이 더 도움이 될 수도 있다.

유교 전통에서는 예로부터 윤리와 그 바탕이 되는 원리·원칙을 가르치는 것을 교육의 핵심으로 삼았다. 이는 아주 좋은 교육 방법이라

253

고 생각한다. 진정한 교육이란 특정한 정보를 주입·전달하는 데 머물지 않는다. 세상이 돌아가는 원리, 문제에 접근하는 전략, 냉정하게 분석하고 판단하는 상식을 육성하는 것이 바로 교육이다. 그러한 것을 몸에 익혔을 때 비로소 새로운 도전에 적응할 수 있는 내적 역량이 준비될 것이다.

조선 시대의 선비는 참된 선비의 자세를 완성하기 위해 독서를 했다. '왜'보다는 '어떻게'에 집중하는 오늘날 지식인들의 행태를 보면서 지조와 기개, 청정한 마음가짐을 기르는 데 열성을 다한 선비의 자세를 강조하지 않을 수 없다. '책 속에 답이 있다'는 말은 단순히 책을 읽으면 모든 것을 이해한다는 뜻이 아니다. 책을 읽고, 반추하고, 반복해서 소화하는 과정을 통해 지혜를 기른다. 깊이 생각하면서 다양한 분야의 책을 풍부히 접한다면 세상을 보는 날카로운 시각을 갖출 수 있다. 선비들도 꼭 양적으로만 책을 많이 읽은 것은 아니었다. 핵심 고전인 사서오경을 먼저 완벽히 독파한 뒤에야 다음 단계로 나아갔다. 결국 책을 읽는 것은 '세상'을 읽는 것이다. 생각하지 않고 책을 읽으면 천 권을 읽어도 큰 의미가 없을 것이다.

기업 문화와 선비 정신

선비 정신은 의심할 바 없이 모든 한국인이 자랑스러워하는 한국인의 문화다. 선비 정신을 기반으로 한 공동체 중심의 문화를 기업에 도입한다면 기업 혁신의 새로운 모델이 생겨날 수 있다. 더구나 선비 정신은 인종이나 민족, 종족을 차별하지 않는 보편적인 성격의 개념이라는 점에서 다른 나라로 확장시킬 수 있는 무한한 잠

2012년 9월 한국국학진흥원 주최로 열린 토크콘서트 '한국적 리더십, 선비 정신을 찾아서.'

재력을 가지고 있다. 미국이나 일본, 독일 등 다른 나라의 기업들도 선비 정신을 중심으로 하는 혁신적인 기업 문화를 받아들이는 데 특별히 거부감을 가질 필요가 없을 것이다.

국제사회에서 삼성, 현대, LG 같은 한국의 대기업은 매우 큰 힘과 영향력을 가지고 있다. 미국이나 일본, 독일 회사들과 더불어 세계적인 제조업 시장을 형성했을 뿐 아니라 오히려 세계에서 가장 앞서 가고 있는 분야도 있다. 하지만 현재 국제사회에서 한국 기업의 평판이 반드시 좋다고는 할 수 없다. 한국 기업들은 단기적인 수익에 너무 많은 가치를 부여하고 있다. 환경 문제, 인권 문제에 대한 의식이 높지 않고 기업들 자체도 많은 문제점을 지니고 있다고 비판받고 있다. 물론 한국 기업들만 비판받는 것은 아니고 다른 나라 대기업들도 유사한 비판을 받고 있다.

수익만을 핵심 가치로 여기는 기업들은 그 기업을 구성하는 직원들을 인간으로서 존중하지 않는 경향이 있다. 유럽이나 미국에서는 초기 자본주의 시대의 시행착오를 거치면서 이제는 상당한 수준의 도덕성을 갖추는 데까지 발전하는 모습을 보여왔다. 그러나 최근 몇십 년간 국제사회에서 급속히 영향력을 확장하고 있는 한국 기업들은 유럽의 초기 자본주의에서 나타났던 과오를 고스란히 재연하는 모습을 간혹 보이기도 한다.

핵심은 기업 문화의 DNA를 바꾸는 것이다. 세상은 지금 새로운 기업 정신과 문화를 가진 회사를 갈망하고 있다. 그런데 이런 과업을 한국의 기업들이 선도적으로 수행하면 어떨까? 한국의 전통에는 인간다운 기업 문화를 창출해낼 수 있는 정신적 모델이 존재한다. 선비 정신이 바로 그것이다. 한국이 일류 국가라는 평가를 받기 위해서는 선비 정신을 기반으로 사회적 책임을 기업이 적극적으로 받아 안고 혁신에 나섬으로써, 수익성만을 내세우는 것이 아니라 인류에 공헌하는 노력에 대해서도 평가를 받는 문화를 만들어내야 한다.

그런 기업 문화가 한국에서 시작된다면 외국의 다른 기업들도 이를 받아들이게 될 것이다. 한국의 기업들이 이제 세계의 흐름에 따라가는 존재가 아니라 세상의 흐름을 주도하는 진영에 속해 있다는 것도 무시할 수 없는 변수다. 세계적인 한국 기업들이 인간의 가치를 존중하고 서로 협력하는 새로운 기업 시스템을 만든다면 한국은 국가적으로도 큰 영향력을 갖고 존경받게 될 것이다.

이러한 변화는 궁극적으로 기업들 자신에게도 도움이 되는 일이다. 전 세계가 단일 시장으로 변화하는 현실 속에서 기업의 목적을 수익

창출 하나에만 두는 것은 기업의 생존을 위해서도 도움이 되지 않는
다. 수익 창출과 더불어 직원에 대한 분배, 지역 사회와 지구촌에 대
한 공헌이 기업의 목적으로서 존중받아야 한다. 실적 평가도 수익과
분배, 사회적 공헌 모두를 따지는 것으로 변화해야 한다. 특히 큰 회
사는 세계적인 문제를 해결하는 사회적 캠페인에서 더 큰 책임 의식
을 갖는 쪽으로 기업의 방향을 바꿔야 한다. 인간의 가치를 존중하고,
사회적 갈등을 해소하며, 분쟁과 빈곤, 환경문제 등을 해결하는 데 적
극적인 책임 의식을 가지는 것이 필요하다.

많은 사람들이 '위기'를 이야기한다. 새로운 세기에 대한 희망을 말
한 지 채 10년도 지나지 않아 경제 위기는 물론 윤리의 위기가 밀어
닥쳤다. 위기를 불러온 원인으로 저마다 수많은 요인을 꼽을 수 있겠
지만 가장 큰 원인은 '무책임한 엘리트'에 있다고 생각한다. 그런 의미
에서 한국의 선비 정신은 세계가 공유할 수 있는 모델이자 새로운 각
성을 불러일으킬 촉매제가 될 수 있으리라 기대한다.

예를 일깨워주는
선비 정신의 산실, 서원

안명희(여행 블로거, 블로그 '마리안의 여행 이야기' 운영자)

여행에서 만나는 서원

국내 곳곳을 여행하다 보면 지방마다 나름의 색이 있기 마련이다. 새로운 것을 만들고 개발하는 데 노력을 쏟아 볼거리, 체험거리, 먹거리가 풍성한 곳이 있는가 하면, 자연의 혜택을 받아들이며 꾸미지 않은 그대로 살아가는 모습이 곧 풍경이 되는 곳도 있다. 이처럼 다양한 곳들 가운데 경상북도 지역에서는 유독 서원을 많이 만나게 된다. 특히 안동 같은 경우는 도산서원(陶山書院), 병산서원(屏山書院) 등 여러 서원이 대표적인 여행지로 꼽히며, 하회마을이나 다른 유명한 장소들과 연계하여 여행 코스에서 빠지지 않는다.

현재 안동 지역에는 26개의 서원과 서당이 있다고 하는데, 많을 때는 63개의 서원이 있었다고 하니 다른 지역에 비하면 많은 편이다. 요즘에는 테마 여행이라고 하여 화려한 볼거리와 다양한 체험을 강조하는 '재미있는' 여행이 주류를 이루다 보니, 서원에 간다고 하면 뭐 대

안동 지역에는 최대 63개의 서원이 있었으며 현재도 26개의 서원과 서당이 있다. 배롱나무가 만개한 병산 서원의 정문.

단한 볼 것이 있겠는가 하고 으레 망설이기 마련이다. 그나마 꾸준히 서원을 찾는 이들이라면 수학여행을 오는 학생들인데, 수학여행 철이 되면 줄지어 서서 앞사람 꽁무니만 보고 따라 다니는 학생들의 행렬을 어렵지 않게 볼 수 있다.

수학여행이란 것이 대개 그렇듯, 교실이 아닌 새로운 공간에서 들뜬 기분으로 수다 떠느라 서원 건물은 눈에 잘 들어오지도 않고 설명을 들어도 한 귀로 흘리기 십상이다. 특히 어린 학생들에게 몸으로 체험하는 놀이동산도 아니고 박물관처럼 서 있는 딱딱한 서원의 공간은 그저 한옥으로 지어진 옛날 학교 건물일 따름일지도 모른다.

사실 서원이란 공간은 우르르 몰려다니며 쫓기듯 돌아봐서는 제대로 감상할 수 없다. 여유로운 마음으로 관심을 가지고 이 출입문 이름은 왜 이렇게 지어졌는지, 이 공간을 만든 의도는 무엇인지 생각하며

259

넓은 시선으로 보아야 한다. 그러려면 혼자 돌아보기보다는 전문 해설사의 설명과 함께 구경하면 더욱 좋다. 해설사의 꼼꼼한 설명을 듣다 보면 서원의 새로운 면을 발견하고 색다른 재미도 찾아볼 수 있다. 아는 만큼 보인다고 하지 않던가. '알고' 보면 서원도 우리 선조들의 정신과 삶의 방식이 깃들어 있는 소중한 공간으로 새로이 다가온다.

서원에 깃든 예의 가르침

'서원'이라고 하면 사람마다 각기 연상되는 이미지가 있을 테지만, 개인적으로 가장 먼저 떠오르는 인상은 절제의 공간, 위아래의 구분이 명확한 곳, 자기 내면과의 치열한 싸움이 이루어지는 장소 같은 것이다. 서원은 단순히 공부하는 공간에 그치지 않고 한 단계 더 나아가 가르침이 몸에 스며 저절로 우러나게 하는 수양의 공간이 아닐까 하는 생각이 든다. 관직에 대한 욕심보다 배움에 대한 욕구가 우선이며, 나를 만족시키기 전에 타인을 배려하고 남을 통해 나를 바라보는 시선을 연마하는 배움의 공간 말이다.

3년 전 초겨울 안동으로 여행을 갔다가 처음으로 도산서원을 방문하게 되었다. 도산서원을 향해 걷다 보면 초입 즈음에 구불구불 괴상한 글씨체의 표석을 하나 만나게 된다. '추로지향(鄒魯之鄕)'이라고 쓰여 있는데, 이곳을 찾는 학생들은 그 독특한 글씨체 때문에 마음대로 "도산서원"이라고 읽는다 하여 웃음을 자아냈다.

'추로지향'은 공자의 고향인 노나라와 맹자의 고향인 추나라를 가리키는데, 곧 예절을 알고 학문이 왕성한 곳을 이르는 말이다. 공자의 77대손인 공덕성 박사가 도산서원을 찾아와 참배를 한 후에 500년

"무궁한 지식의 샘물을 두레박으로 퍼내어 마시듯 자신의 부단한 노력으로 심신을 수양해야 한다"는 교훈을 담은 우물, 열정.

전의 퇴계 선생의 가르침이 지금까지 이어지고 있음에 감동을 받아 적은 글이라고 한다. 이 글귀만 보아도 이곳을 거쳐 간 이들이 우리 선조의 청렴하고 올곧은 정신을 조금이나마 계승하여 실천하면 좋겠다는 생각이 든다.

서원 정문으로 들기 전에는 우물도 하나 볼 수 있다. '열정(冽井)'이라 불리는 이 우물은 "무궁한 지식의 샘물을 두레박으로 퍼내어 마시듯 자신의 부단한 노력으로 심신을 수양해야 한다"는 교훈을 담았다고 한다. 우물 하나까지 이런 뜻이 깃들어 있으니, 이곳에서 생활하던 유생들은 스승의 말 한마디 행동 하나도 허투루 여기지 않고 가르침을 얻었으리라.

도산서원은 영지산을 뒤로하고 골짜기가 포근하게 감싼 듯한 곳에 자리하고 있다. 알다시피 도산서원은 퇴계 이황 선생의 위패를 모시

유생들의 기숙사 역할을 한 농운정사. 工자 구조에 많은 창을 두어 유생들의 공부 환경을 생각한 건물이다.

고 후손과 제자들이 향사하며 후학을 양성해온 곳이다. 지금의 서원 모습은 퇴계 선생이 돌아가신 이후에 제자들에 의해 넓혀지고 위패가 모셔진 것이고, 원래는 도산서당이라는 작은 공간이 퇴계가 머물며 후학을 양성하던 곳이다. 도산서원에 들어서서 오른쪽 언덕에 올라서면 예전 천 원권 지폐에 그려져 있던 바로 그 도산서당의 모습을 한눈에 내려다볼 수 있다.

도산서원에서는 이곳에 머문 이들의 정신과 뜻을 담은 흔적을 곳곳에서 발견하게 된다. 서원 앞 너른 마당에는 우람한 나무들이 땅과 나란히 가지를 뻗어 자라고 있는데 그 모습조차도 마치 겸손의 미덕을 실천하고 있는 듯 예사롭지 않게 느껴진다.

퇴계 선생이 제자들을 생각하는 마음은 서원의 곳곳에서 느껴지는데, 특히 농운정사(瀧雲精舍)가 그러하다. 농운정사는 정문에서 왼쪽

퇴계 선생이 머물렀던 도산서당. 단출한 세 칸 건물로 청렴하고 욕심 없는 선생의 삶이 느껴진다.

에 자리 잡고 있는데, 학생들이 숙식을 하며 공부를 하던 곳으로 지금으로 치면 기숙사와 같은 건물이다. 공부에만 전념하도록 工자의 평면 구조로 설계하였고, 다른 곳보다 유독 창문이 많다. 방 안을 밝게 하고 환기가 잘 되도록 하기 위함이란다.

제자를 생각하는 마음이 이토록 세심했던 데 비해 퇴계 선생이 머물렀던 도산서당의 모습은 단출하기 그지없다. 마루, 방, 부엌 세 칸이 서당의 전부다. 그것도 자금이 모일 때 조금씩 늘리다 보니 그 작은 서당을 짓는 데 4년이나 걸렸다고 한다. 청렴하고 욕심 없는 삶을 그대로 실천한 결과물인 듯하다. 이렇게 몸소 실천하는 스승을 곁에 두었으니 그 제자들의 몸가짐은 어떠하였을까 가히 상상이 된다. 도산서당 앞에는 작은 연못을 두어 고고한 연꽃과 벗을 삼았을 법하다. 스승의 권위를 앞세우며 말과 이론으로 하는 교육이 아니라 예(禮)에

263

바탕을 둔 바른 몸가짐으로 실천하는 삶이야말로 살아 있는 교육이 아니겠는가.

안동에서는 도산서원 말고도 서원 건축의 백미로 불리는 병산서원도 들러볼 만하다. 만대루에서 바라보는 경관도 장관이려니와 서원 곳곳에서 볼 수 있는 배우는 사람으로서의 몸가짐과 정신 자세를 다독이는 글귀들이 스스로를 되돌아보게 만든다.

몸과 마음과 복장을 단정히 하고 들라는 복례문(復禮門)에는 배움의 터로 들어가는 문이니 예를 다하라는 뜻이 담겨 있고, 입교당(立教堂)에는 가르침을 바로 세운다는 의미가 깃들어 있다. 그러고 보면 발길 닿는 곳, 지나는 길마다 마음을 바로잡고 행동을 바르게 하라는 가르침이 녹아 있는 공간이구나 생각하며 걷게 된다. 사람에 대한 예의에서 배움과 학문에 임하는 예의까지, 바로 예가 집약된 공간이 서원이다.

병산서원은 입구 양쪽으로 빼곡하게 심어진 배롱나무도 무척 인상적이다. 배롱나무는 백일홍나무라고도 하는데, 흔히 아는 백일홍 꽃과는 구별되지만 이 배롱나무에 피는 붉은 꽃도 100일을 간다고 하여 붙여진 이름이다. 서원이나 사당 앞에 유독 이 나무가 많은 것은 붉은 꽃이 피는 것을 보면서 열정을 다해 공부하라는 뜻이 담겨 있다고 한다. 또 배롱나무는 어릴 때는 나무껍질이 분명히 식별되나 해가 갈수록 마치 껍질이 없는 듯 반질해지는데, 이를 두고 배롱나무는 나무임에도 해를 거듭할수록 자신을 닦고 가꾼다고 보았다. 그러니 나무도 이러할진대 공부하는 이들도 수신재가하라는 의미를 담았다고 한다. 그리고 투명한 배롱나무의 껍질이 그렇듯 속과 겉이 다르지 않은 생활을 하고 딴마음을 품지 말라는 뜻도 있다. 이렇듯 수많은 나

병산서원의 강학당인 입교당(立敎堂)에서 바라본 서원 앞마당 풍경.

무 중에 이 배롱나무를 뜰 앞에 심은 의도만으로도 가히 그 정신을 엿볼 수 있다.

안동 말고도 같은 경북에 속하는 영주의 소수서원(紹修書院) 역시 매우 유명한 서원이다. 우리나라 최초의 서원이면서 선비 정신의 산실이라고 할 수 있다. 조선 중종 37년 풍기군수 주세붕(周世鵬, 1495~1554)이 이 지역 출신 고려 시대 유학자인 회헌 안향(安珦, 1243~1306)의 위패를 모신 사묘를 세우고 이듬해 백운동서원을 세웠다. 후에 퇴계 이황이 명종 임금께 건의하여 '소수서원'이라는 친필 현판을 받아 사액서원이 되었다.

소수서원의 주변에는 선비촌과 선비문화수련원이 조성되어 있다.

이는 우리 민족의 생활 철학이 담긴 선비 정신을 되새기고 사라져가는 전통문화를 재조명하여, 윤리 도덕의 붕괴와 인간성 상실이라는 사회적 현상을 해소해보고자 조성된 공간이다. 우리 고유의 선비 정신을 계승하여 올바른 가치관과 역사관을 정립하고자 하는 산 교육장인 이곳에는 옛 선비들의 생활상을 엿볼 수 있는 체험형 공간들도 마련되어 있다.

예를 근본으로 삼는 선비 정신

그렇다면 과연 선비 정신이란 무엇일까. 선비 정신을 이야기하려면 먼저 서원의 역할에 대해 생각해보아야 할 듯싶다. 서원의 일차적인 목적은 물론 학문을 연구하고, 제자를 양성하며, 사당을 두어 조상을 섬기는 것이다. 그러나 다른 한편으로는 제자들이 스승을 존경하고 위하는 마음을 담아 서원 공간을 넓히기도 하고 사당에 옛 스승을 모셔 기림으로써 '예'를 표현하는 것도 서원의 중요한 역할이었을 것이다.

스승은 관직에 나아가기 위해 지식을 쌓는 법보다 자신을 먼저 세우고 백성에게 다가가는 법을 가르쳤을 것이다. 상대방에게 나의 뜻을 강요하는 것이 아니라 상대방으로 인해 내가 변화하는 능력을 가르쳤을 것이다. 이런 가르침이 밖으로 드러나 표현되면 곧 사람의 인품과 됨됨이를 이루며, 기본에 충실하고 예의를 근본으로 삼는 바른 사회를 이끄는 힘이 된다.

그런 면에서 예란 곧 선비 정신의 표출이다. 단순히 유교적인 교양만을 갖추는 것이 아니라 인격을 쌓기 위해 끊임없이 학문과 덕성을 키우고 불의에 굴하지 않는 정신이 곧 선비 정신이다. 이 선비 정신은 예로부터 우리의 내면 깊숙한 곳에 자리 잡고 있었으며, 역사를 통해 면면히 전해 내려왔다.

하지만 요즘의 세태를 보면 혀를 내두르게 되는 일이 한두 가지가 아니다. 지하철 '막말녀'니 버스 '패륜남'이니 하여 대중교통에서 경악할 만한 사건들이 벌어지는가 하면, 사소한 일에도 분을 참지 못하여 욕설과 주먹질이 난무하고, 남에게 피해를 입히고도 미안해하기는 커녕 도리어 큰소리를 치는 일이 비일비재하다. 이처럼 상식을 벗어난 일이 하루가 멀다 하고 벌어지는 것을 보면 동방예의지국이란 수식어가 무색한 수준을 넘어 우리 사회의 윤리 의식이 어쩌다 이렇게 바닥에 떨어졌는지 씁쓸한 마음만 들 뿐이다.

이러한 상황은 모두 우리 사회에서 '예의'가 깨어졌기 때문에 빚어졌다. '무례'하기 때문에 타인에게 아무렇게나 대하고 여기저기서 쉬이 폭력이 난무하는 것이다. '예'를 갖춘다는 것은 곧 동물이 아닌 인간으로서의 도리를 다하는 것이며, 타인에 대한 예의를 지키는 것은 그 도리 중에서도 가장 기본적인 것이다.

개인주의가 팽배하다 보니 가정과 학교에서도 오로지 '나' 하나만 생각하고 타인을 배려하지 않는 현상이 갈수록 심각해지고 있다. 그러나 개인주의는 개인의 가치를 존중하는 것이지 결코 남에게 '무례'하게 대하는 것이 아니다. 이처럼 왜곡되고 비뚤어진 세태를 바로잡기 위해서는 가정과 학교에서 '예의'의 뿌리를 찾아 올바른 교육을 하는 일이 시급하다.

예의, 실천의 덕목

하지만 근본적으로 우리나라 사람들은 예를 중시하였고, 예의가 생활의 기본이라는 걸 알고 있었다. 다만 힘든 것은 스스로 우러나는 실천이다.

한국에 뿌리를 둔 이들이 해외에서 활약하는 걸 보면 역시 우리나라 사람들은 기본적으로 예의를 갖추고 있구나 하고 실감하게 된다. 박찬호 선수는 LA 다저스에 입단한 후 뉴욕 메츠와의 시범 경기 때 등판하면서 한국에서 몸에 밴 습관대로 모자를 벗고 주심에게 인사를 해 매스컴에서 화제가 되었다. 이로 인해 '마운드의 신사'라는 별명을 얻기도 했다. 어른이나 존경하는 이에겐 모자를 벗어 목례를 하는 것이 최소한의 예의라고 배운 몸가짐이 밖에서도 자연스럽게 우러나온 것이 아닐까.

이런 모습을 생각하면 서원이나 서당, 향교 등 선비 정신을 일깨우는 곳으로 떠나는 여행이나 충효 교육 프로그램이 필요하다는 생각을 하게 된다. 여행의 또 다른 이름은 배움이다. 여행을 통해 자연스럽게 접하다 보면 우리 고유의 예와 선비 정신이 어떤 것이었는지 알게 되고, 그 깨우침을 바탕으로 마음에서 우러나는 행동이 나오게 될 것이다. 습관이 단숨에 바뀌지는 않겠지만 내면 깊숙이 잠들어 있는 성향을 끄집어내어 정의와 도덕에 준하는 행동, 도리에 맞는 행동을 이끌어낼 수 있을 것이다. 서원은 본래 스스로를 다스리고 이치에 맞는 행동을 하도록 가르치던 곳이니, 그 정신만 올바로 깨친다면 지금도 여전히 그러한 역할을 해줄 수 있으리라 믿는다.

도산서원이나 소수서원, 선비촌 등 유교 정신에 바탕을 둔 선비 정

신이 살아 있는 장소들이 활성화되어 현실에서도 선비 정신의 실천이
생활화되는 모습을 기대해본다. 따뜻한 마음으로 예의와 의리, 지조를
지키며 도덕적인 심성과 태도를 기르는 것, 그리고 그를 통해 나와 사
회를 바로 세우는 것이 곧 서원에 깃든 선조들의 정신이었을 테니까.

'빨리빨리'의 미학,
현대 한국을 일구다

강병호(배재대학교 한류문화산업대학원 원장)

한국인의 잠재의식,
불안감

특정한 공동체, 더 나아가 민족의 성격을 규정하는 것은 복잡하고도 어려운 작업일뿐더러 한편으로 위험한 일이기도 하다. 문화적 유전자, 즉 밈(meme)은 유전자처럼 개체의 기억에 저장되거나 다른 개체의 기억으로 복제될 수 있는 비(非)유전적 문화 요소 또는 문화의 전달 단위라 할 수 있다. 즉 문화콘텐츠, 서적, 매스커뮤니케이션 등 정보 교류와 개개인의 접촉으로 축적, 재생산, 전달되는 모든 문화적 요소를 일컫는다.(리처드 도킨스, 『이기적 유전자』)

여기서 지나쳐서는 안 될 것은 왜 이런 문화적 유전자를 정의하는 작업이 필요한가라는 근원적 질문이다. 어떤 민족이 바로 그 특정한 민족이기 때문에 고유의 탁월한 능력을 발휘하여 필연적으로 이러이러한 역사적 결과를 낳았다는 생물학적 우월성을 주장하게 되면, 그

270

담론은 자칫 나치 독일의 우생학 연구와 같은 비극적 결과로 연결될 수도 있다. 근대 이후 혹독한 식민지의 학정을 경험하고 서방 선진국에 대한 사대주의를 버리지 못한 상황에서 일종의 심리적 열등감을 떨칠 수 없었던 한국인들로서는 몇 가지 민족적 특성을 끄집어내어 경제성장, 더 나아가 최근의 한류 현상 등과 잘 버무려 미화하고자 하는 유혹 또한 강할 것이다.

세계 각국 국민들의 1분간 걸음걸이 수를 조사해보면 미국인은 분당 평균 25걸음, 영국인은 분당 평균 29걸음, 일본인은 분당 평균 35걸음을 걷는 데 비해 한국인은 평균 56걸음을 걷는다고 한다. 걸음걸이가 빠르다는 것은 곧 의욕과 성취감이 강한 것이라고 해석할 수도 있으나, 다른 한편으로는 누가 뒤에서 쫓아오는 듯 느끼는 불안 심리가 자리 잡고 있는 것이라고 볼 수도 있다. 한국인의 잠재의식에는 60여 년간의 남북 대치 상황에 따른 전쟁에 대한 불안 심리가 깔려 있다. 더 나아가 이념 대립, 지역감정, 노사 갈등 등 사회 저변에 퍼져 있는 불안한 요소들도 한국인들의 행동을 빠르게 만들고 있다고 할 수 있다. '빨리빨리'라는 한국인의 성격도, 그것을 배태할 수밖에 없었던 역사적 환경과 이에 반응해왔던 행동 양식을 바탕으로 분석할 필요가 있다.

구한말 이전 한국인의 성격에 '빨리빨리'에서 나타나는 추진력과 조급성이 존재했다는 사실은 찾아보기 어렵다. 하지만 고대 기마민족의 야성과 역동성은 역사적 문헌에서 찾을 수 있으니, '빨리빨리'의 유전자가 역사적으로 고려조, 조선조에 잠재되어 있었다고 볼 수도 있다. '빨리빨리'라는 특성은 근대화 과정에서 한없이 뒤처진 한국인이 짧은 시간에 선진국을 따라잡고, 불안한 안보 환경에 대응하기 위

'빨리빨리'로 대변되는 한국인의 역동성은 일제 강점과 한국전쟁의 참화를 딛고 20세기 후반 대한민국이 일구어낸 압축 성장의 밑거름이 되었다.

한 행동 양식이었다고도 할 수 있다. 제2차 세계대전 이후 식민지였던 아시아와 아프리카의 다른 국가들이 우리와 같은 역사적 성과를 만들어내지 못한 것을 보면, '빨리빨리'의 행동 양식은 한국인 고유의 문화유전자라고 간주할 수도 있다.

'빨리빨리'라는 특성이 한국인이 20세기에 달성한 압축 성장의 기반임은 부정할 수 없다. 1960년대 전 세계 국가 중 최빈국에서 국민소득 2만 달러의 OECD 가입국으로 발전한 40년 남짓의 짧은 역사는 강한 성취욕이 바탕이 된 근성이 없고서는 불가능한 것이기 때문이다.

한류를 떠받치는 힘은 무엇인가?

'빨리빨리'의 미학을 말하기 전에 먼저 이러한 담론이 시작된 배경인 한류에 대해서 분석해보아야 한다. 한국인의 문화적 유전자를 찾는 배경에는 전 세계적인 한류의 확산을 통해 한국인의 정체성을 찾으려는 자연스러운 과정이 있기 때문이다.

한류는 1999년 국내 인기 TV 드라마 〈별은 내 가슴에〉가 중국에 소개되어 인기를 얻으면서부터 시작되었다. 2000년 2월에는 댄스 그룹 HOT의 베이징 공연이 성사되었는데, '한류'는 이때 중국 『베이징 청년보』에서 한국 대중문화가 몰려오는 현상을 비아냥거리며 표현한 말이다. 그 후 잘 알다시피 한류 열풍은 배용준이 출연한 TV 드라마 〈겨울연가〉의 인기를 바탕으로 일본으로까지 그 세력을 확장했다. 이어 한국 대중문화 열풍은 중국뿐 아니라 타이완, 홍콩, 베트남, 타이, 인도네시아, 필리핀, 몽골 등 동남아시아 전역으로 확산되었고, 2000년대 후반기에는 드라마와 가요, 영화 등의 대중문화뿐 아니라 한국 관련 제품에 대한 선호 현상도 뚜렷이 나타나기 시작했다.

K-드라마가 확산된 이후로 K-팝의 열기가 세계를 뒤덮고 있다. K-드라마의 인기가 아시아 즉 중국, 일본, 베트남 등지에 국한된 것이었다면 K-팝은 그야말로 아시아를 뛰어넘어 유럽, 남미까지 전 세계적인 인기를 누리고 있다. 한류 붐은 수출 증가, 경제력 향상 등을 통해 연관 사업의 성장과 국가 브랜드 가치 제고에 기여하고 있다. 2012년 한류의 경제적 파급효과가 12조 원에 이를 것이라는 전망도 나오고 있다.

열광적인 대중문화 현상이 있으면 그 원인을 찾고 의미를 부여하려는 학자들의 시도, 더 나아가 국가의 의지가 있기 마련이다. 이는 대중문화뿐만 아니라 올림픽 등 스포츠 세계에서도 흔히 볼 수 있는 현상이다. 하지만 한류 열풍의 근본적 원인이 일부 전문가들이 생각하듯이 한국 전통문화로부터 기인한 것인지에 대해서는 비판적인 고찰이 필요하다.

첫째, 한류 열풍의 신호탄이 된 K-드라마에서 〈허준〉, 〈대장금〉 같은 전통 사극이 한 부분을 차지하는 것은 엄연한 사실이지만 콘텐츠의 전반적인 스토리텔링 흐름으로 볼 때 한류 전체가 한국 전통문화에 대한 외국인들의 동경에서 기인한다고 볼 근거는 미약하다. 둘째, K-팝의 경우는 한국 전통문화의 중요 요소와 상관관계를 찾아보기 어렵다.

한류 현상을 분석할 때 빠뜨릴 수 없는 것이 IT 산업의 영향력이다. 특히 K-팝의 경우에는 유튜브 같은 동영상 제공 서비스와 SNS의 도움을 받은 바가 크다. 또 인종, 종교, 지역에 대한 편견을 갖기보다는 재미(fun)를 기준으로 콘텐츠를 선택하는 소위 M세대(mobile generation)의 전 세계적 행동 양식 변화도 일조했다고 볼 수 있다. 일본의 여고생, 브라질의 전직 축구 선수, 말레이시아의 대학생 등 K-팝의 인기를 세계로 확산시키는, 이른바 '빅 마우스(big mouth, 소문을 퍼뜨리는 사람)'는 다양하다. K-팝 확산의 일등 공신은 유튜브, 트위터 등 소셜 미디어다. 그리고 그 소셜 미디어를 만들어가는 것은 수많은 평범한 사용자다. 방송사와 대형 기획사가 아니라 'K-팝 팬의 친구들'이 K-팝을 확산시키고 있는 것이다. 한류의 발원지를 추적하고 실제로 한류 확산에 영향을 미치는 사람들을 파악하면 대부분은 한류 팬으로 시작해 관련 정보를 모으다 '정보의 허브'가 된 아마추어 전문가들이다.

최근 영국 등 유럽에서 한국 걸그룹의 뮤직비디오를 보고 열광하는 서양 청소년들의 동영상을 유튜브에서 많이 찾아볼 수 있는데, 동양인과 아시아 문화에 대한 선입견과 편견을 가진 기성세대와 달리 서구의 M세대는 재미만 있으면 어떤 나라와 문화든 받아들일 준비가 되어 있는 것이다. 이는 대중문화의 한류 열풍을 어떻게 해서든 한국

전통문화와 연결하려는 일부 정책 담당자들이나 학계의 시도에 시사
점을 준다.

한국인의 성격, 조급한가?

　　　　고려조와 조선조 선비들이 세상과 자연을 대하는
태도를 살펴보면, 오늘날 한국인들에게 보이는 소위 '빨리빨리'의 긍
정적 측면인 추진력이나 부정적 측면인 조급성을 찾아보기 어렵다.
그 예로 몇 가지 시조와 한시를 살펴보고자 한다.

우선, 조선 중기의 문신 유자신(柳自新, 1541~1612)의 시조다. 임진왜
란과 광해군 시대 정쟁의 소용돌이를 지나면서 광해군의 장인이었던
그는 인조반정 때 관작과 봉호가 추탈되었고, 세 아들 희분, 희발, 희
량은 처형·유배되었다. 그 격랑의 세월을 보내면서도 그의 시는 못내
여유롭고 자연을 먼발치에서 조망하는 태도를 보인다.

　　추산이 석양을 띠고 강심에 잠겼는데
　　일간죽 둘러메고 소정에 앉았으니
　　천공이 한가히 여겨 달을 조차 보내도다

인간의 의지로 세파를 거스르기보다는 차라리 자연의 일부가 되
는 선비의 자태에서는, 우리 시대가 안고 있는 '빨리빨리'의 근본 원
인인 과잉 불만과 불안이 모두 소소한 세상사로 여겨지는 듯하다.

둘째는 조선 초기 종실인 월산대군(月山大君, 1454~1488)의 시조다.
월산대군은 왕위 계승에서 가장 유리한 위치를 점하고 있었으나 권

양팽손의 《산수도(山水圖)》. 늦은 봄의 한가로운 강변 풍경을 그렸다.

신들의 농간으로 좌리공신에 책봉되는 운명을 맞아 현실을 떠나 자연 속에 은둔해 조용히 여생을 보내야 했다. 그의 동생 자을산군이 성종으로 즉위한 것은 세조비 정희왕후가 세조의 유명을 받들어 시행한 것이라고 하지만, 실제로는 권신인 동시에 성종의 장인인 한명회의 농간에 의한 것이었다. 이러한 정치적 격랑 속에서도 월산대군이 삶을 바라보는 태도는 오늘날 받아들이기 어려울 정도로 초월적이다.

추강에 밤이 드니 물결이 차노매라
낚시 드리치니 고기 아니 무노매라
무심한 달빛만 싣고 빈 배 저어 오노라

　다음은 조선조 전기 학자이며 화가인 학포(學圃) 양팽손(梁彭孫, 1488~1545)의 한시다. 양팽손은 1510년 조광조(趙光祖)와 함께 생원시에 합격하고 1516년 문과에 급제하여 교리(敎理)로 재직하다 기묘사화로 삭직당했다. 그의 한시 역시 조선 사회를 주도하던 선비들의 정신세계를 잘 드러내고 있다. 말[馬]이 없으니 소[牛] 타는 즐거움을 알게

단원 김홍도의 《선인기우도(仙人騎牛圖)》. 말 타는 즐거움은 권력을, 소 타는 즐거움은 일상의 한가로움을 의미한다.

되었다는 그의 정신, 세파에 인공적인 거스름 없이 조화를 이루려는 의식 세계에서 운명을 비틀어서라도 바꾸려는 '빨리빨리'의 의지는 찾아보기 어렵다.

　　소 타는 즐거움 몰랐는데
　　말이 없으니 이제 알겠네
　　봄풀 향기로운 저녁 들길에
　　지는 해도 함께 느릿느릿

'선비'는 학식과 인품을 갖추고 유교 이념을 구현하는 주체였다. 선비는 위태로움을 당하여서는 생명을 바치고, 이익을 얻게 될 때는 의로움을 생각하는 의인(義人)이었다. 선비는 정치 세력과 사회적 지위에도 굽히지 않는 존재다. 선비는 예법과 의리의 주체요, 사회적 생명력의 원천이었다. 서구의 미의식이 정제되고 규격화되고 실용적인 것들이라면, 한국의 미의식은 규격에서 벗어난 것으로서 탈출과 미묘한 변화, 곧 일탈의 아름다움이며, 생동감 있는 율동의 미와 함께 활처럼 매끄럽게 휘어진 선을 유연하게 자랑하는 곡선적인 아름다움이었다. 규격을 거부하고 정상적이고 규범적인 상태나 정규적인 형식에서 벗어나 왜곡의 형태를 지닐 때 한국의 '멋'은 창조된다.(한승옥, 「전통문화의 현대적 변용」)

자연을 관조하고 세월을 인내하는 조선조의 정신문화는 19세기 말 외세 침략의 소용돌이 속에서 외국인의 눈에 어떻게 비쳤을까?

구한말 개화기에는 선교사 등 외국인들이 조선인들의 성격과 특성을 분석했다. 영국 성공회 주교 마크 트롤럽(Mark Trollop, 1862~1930)은 『한국의 교회(The Church in Corea)』(1915)에서 한국인에 대한 인상을 말하면서, "일본 사람들보다는 어깨 위로 머리 하나 만큼은 크며 건강하고 잘생겼다"고 했다. 특히 그는 천주교인들이 신앙을 위해 순교하는 충실함을 찬양하였으며, 조국을 위해 일제에 항거하는 등 한국인은 용기 있는 백성이라고 언급했다.

한편 구한말 미국의 의료선교사 겸 외교관으로 20년 6개월이나 조선 땅에 머물렀던 호러스 앨런(Horace Allen, 1858~1932)은 조선인들이 개천에 놓인 다리를 1년에 10개월 정도만 이용하다가 정작 다리가 필요한 여름철이 되면 한쪽으로 치워버리는 것을 늘 재미있게 생각했다. 그는 제대로 된 교각 하나 세울 생각 없이 그럭저럭, 얼렁뚱땅 하루를 보내고 해를 넘기는 한심할 정도로 태평스러운 조선인의 모습을 관찰하고 기록으로 남겼다. 앨런은 친절함, 호기심, 참을성 같은 조선인의 여러 가지 성격을 나열했지만 그가 체류할 당시에 오늘날 한국인의 특성인 '빨리빨리'의 격한 열정과 조급함을 느꼈는지는 특별히 언급하지 않았다.

일제 강점기에 조선 총독부에서는 식민지 통치를 효율적으로 펼치기 위해 어용학자들을 동원해 조선인의 성격을 광범위하고 체계적으로 연구했다. 조선 총독부의 집중적인 지원을 받은 대표적인 저작인 『조선인』(다카하시 도오루, 1921)과 『조선인의 사상과 성격』(무라야마 지준, 1927)을 살펴보면 그들이 주로 분석한 내용은, "조선인들은 표면적이고 형식적인 것을 즐긴다. 부화뇌동한다. 비겁하며 보신술에 강하다. 이기적인 판단이 강하다" 등 부정적인 측면이 주를 이루었다. 연구의 목적이 객관적이고 학술적인 분석보다 강압적 통치와 효과적인 수탈을 위한 것이었기 때문에 이는 당연한 결과였다.

조선 총독부의 어용학자들은 조선을 지방으로 나누어 조선인의 성격을 분석하고 정의하는 일도 했다. 그들은 "평안도 사람들은 성질이 강경하고 용맹하여 군인에 적합하고, 전라도 사람들은 성질이 사행, 요행을 노려 기예나 미술 공업에 능하며, 충청·경기도 사람은 지모변재에 능해 정치에 적합하다. 또한 경상·강원도 사람들은 순후 절박하여 문학에 재능이 있고 황해도 사람들은 이재에 우수해 상업에 적합하다"고 분석했다. 식민지 경영을 효과적으로 수행하기 위해 민족성을 분석한 일제 관변학자들의 저술에서도 조선인의 성격이 급하다거나 소위 '빨리빨리'의 추진력과 조급성이 조선인의 성격이라고 분석한 문헌은 찾아보기 어렵다.

　　　　　　한국인들이 '빨리빨리'로 표현되는 추진력과 조
급성을 본격적으로 보이기 시작한 시점은 1960년대 경제개발 이후라
할 수 있다. 5·16 군사 쿠데타로 정권을 탈취한 박정희는 경제개발을
통해 국민의 지지를 기대했다. 당시 1인당 국내총생산은 사회주의 계
획경제를 추진하던 북한이 오히려 대한민국을 앞서고 있었다. 소련의
무상 지원 및 동유럽 공산권 국가들과 중화인민공화국의 막대한 지
원 덕분이었다.

　국가재건최고회의 이후 선거를 통해 대통령이 된 박정희는 1960
년대부터 경제개발 5개년 계획을 도입해 수출 주도의 경제 발전 계획
을 세워 초창기에는 경공업 위주의 발전을, 그 후에는 중화학공업 위
주의 발전을 추진했다. 세계 최하위 그룹의 1인당 국민소득을 기록하
던 당시 한국 경제는 그 후 베트남전쟁 참전과 한일 수교를 계기로 일
본, 미국, 서독 등으로부터 경제·기술 원조를 받을 수 있었고, 대기업
을 중심으로 한 급격한 성장에 힘입어 '한강의 기적'으로 불리는 발전
을 이루게 되었다. 그 후 베트남전쟁에서 닦은 노하우와 중동에 영향
력을 가지고 있던 서방과의 관계를 기초로 1970년대에는 중동에 건
설 붐을 일으켰다. 박정희 대통령 사망으로 인한 혼란기에 대한민국
경제는 일시적으로 마이너스 성장을 기록했으나, 1981년 이후 1988
년의 서울 올림픽을 거쳐 1997년 아시아 통화 위기로 IMF가 개입하
기 전까지 전 세계적으로 유례없는 높은 경제성장을 구가했다.

　1970년대의 대형 국가 인프라 건설 사업에는 꼭 따라붙는 단어가
'공기 단축(工期短縮)'이었다. 엄청난 공사를 완성하며 세계의 주목을

단군 이래 최대의 토목공사로 불린 경부고속도로 건설은 당초 계획보다 1년 앞당겨진 1970년에 완공되었다.

받는 것도 당시에는 신기한 일이었지만 항상 공사 기간을 단축하는 것을 당연한 일로 받아들인 것이 1960년대와 1970년대의 우리 현실이었다. 이는 자원의 효율적이고 생산적인 배분을 의미하기도 했지만 눈부신 성과가 무색하게도 총체적 부실로 이어지는 비극의 시작이기도 했다.

　1960년대 '빨리빨리'식의 개발 현장에서 벌어진 참사 중 하나가 와우아파트 붕괴 사고다. 당시 신촌 와우아파트의 터는 이미 아파트를 짓기 전부터 문제를 일으켰다. 대규모 붕괴 사고가 나기 나흘 전에 건물의 벽에 갑자기 금이 가서 주민들이 대피하기까지 했다. 참사는 갑자기 일어난 것이 아니라 예고된 것이었지만, 졸속 행정에 찌든 시 당국은 모든 검사를 통과한 이상 없는 건물이라고 장담했고, 금이 간 건물에 손도 대지 않았다. 1970년 4월 8일 와우아파트 가운데 1개 동

281

이 주저앉았다. 5층 규모의 아파트 한 동이 무너지면서 33명의 압사자를 냈다. 참사 후 조사에 따르면, 설계가 잘못됐다는 진단에서부터 싼 공사비를 이유로 재하청 부실 기업이 철근, 시멘트 등의 건설 자재를 제대로 사용하지 않은 것이 주원인이었다는 등 다양한 진단이 있었다. 결론은 총체적인 부실이었다. 당시에 이와 같은 현상은 와우아파트에만 해당하는 것이 아니었다. 시민 아파트 건설은 당시 서울시장인 김현옥 씨가 1968년 12월 판잣집 등 불량 건축물 정리와 변두리로의 인구 분산을 위해 3년 계획으로 아파트 2000동을 지어 무주택자 13만 가구를 수용하겠다고 발표한 뒤 본격화되었다. '불도저'라는 별명을 갖고 있던 김현옥 시장이 도시 재개발이라는 명분 아래 밀어붙인 것이다. 불도저 같은 무리한 의욕이 날림 공사와 어처구니없는 대형 참사를 부른 것이다. 무책임한 소위 '빨리빨리'식 행정이 낳은 비극이었다. 이러한 참사에도 불구하고 정치·경제계의 상당히 많은 유명 인사들이 '불도저'라고 불리는 것은 우리 현대사의 아이러니가 아닐 수 없다.

1970년대 박정희 정부가 진력을 다하던 소위 '조국 근대화 사업' 중 가장 중요한 성과는 경부고속도로 건설과 포항제철 준공이었다. 하지만 이처럼 국가의 명운이 걸린 사업에서도 빠지지 않던 말이 '공기 단축'이었다.

총연장 428킬로미터에 305개의 교량과 터널이 포함된, '단군 이래 최대의 토목공사'로 불리던 경부고속도로 공사는 다른 대형 공사와 마찬가지로 당초 계획보다 1년이 앞당겨져 완공되었다. 개통식에 참석한 박정희 대통령은 "가장 싼 값"으로 "가장 빨리" 이룩한 예술 작품이라며 감회에 젖었다.

포항제철 건설 현장을 시찰 중인 박태준 전 포철 회장.

1970년대에 정부는 기간산업에 총력을 기울였다. 그 선두 주자가 종합제철소 건설이었다. 양질의 철강재를 안정적으로 공급함으로써 조선, 가전, 자동차 등 기타 국가 산업 발전의 근간을 더욱 공고히 할 수 있다는 전략이었다. 실제로 포항제철이 없었다면 1970년대 이후 한국 경제의 성장 스토리는 쓰지 못했을 것이라는 평가가 많다. 하지만 이처럼 국가의 명운이 달린 건설 과정에서도 '빨리빨리'식의 추진력은 빠지지 않았다.

1970년 4월 영일만 앞바다에 첫 제철 공장을 착공한 포항제철은 초대 박태준 사장 특유의 돌파력과 리더십으로 난관을 극복해나갔다. 그는 끊임없이 자신과 임직원들을 독려했고, 불량 공사가 발생했을 때는 과감히 폭파해 완벽 시공의 의지를 강하게 나타내기도 했다. 수없이 공기 단축을 반복한 끝에 1973년 6월 드디어 포항제철은 본격적인 생산을 시작했다.

'빨리빨리'는 남한만의 현상이 아니었다. 북한도 소위 '천리마운동', '속도전운동' 등으로 주민들을 경제개발 현장에서 최선을 다하도록 다그쳤고, 1970년대 이전에 이러한 동원 운동은 어느 정도 성과를 거두게 되었다.

김일성 주석이 천리마운동으로 생산 속도를 다그쳤던 반면, 후계자 김정일 국방위원장은 비약적인 생산 속도를 뜻하는 소위 '만리마'란 용어를 동원하여 주민들에게 각 산업에 대한 생산성을 끌어올릴 것을 독려했다. 김정일 위원장 사후 노동당 기관지 『노동신문』에서는 "지난 세기 70년대의 나날, 장군님께서는 수십, 수백 년이 걸려야 할 대건설을 속도전을 벌여 이뤄놓으셨다. 우리 인민을 만리마에 태워 기적적 승리와 변혁을 이룩하셨다"고 김 위원장을 찬양했다. 북한 당국은 김일성경기장, 주체사상탑, 개선문, 인민대학습당, 빙상관, 평양산원, 창광원, 청류관, 서해갑문, 5월1일경기장, 평양제1백화점, 상원시멘트연합기업소, 창광거리, 문수거리, 청춘거리, 광복거리, 평양고려호텔 건설 등을 김 위원장의 업적으로 거론했다. 특히 검덕광업종합기업소 제3선광장을 1년 만에, 서해갑문을 5년 만에 완공한 것에 대해 "경이적인 속도"라고 평가했다. 소위 '빨리빨리'의 문화는 남과 북이 다를 바가 없다는 것을 보여주는 것이다. 아이러니하게도 최근 한국의 정재계에서 '속도전'이란 말이 자주 등장하는데, '빨리빨리' 정신에서는 남북이 차이가 없다는 반증인 듯하다.

제2차 세계대전 이전 서구 제국주의 국가로부터 침탈을 경험하지 않은 나라는 태국, 스위스, 남아메리카 국가 등 소수에 불과하다. 아시아와 아프리카 국가 대부분은 제국주의의 식민지가 되었다. 식민지였던 한국이 50여 년의 짧은 세월에 경제 대국과 민주적 정치 체계를 이룩한 데는, 즉 서구에서 약 200여 년이 걸린 일을 50년 안에 따라잡는 데는 모든 분야에서 4배 이상의 속도가 필요했던 것이다.

한국의 '빨리빨리' 문화를 만들어낸 요소 중 하나는 신분 상승 가능성이었다. 한국의 근대화를 이끌었던 주요 인물들, 즉 정계의 박정희, 김대중 전 대통령, 재계의 정주영, 이병철 등의 인사들은 양반 명문 세가 출신이 아니었다. 일제 침탈기, 한국전쟁, 5·16 쿠데타 등을 통해 기존 지배층이 몰락하면서 그 틈을 비집고 올라갈 수 있는 '개천에서 용 나는' 식의 신분 상승이 가능했던 것이다. 따라서 나도 할 수 있다는 도전 정신과 자신감이 승부욕과 적극성을 불러일으켰다고 할 수 있다.

마지막으로 '빨리빨리' 문화를 이끌던 심리적 요인 중 하나는 안보 불안이다. 한반도 주변의 강대국들이 전 세계 군비의 약 60퍼센트 이상을 지출하고 있는 상황에서 남북을 막론하고 한반도에 사는 사람들은 잠재적으로 원초적 불안감에서 벗어날 수 없다. 특히 북한에서 암암리에 추진하는 핵무기 개발과 미사일 발사 움직임은 그 불안감을 더하는 요인이다.

**빨리빨리,
계속될 것인가?**

20세기 한국인들의 삶을 나타내는 그래프는 항상 극단적인 커브를 보여주었다. 1960~1970년대의 경제성장, 수출량 증대, 베이비붐과 인구 증가율, 1970년대 이후 대학 진학률 등 거의 모든 사회 지표가 가파른 상승세를 보였다. 하지만 불행히도 역으로 가파른 커브가 2010년대 이후 고령화사회로 진입할 때도 나타날 것 같다.

285

65세 이상 인구가 총인구에서 차지하는 비율이 7퍼센트 이상일 경우를 고령화사회라 하고, 14퍼센트 이상일 경우 고령사회, 20퍼센트 이상일 경우 후기 고령사회 혹은 초고령사회라고 한다.

2008년 7월 현재 한국의 65세 이상 노인 인구는 501만 6000명으로 전체 인구의 10.3퍼센트에 이르며, 2026년에는 전체 인구의 20퍼센트에 이를 것으로 추정된다. 국제연합(UN)의 추산에 따르면 2025년에 65세 이상 인구가 총인구에서 차지하는 비율은 일본 27.3퍼센트, 스위스 23.4퍼센트, 덴마크 23.3퍼센트, 독일 23.2퍼센트, 스웨덴 22.4퍼센트, 미국 19.8퍼센트, 영국 19.4퍼센트로 예측되고 있다. 즉 한국은 고령화사회에서 세계적인 초고령사회로 진입하게 되는 것이다. 이것은 1970년대와 1980년대에 '빨리빨리' 문화를 이끌던 청장년층이 이제 행동이 상대적으로 느려지는 노인들로 변하고 있다는 것을 의미한다.

또 하나의 변화는 '빨리빨리' 문화의 저변에 있던 신분 상승의 기대를 더는 실현하기 쉽지 않다는 점이다. 개천에서 용 나는 신화는 이제 찾아보기 어렵게 되었다. 외환위기 이후 신자유주의 무한 경쟁 체제가 확산되면서 우리 사회에서 계층 이동의 사다리는 완전히 끊겼다. 과외 금지 기간(1980~2000) 동안 중·고교를 다닌 세대가 하위 계층에서 상위 계층으로 올라선 확률이 현재보다 7.3퍼센트 높았다. 또 이는 서울대 입학생의 부모 직업 변화에서도 확인된다. 2011년 신입생 중 아버지가 농·축·수산업에 종사하는 학생의 비율은 1998년의 3분의 1 수준에 그쳤다. 아버지가 고졸인 입학생의 비율도 매년 줄어드는 추세다. 건강한 사회일수록 계층 이동의 통로가 열려 있어야 하는데, 지금의 한국 사회는 부의 편중이 심해 계층 이동 자체가 불가능한 상황이다. 따라서 좀 더 균등한 교육 기회를 보장받을 수 있도록 사회 전반의 시스템을 보완할 필요가 있다.

성취 의지와 안보 불안감, 그리고 짧은 기간의 압축 성장으로 인해 자연스럽게 나타난 '빨리빨리' 문화유전자. 초고령사회와 통일 한국의 시대에도 계속 그 특성이 나타날지 아니면 과거와 같은 여유와 느림의 시대로 회귀할지는 계속해서 살펴봐야 할 문제다.

역동성, 열정과 희망의 또 다른 이름

박신희(대중문화평론가, 블로그 '중국 대중문화 연구소' 운영자)

'역동성', 힘차고 활발하게 움직이는 성질

역동적인 디자인, 역동적인 공연, 역동적인 경제, 역동적인 시장, 역동적인 몸짓, 역동적인 필체, 역동적인 도시, 역동적인 국민, 역동적인 문화, 역동적인 운율……. '역동적'이라는 말은 우리 삶의 곳곳을 표현하는 힘찬 단어다. 역동적인 모습은 기운찬 모습이다. 역동적인 모습은 최선을 다해 자기가 가진 온 힘을 쏟아내는 모습이다. 그렇기 때문에 사람들은 역동적인 모습을 좋아하고 역동적 또는 역동성이라는 단어를 좋아한다.

사전적 의미로 역동성이란 "힘차고 활발하게 움직이는 성질"을 뜻한다. 역동성이란 단어를 나름대로 해부해보자면, 이 단어 속에는 '빨리빨리', '열정', '동기' 등 다양한 인자들이 내포되어 있다. 이러한 인자들은 서로 결합하고 분해되며 나름대로의 심리적 상태와 외형적 현상을 만들어낸다. 역동성이란 이러한 인자들의 개별적 존재감의 정

288

도와 인자들 간의 결합과 분해가 얼마나 활발하게 이뤄지느냐에 따라 강도가 결정된다고 할 수 있다. 즉 개별 인자의 존재감이 높고 인자들 간의 결합과 분해가 활발할수록 역동성은 강해진다. 한국 문화를 대표하는 문화유전자 중 하나로 '역동성'이 꼽힌다는 것은 한국 문화 속에 그러한 인자가 강하게 자리 잡고 있다는 의미다.

외국인도 인정하는 한국 문화의 역동성

"한국은 역동적이다", "한국은 역동성이 느껴진다"라는 말은 이제 새롭지 않다. 한국과 역동성이라는 것을 연계하는 것이 억지스럽거나 부자연스럽지도 않다. 한국에서 살아가는 우리 스스로가 "한국은 역동적이다"라는 말을 나름대로 인정하고 있기 때문이다.

일반적으로 '역동성'을 느낀다는 표현은 어떤 강한 힘의 운동을 느꼈을 경우에 사용한다. 역동성이란 단어 자체가 힘의 동적인 특성을 구체적으로 강조한 말이기 때문이다. 예를 들어 질주하는 자동차, 초원을 달리는 말, 춤추는 무용수, 황무지에서 발전해가는 도시, 힘 있는 오케스트라의 연주, 승리를 기원하는 응원의 몸짓 등에서 우리는 역동성을 느낀다. 그러나 역동성은 단지 눈에 보이는 동적인 측면에서만 느껴지는 것이 아니다. 보이지는 않지만 심리적인 강한 움직임만으로도 역동성을 느낄 수 있다. 창의적·적극적·긍정적·진취적인 심리 상태, 예컨대 새로운 것을 만들어내는 발상의 전환, 삶에 대한 강인한 희망, 어려움에 대한 극복 의지, 흥에 겨운 신바람 등에서도 우리는 역동성을 느낄 수 있다.

외국인들도 한국의 역동성에 대해 자주 얘기한다. 독일 지멘스 사의 최고전략책임자였던 호르스트 카이저 씨는 "한국은 역동성·융통성·인간미를 느낄 수 있는 나라이며, 특히 한국인의 역동성은 한국에서 모든 일을 빨리 돌아가게 하는 힘이 되고 있다. 이것은 주변국의 오랜 침탈에도 안으로만 삭여오던 억눌린 감정이 환경의 변화를 맞아 갑자기 솟구친 것으로 볼 수 있다"고 설명했다. 프랑스 아비뇽 연극제 집행위원장인 베르나르 페브르 다르시에 씨는 "한국 문화의 특징을 한마디로 표현한다면 놀랄 만한 역동성, 이니셔티브, 일하는 능력이라고 할 수 있다"고 얘기했다. 또 주한 영국 대사인 스콧 와이트먼 씨는 "한국의 역동성에 반했고, 이 역동성이 한국 경제를 성장시켰다고 생각한다"고 언급했다. 이제 "한국은 역동적이다"라는 말은 한국인이나 외국인 모두가 한국의 경제·문화·역사적인 측면을 설명할 때 보편적으로 사용하는 표현으로 자리 잡았다.

한국의 역동적인 모습은 경제, 문화, 역사 여기저기에서 찾아볼 수 있다. 경제적으로 폐허 속에 놓였던 한국은 불과 한 세기도 걸리지 않아 세계가 주목할 만한 경제성장을 이뤄냈다. 한국은 외환위기 사태를 이겨내고 아시아를 넘어 세계 경제 대국으로 성장하며 G20 의장국이 되었으며 IT, 자동차, 정유 등의 분야에서 세계적인 기업들을 배출하여 일본, 중국과 더불어 아시아에서 세계 경제성장에 기여하는 영향력 있는 경제 단위로 성장했다. 문화적으로는 아시안게임과 올림픽, 월드컵 그리고 세계박람회 등 세계적 규모의 행사를 잘 치러냈다. K-팝, 백남준의 비디오 아트, 〈난타〉, 비보이 공연, 사물놀이 등 한국적 정서가 담긴 문화적 코드도 세계적인 문화 코드로 확산되고 있다. 특히 K-팝은 한국 문화를 세계에 전파하는 첨병으로서, 한국의 에너지를 전 세계에 전달하는 큰 역할을 하고 있다. 역사적으로 한국

한국인 특유의 역동적인 문화 코드는 이제 세계적인 문화 코드로 확산·발전하고 있다.

은 일본과 중국 등 주변국으로부터 수많은 침략을 받으면서도 굳건히
나라를 지켜왔다. 한국은 일본의 침략으로 식민지 시대를 겪었으며
한국전쟁을 거치며 지금까지 분단국가로 남아 있다. 주변국의 끊임없
는 영토 확장 야욕으로 인해 영토 주권 문제도 지속적으로 발생하고
있다. 이러한 경제적·문화적·역사적 상황으로 말미암아 한국은 우리
스스로 그리고 외국인들도 역동적이라고 느끼는 나라가 되었다.

역동성, '열정'의 또 다른 이름

옥스퍼드 사전에서는 열정(熱情, Passion)을 "인간 정신에 강하게 영향
을 주거나 움직이는 정서의 일종"으로 정의내리고 있다. 열정은 부정

2002년 월드컵은 한국인의 긍정적인 열정이 한꺼번에 폭발하는 계기가 되었다.

적인 측면으로는 집착과 혼란, 극단적이고 비이성적인 행위를 불러오는 것으로 해석되는 반면, 긍정적으로는 강렬한 동기, 도전과 희망, 활력과 몰입의 행위로 해석된다. 이러한 '열정'은 오늘날에는 부정적인 의미보다는 긍정적인 의미로 더 많이 이해되고 있다.

긍정적인 면에서 열정의 의미는 다시 말해 강한 정서에서 나오는 동기화된 힘, 즉 추진력이다. 열정은 개인의 한계를 넘어 자신이 좋아하는 일에 적극적으로 참여하게 함으로써 원하는 바를 성취하게 해준다. 예를 들어 최상의 연주, 최고의 그림을 위해 끝없이 연주 기법과 화법을 연마하는 예술가들이나, 신체적 한계를 극복하기 위해 수없이 연습하고 단련하는 체육인들, 또 비단 이들만이 아니라 만족할 만한 성과를 얻기 위해 자신의 분야에서 손발이 부르트도록 노력하는 모든 사람들은 열정적인 삶을 살고 있는 것이라 할 수 있다. 누가 강요하지 않아도 자신의 만족을 위해 힘차게 매진하는 열정은, 긍정적 사고를 통해 목표에 이르게 해주는 힘찬 에너지다.

2002년 월드컵은 우리로 하여금 '도전과 희망'이라는 열정에 흠뻑 빠져들게 해주었다. 축구 시합이 있을 때마다 사람들은 거리로 삼삼오오 몰려나왔다. 한결같이 몸에 걸친 붉은색 티셔츠만큼이나 얼굴이 빨개지도록 열정적으로 한국 팀을 응원했다. 언제 어디서나 "대~한민국"이란 구호만 들리면 사람들은 반사적으로 "짝짝짝~짝짝"하고 장단을 맞추며 손뼉을 쳤다. 시청 앞에 모여 외치던 함성, 경기장에 울려 퍼지던 외침, 서로 얼싸안으며 느끼던 환희는 대한민국 여기저기를 열정적인 에너지로 충만하게 했다. 우리는 2002년 월드컵에서 긍정적인 측면의 열정이란 것이 무엇을 의미하는지 전 세계에 확실히 보여주었다. 승리를 염원하는 우리 국민의 커다란 애정과 헌신을 아낌없이 드러내 보인 것이다. 경기가 진행될 때마다 붉은색의 응원 인파는 점점 늘어나, 한국과 독일의 경기에 이르러 서울에서만 약 240만 명이 거리 응원에 나섰다. 광화문과 시청 앞 광장을 가득 메운 100만여 명의 붉은 악마는 세계인에게 한국인의 열정을 느끼게 하기에 충분했다. 그 폭발적 열정에 한국인 스스로도 놀라워했으며, 그동안 한국인의 열정을 '빨리빨리'를 외치는 것으로만 이해하던 외국인들도 한국인들이 지닌 진정한 열정의 힘과 아름다움, 그리고 역동성을 여실히 알게 되었다.

'빨리빨리'의 긍정적 승화

역동성을 얘기하자니 '빨리빨리'라는 단어 또한 빼놓을 수 없다. '빨리빨리'는 한국의 민족성이라고까지 일컬어지며 외국 신문이나 TV에 한국을 대표하는 문화적 코드로 소개되기도 했다. 따라서 '빨리빨리'라는 말은 외국인들이 가장 많이 접하는 한국어 중 하나이며, 외국인들이 한국을 생각할 때 자주 떠올리는 단어이기도 하다.

실제로 지금도 한국에서 '빨리빨리'의 모습은 쉽게 발견할 수 있다. 어느 설문조사에서 외국인이 뽑은 한국인의 '빨리빨리' 문화의 단편적인 모습을 보면 "커피 자판기에서 컵 나오는 곳에 손을 넣고 기다린다/ 화장실에 들어가기 전에 지퍼를 먼저 내린다/ 웹사이트가 3초 안에 안 열리면 닫아버린다/ 삼겹살이 익기도 전에 먼저 먹는다/ 화장실에서 볼일을 보는 동시에 양치질을 한다/ 음식을 시키고 '빨리빨리'라는 말을 자주 한다" 등이 있다. 외국인이 보는 한국인의 '빨리빨리'는 긍정적인 면보다 부정적인 면이 많다.

'빨리빨리'의 부정적인 측면은 '조급성'이다. '조급성'은 무엇이든 성급하게 일을 해치우려는 성질이다. '빨리빨리'가 '조급성'으로 나타나면 자동차를 빨리 몰거나, 조금이라도 늦으면 짜증을 내거나, 일의 완벽함보다는 빨리 끝내는 데 중점을 두거나, 기다리는 데 익숙지 않아 답답해하거나, 식사 시간을 즐기기보다는 빠르게 먹고 끝내버리는 모습 등으로 표출된다.

이런 경우에는 짜증을 내거나 안절부절못하거나 불안해하거나 화를 내는 일도 흔하다. 많은 샐러리맨들이 직장에서 상사의 조급성 때문에 짜증스러운 경우를 당해본 경험이 있을 것이다. 다음 날까지 마쳐도 되는 일을 매시간 다 됐냐고 물어보는 상사를 만나면 직장 생활이 결코 즐겁지만은 않다.

그러나 동전의 양면처럼 '빨리빨리'에도 부정적인 측면만 있는 것이 아니라 긍정적인 측면도 있다. '빨리빨리'의 긍정적인 측면이 바로 '역동성'이다. 이처럼 '역동성'이 실린 '빨리빨리'는 일을 추진할 때 신속하지만 정확하게 일을 해내는 것을 의미한다. '빨리빨리'가 '역동성'으로 나타나면 일이 늦어지지 않도록 야무지게 처리하거나, 정해진 시간 안에 빈틈없이 처리하는 노력으로 표출된다. 직장에서 상사의 역동적인 모습은 직원들의 모범이 될 수 있다. 열정을 가지고 빈틈없이 일을 추진하는 상사를 만나면 직장 생활이 좀 더 편안해진다.

'빨리빨리'는 '조급성'과 '역동성'이라는 두 가지 모습으로 한국에 상존한다. 식민지 경험과 전쟁으로 어려운 시절을 겪으면서 우리 국민은 먹고살기 위해 열심히 뛰어다녀야만 했다. 치열한 경쟁을 하며 한 발이라도 앞서 가기 위해 남들보다 조금이라도 빨리 움직여야 했다. 그러나 한국 경제를 지금처럼 성장시킨 원동력은 '조급성'이 아니라 '빨리빨리'의 긍정적인 측면인 '역동성'이다. 건성으로 빠름만을 중요시하는 '조급성'이 아니라 신속하지만 야무지고 빈틈없는 일처리를 추구하는 '역동성'이 그 밑바탕이다.

속도가 최고의 경쟁력 중 하나인 IT 기술에서도 이는 마찬가지다. 최근 한 통신회사에서는 무선 통신 서비스인 LTE 광고를 하면서 "빠름 빠름"이라는 광고 카피를 선보였다. '빨리빨리'를 자주 외치는 한국인의 기질과 무선 인터넷의 경쟁력인 속도를 잘 아우른 광고다. 그런데 만일 이 회사가 광고하는 LTE 서비스가 빠르긴 하지만 잘 끊기고 원활한 서비스를 제공하지 못해 품질이 좋지 않다면 어떻게 될까? 아마도 "빠름 빠름"이라는 문구만큼이나 빠르게 소비자들에게 욕을 먹을 것이다. 그러므로 이 문구는 비단 '빠르다'는 것뿐 아니라 서비스 품질에도 자신이 있다는 것을 간접적으로 표현한 것이라고 보는 것이 옳을 것이다.

닮은 듯 다른 '만만디'와 '빨리빨리'의 역동성

한국 하면 '빨리빨리'가 떠오르듯 중국 하면 '만만디(慢慢的)'를 떠올리는 사람들이 많다. '만만디'는 '천천히, 느리게'라는 뜻이다. 긍정적으로 보면 유유자적하는 모습이지만 부정적으로 보면 게으른 모습을 연상시킨다. 한 중국 책에 이 '만만디'를 설명하는 일화가 있는데, 내용인즉 외국인이 중국인 수리공에게 자전거 수리를 맡겼다가 수리가 너무 늦어져서 불평하자 수리공이 "빨리빨리 하면 완벽하지 못할 수 있다"고 대답했다는 이야기다. 여기에서 말하는 '만만디'에는 '느리지만 실수 없이'라는 의미가 내포되어 있다. '빨리빨리'에 '빠르지만 정확하게'라는 뜻이 담긴 것과 닮은꼴이다.

개인적으로 중국에서 한국 기업의 주재원으로 근무하고 또 중국 회사를 설립해 운영하면서 중국의 '만만디' 상황을 자주 접해보았다. 또 그들이 한국인의 역동성을 어떻게 평가하는지도 자주 들었다. 한국 직원과 같이 일해본 중국인들은 한국인들의 '빨리빨리' 문화에 대해 얘기하면서 업무에 대한 열정을 높이 평가하는 경우가 많았다. 한국인들은 왜 그렇게 열심히 일하는지 모르겠다며 의아해하면서도 그 열정에 기가 눌려 같이 일하기 무섭다고 말하는 사람도 있었다. 반면 중국인들과 같이 일해본 한국 직원들은 그들이 소극적으로 시키는 일만 하고 시간을 마냥 흘려보낸다고 느끼다가도, 반드시 필요한 경우에 보여주는 대단한 추진력에 놀란 경험이 많다고 말한다.

한번은 중국인 사업가 친구들과 함께한 저녁 식사 자리에서 이런

저런 사업 얘기가 오가다가 특정한 사업 아이템 이야기가 나왔다. 그러자 모두들 집요하게 그 이야기를 파고들었고, 그 아이템으로 수익을 낼 수 있다는 확신이 생기자 채 30분이 되지 않아 그 자리에서 우리 돈으로 십수 억 원의 자금이 마련되었다. 엄청나게 빠른 속도였고, 누구 하나 상대방의 투자 의지를 의심하지 않았다. '빨리빨리'라면 결코 뒤지지 않는 나로서도 놀라지 않을 수 없는 빠른 결정력이었다.

지난 10년간 중국의 경제성장률은 평균 9퍼센트를 넘었다. 놀랄 만한 수치다. 하루가 다르게 변하는 중국 대도시들의 도심 스카이라인을 보면 누구라도 그 역동성을 느낄 수 있다. 이와 같은 중국 경제의 역동성은 결코 '만만디' 정신에서 나오는 것으로는 느껴지지 않는다. 그 역동성은 1980년대와 1990년대에 한국 경제 발전의 바탕을 이룬 '빨리빨리'의 역동성과 크게 다르지 않다.

그러나 앞서 설명했듯이 역동성은 경제성장처럼 단지 보이는 수치에만 의존하지 않는다. 문화와 역사 그리고 보이지 않는 심리적 상태에도 기인한다. 따라서 경제성장의 동적인 느낌으로 감지할 수 있는 중국과 한국의 역동성은 비슷할 수 있으나, '만만디'와 '빨리빨리'라는 서로 다른 갈래에서 나온 두 나라의 문화적 역동성은 외국인이 보기에 차이가 있을 수 있다. 실제로 외국인 친구들이 중국과 한국을 비교하는 얘기를 들어보면 "한국은 사회, 경제뿐만 아니라 문화 그리고 한국인 자체도 역동적이다"라고 말하는 반면, 중국에 대해서는 사회, 경제는 역동적이지만 중국 문화나 중국인이 역동적이라고 표현하는 경우는 많지 않다.

절망을 이겨내는 희망의 역동성

최근의 한국 문화는 역동적이다. 다양한 문화 분야에서 현실에 안주하지 않는 힘찬 움직임들이 솟구치고 있다. 문화·예술계에서 세계와 소통할 수 있는 철학과 정체성을 갖춘 인재들이 한국 문화를 세계의 중심으로 이동시키고 있다. 〈난타〉의 활력, 비보이들의 공연에서 표출되는 생동감, 사물놀이의 신명 등 재미있고 독특하면서도 신나는 한국 문화는 세계인의 주목을 받으며 재해석되고 있다. 최근에는 한국 영화와 K-팝이 세계 속의 문화로 성장하고 있다. 특히 K-팝은 수많은 한류 스타를 배출하며 전 세계를 열광시키는 음악 장르로 성장했다. 최근에는 싸이의 〈강남 스타일〉이 유튜브에서 천문학적인 조회 수를 기록하며 가수와 노래가 모두 세계적인 인기몰이를 하고 있다. 이는 싸이가 보여준 K-팝의 역동성이 전 세계를 매료한 것이라 할 수 있다. 이처럼 한국 문화의 역동성은 일단 감상 또는 체험을 통해 한국 문화에 접근한 사람이라면 누구나 감각적으로 느낄 수 있는 묘한 매력을 갖추고 있는 듯하다.

요즈음 세계적인 경기 침체에 따라 한국의 경기도 악화되어 전반적으로 역동성이 많이 약화되었다고들 이야기한다. 경기가 좋지 않으니 기업 활동도 움츠러들고, 경제의 활발한 움직임이 사그라지면서 사회 자체의 역동성도 엷어진 듯 느껴지기도 한다. 그러나 한국 문화의 역동성은 아직도 젊은 심장으로 팔딱거리고 있다. 수많은 공연과 축제들이 전국 곳곳에서 펼쳐지고 있고, 한류 스타들의 꿈도 여기저기서 여물고 있다. 재능과 열정을 겸비한 많은 인재들이 한국 문화의 발전을 위해 열심히 달리고 있다. 한국 문화의 역동성은 아직 혈기왕성

태권도와 전통 무용, 비보이가 함께 어우러진 탈(TAL) 공연 장면. 전통과 현대가 만나 새로운 역동성을 만들어낸다.

한 청춘으로 보인다.

학창 시절 이중섭의 〈흰 소〉는 그 역동성으로 유명한 작품이라고 배운 기억이 있다. 우리가 배운 그 역동성은 단순히 소의 힘찬 움직임만을 의미하지는 않는다. 그것은 작가 자신의 절망과 분노를 어루만지는 희망과 의지의 강력한 힘이 담긴 역동성이다. 한국 문화의 역동성에는 이처럼 절망을 이겨내는 희망의 힘이 담겨 있다. 이러한 역동성이야말로 우리 문화의 세계화를 이끄는 한국 문화의 유전자다.

'끈기'로 일궈낸
한국인의 힘

전경일(인문경영연구소 소장)

21세기의 글로벌 도전과
응전 방정식

21세기, 전 지구적 차원에서 세계화의 격랑이 몰아치고 있다. 세계화는 개방된 시장 환경에서 값싼 재화와 노동력을 누릴 수 있다는 효용 때문에 비용 측면에서 적잖은 절감 효과가 있다. 고객도 양질의 상품과 서비스를 이용할 수 있다는 장점이 있다. 그러나 장점이 있다고 해서 순기능만 있는 것은 아니다. 글로벌 자본과 기업들이 안방까지 치고 들어와 대한민국을 지탱해온 경쟁력은 물론 국내 내수 시장도 한순간에 무너뜨릴 위험성도 있다. 그러면 한국 경제는 당연히 영향을 받을 수밖에 없고, 그것은 위기에 노출된 개인들의 삶도 마찬가지다. 외환위기 이후 혁신 지수를 높여온 한국 경제는 급변하는 세계화의 급류에 올라타 자칫하다간 기존의 성과마저 빼앗길 위험에 처해 있다. 그렇다고 개방을 도외시한 채 방어적 태도로만 일관할 수도 없다. 개방의 폭과 깊이도 중요하지만 방법과 질이 문제라는 주장이 설득력을 얻는 것은 이 때문이다. 이제 변화의 롤러코스터에 올라탄 대한민국은 생존과 번영을 위해 무엇을 해야 할까? 우선, 변화의 급진성과 광폭성을 이해해야만 한다. 우리를 둘러싸고 있는 도전은 몇 개의 키워드로 정리할 수 있다.

우선, 세계경제를 지배하는 강력한 '초휘발성'을 꼽을 수 있다. 2008년, 전 세계적으로 금융위기가 닥쳤을 때 주가 폭락으로 400조 원의 시가총액이 증발했고, 환율 폭등으로 600억 달러(한화 60조 원)가 사라졌다. 2008년 한 해에만 전 세계의 부가 40조 달러나 증발했다. 이 돈은 100만 달러씩 써도 2728년을 쓸 수 있는 엄청난 금액이다. 우리나라에서도 하룻밤 만에 부동산 가치가 150조 원이나 증발해 국민들이 자산 급감의 허탈감을 경험한 바 있다. 검증된 것으로 믿은 세계경제 시스템은 지속성은 고사하고, 언제 닥칠지 모르는 잠재적 위험에 송두리째 노출되어 있다. 2008년에 이은 2011년 미국발 경제 '쇼크'도, 2012년 남유럽발 글로벌 위기도 여전히 위협 요인으로 작용하고 있다.

그다음 키워드는 '급이동'이다. 자산과 기회가 급격하게 이동하며 지각변동을 이끌고 있다. 예컨대 기술의 진화로 엔진 기관을 탑재한 지금의 석유 연료 자동차가 전기 차로 전환될 경우 2만 5000개의 자동차 부품 중 약 1만여 개가 사라진다. 엔진을 비롯한 부품 공급업체 1만 개가 사라질 수 있다는 얘기다. 변신하지 못하는 기업에는 치명타를 줄 수 있는 기술 변화이지만, 준비된 기업에는 엄청난 기회 요인이 된다. 위기와 기회가 상호작용하며 '급이동'하는 새로운 경제 패러다임인 것이다.

마지막 키워드는 '급출현'이다. 이른바 TGIF로 불리는 트위터, 구글, 아이폰, 페이스북 같은 회사나 상품들이 대표적인 예다. 구글은 불과 10년도 안 되어 전 세계 인터넷의 새로운 패러다임을 보여주며 시가총액 170조 원의 회사로 우뚝 섰다. 트위터나 페이스북, 아이폰도 마찬가지다.

이제 대한민국은 지속 가능성을 유지하고 강화하기 위해 무엇을 해야 할지 냉철히 따져보아야 한다. 더 이상 안전의 보호막이 쳐져 있는 내수 시장이란 없다. 경쟁은 국내외를 가리지 않고 전방위로 펼쳐진다. 애플의 아이폰이 국내시장에서 약진하는 것을 보면 '안방시장'이란 개념부터가 사라졌다는 것을 실감하게 된다. 국가적 차원의 강력한 R&D를 통해 경쟁 우위의 조건을 갖춰야 한다. 기술 역량이 떨어지면 세계시장 진출은 고사하고 국내시장마저 고스란히 내줘야 할 판이다.

오늘날 글로벌 도전은 한국인의 본질적인 혁신 역량을 제고해 조직적 역량으로 승화시킬 것을 주문하고 있다. 남다르게 차별화된 혁신 국가만이 살아남는다. 혁신의 기본은 모방 불가능한 조직 구성원의 학습과 이를 통한 준비 역량에서 나온다. 글로벌 도전은 이처럼 험난한데, 우리는 오랜 역사에 걸쳐 선조들이 보여주었던 초발 혁신가다운 모습이나 선도성 면에서 크게 의심받고 있다. 선진국과 비교해 국가적 차원의 기술 역량 격차는 좀처럼 줄어들지 않고, 역으로 중국과의 격차는 갈수록 좁혀지고 있다. 중국과의 기술 격차는 지난 2002년에는 4.7년, 2004년에는 4년으로 점점 좁혀지더니 이제는 99개 핵심 기술 부문에서 평균 2.1년으로 좁혀졌다. 이미 조선업은 수주 물량에서 세계 1등 자리를 중국에 내주었다. 상당 부분의 업종들이 추월당해 있는 상태라는 점을 감안하면 앞날은 결코 밝지 않다.

과학기술부의 분석에 따르면, 대한민국 차세대 10대 성장 동력 산업의 기술 수준은 우려스러울 정도다. 미래형 자동차의 기술 수준은 선진국과 비교할 때 연료전지 자동차의 경우 30~50퍼센트에 불과하다. 하이브리드 자동차는 20~70퍼센트, 지능형 자동차는 66퍼센트에 그치고 있다. 바이오 신약·장기 산업(60퍼센트), 차세대 전지 산업(60퍼센트), 지능형 홈 네트워크 산업·디지털 콘텐츠·소프트웨어 솔루션 산업(80퍼센트), 차세대 반도체 산업(60~90퍼센트), 차세대 이동통신 산업(80~90퍼센트)의 기술 격차도 심각하다.

1960년대 국민소득 79달러의 최빈국에서 1990년대 완제품 시장으로 진출한 쾌거는 이미 과거의 성과에 불과하다. 그간 우리의 주력 산업이었던 반도체, 정보통신, 가전, 자동차, 조선 등 주력 산업이 크게 힘을 잃어가고 있다. 세계 12위의 경제 강국이라지만 내수 부문은 보잘것없다. 글로벌 경쟁은 격화되어가는데, 우리 경제의 미래에 대한 불안감은 좀처럼 가시지 않는다. 어쩌다가 이 지경에 이르게 되었을까? 이 같은 총체적 위기 상황을 타개할 묘안은 무엇인가? 우리의 준비 역량은 어디에서 찾아야 할까?

이 같은 문제에 대한 해법을 오랫동안 한민족의 문화유전자를 형성해왔던 '끈기'에서 찾아보면 어떨까? 기술과 산업, 산업과 경제, 경제와 문화가 유기적으로 선순환 구조를 만들어온 '끈기'의 역사를 살펴보는 것은 우리의 미래를 내다보는 자아 투영적 자세라 할 것이다. 더 나아가 오늘날 한국인으로 하여금 새로운 국면에서 진로를 살펴보게 만드는 정서적·정신적 동력원으로 얼마든지 작용할 수 있다고 본다. 그 같은 사례들을 우리는 역사의 현장에서 얼마든지 찾을 수 있다.

　　　　　　　　한국 경제의 가장 큰 딜레마는 과거에
성장의 원천이었던 핵심 경쟁력이 환경이 바뀌며 핵심 경직성(core rigidity)으로 전환되는 극적인 현실에 놓여 있다는 점이다. 과거의 방식으로는 새로운 미래를 담보하는 성장 엔진을 얻기도 어렵거니와, 이전의 틀을 뛰어넘는 발상조차 할 수 없다. 그러나 부단한 노력으로 미래를 열어간 구체적 실례들이 있어 우리의 앞날에 뚜렷한 해법이 되어준다.

　　우리 역사에서 세종(世宗, 1397~1450) 시대만큼 확고한 국가 경영 마인드와 강한 의지, 부단한 끈기로 국가다운 국가를 만드는 대역사(大役事)에 뛰어든 적은 없다. 신생 조선이라는 희망의 거푸집에 새 국가를 만들기 위한 세종 정부의 각고의 노력은 당시 가장 중대한 시대적 요청이었다. 세종은 시대적 요구를 받아들여 신생 조선의 골격에 희망의 비전을 담았다. 그것은 실로 한 사람의 시대에 이루었다고는 믿기지 않는 위대한 업적이었다. 세계 역사에서도 다양한 분야에서 동시다발적으로 수많은 사업을 추진해가며 성공한 예는 찾아보기 힘들다.

　　거대한 패러다임 전환기에 세종은 선진 문물을 벤치마킹해 신생 조선에 기회를 부여하고, 외부에서 빌려온 것도 조선의 항아리에 집어넣어 새롭게 주조해냈다. 특히 과학 관련 창조의 원류는 이슬람 문명의 유산이라고 할 수 있으나, 세종은 이를 단순히 모방하지 않았다. 그보다는 조선에 맞게 독창적인 것으로 승화시켰다. 이는 유에서 더 큰 유를 창조한 '본유(本有)의 시대'를 열어젖힌 것으로 평가된다. 우리만이 가진 '독특한 역량'을 알고, 이를 국운 융성의 계기로 삼아 새

304

로운 역동성을 만들어낸 것이다. 그 독특한 역량은 곧 변화의 인식, 창조적 발상, 진정한 가치에 대한 주목으로 나타나며, 구체적이고 다양한 활동 속에서 현실화된다. 그런데 이 같은 모든 활동이 구체적인 결과물로 집약된 바탕에는 정서적·정신적 힘의 원류가 있다. 바로 '끈기'

광화문광장의 세종대왕 동상.

다. 다시 말해 어떤 역경과 난관이 있어도 포기하지 않고 끝내 이루어내는 불퇴전의 정신이다.

예컨대 세종 시대의 주요 발명품으로 낮과 밤에 시각을 측정하는 시계인 일성정시의(日星定時儀)는 원래 외부의 역량으로 만들어진 것을 창조적으로 수용·혁신하여 독창적 가치로 승화시킨 것이다. 이 발명품은 이슬람 기술을 벤치마킹해 만들어낸 것이다. 그런데 세종은 이에 머물지 않고 장영실에게 우리만의 독창적인 시계를 만들어낼 것을 주문한다. 그 대표적인 예가 옥루(玉漏)다. 이는 중국 송·원대의 자동시계와 이슬람의 물시계에 대한 문헌을 샅샅이 연구한 끝에 창조적 혁신을 통해 우리 것으로 재탄생시킨 결과물이다. 또 역법서(曆法書)인 『칠정산(七政算)』 내·외편처럼 중국과 이슬람 기술을 원용해 이를 조선의 독창적인 달력으로 혁신한 것도 원천 영역에 접근한 사례에 해당한다. 이 같은 프로젝트에는 어느 정도의 시간이 소요되었을까? 짧게는 3년에서 길게는 20년이 넘게 소요되었다. 중간에 포기하거나 좌절하고 그만둘 법도 했지만, 지속적인 도전을 멈추지 않은 결과 당대 세계 최고의 기술 발명품을 만들어냈던 것이다.

농업 분야에서도 마찬가지였다. 조선의 농업 생산성 향상을 위한 획기적인 농법서인 『농사직설(農事直說)』을 편찬하기 위해 세종은 각고의 노력을 기울였다. 3년에 걸쳐 하삼도(전라도, 충청도, 경상도)에서 농사를 가장 잘 짓는 농부들을 찾아가 그들의 암묵지(暗默知)와 명묵지(明默知)를 일괄 수집케 하고, 이를 분류·가공하여 새로운 농법을 제안한 것이다. 이 농법서로 인해 새로 등장한 농법이 매년 휴경기 없이 농사를 짓도록 토지 사용을 극대화한 연작상경법(連作常耕法)과 작물과 작물 사이의 파종을 가져온 간종법(間種法), 혼작법(混作法) 같은 것들이다. 이 같은 독자적인 농법서를 만들기 위한 노력은 하늘도 감복시킬 만한 것이었다. 이 프로젝트에는 자료 수집에만 3년이 소요되었다. 농법서의 보급과 함께 벼농사는 고려 초에 비해 같은 면적에서 약 300~600퍼센트의 생산성 향상을 가져왔다. 오늘날의 그 어떤 생산성 향상 운동보다도 효과적이고 지속적인 결과를 도출해냈던 것이다. 또 『향약채취월령(鄕約採取月令)』 편찬 시 토산 약재 수백여 종을 채취하여 약명 다음에 향명을 기재하게 하고, 춘추의 절기에 따라 채취의 시점을 명기하고, 건조 방법까지 명기하게 한 것은 민간의 지식과 경험을 끈질기게 집대성한 것으로 볼 수 있다. 여기에도 수년의 시간이 소요되었다. 이 같은 식·의생활 개선은 단순히 먹거리 문제로 국한되지 않았다. 사회 전 분야의 생산성 향상에 압도적 영향을 미쳐 경제 안정과 더불어 문화 강국을 이루는 선순환적 구조를 만들어내며 세종 시기를 르네상스기로 격상시켰다.

'끈기'를 통한 창조적 실행력이 가장 드라마틱하게 나타난 것은 바로 훈민정음(訓民正音)의 창제와 반포 과정이다. 세종은 말로만 백성 사랑을 이야기한 것이 아니라, 훈민정음이라는 지상 최고의 문자를

2008년 복원된 『훈민정음 언해본』 첫 장.

창제해 실질적으로 사랑을 표현하고 소통하고자 했다. 이 놀라운 글자는 오늘날 우리의 가장 큰 문화유산이자 정신적 뿌리이며, 세종의 국가 경영 철학이 함축되어 있는 창조물이다. 훈민정음은 세종 이전까지 가장 '치명적인 짐'이었던 불통(不通)의 시대를 청산하고 시공을 뛰어넘은 소통의 세상을 여는 데 결정적으로 이바지했다. 이는 세종이 지닌 철학의 발로이며, 동시에 그가 '근본적인 문제' 해결에 얼마나 놀라운 집중력과 끈기를 발휘했는지를 잘 보여준다.

한글 창제에 대한 반대도 만만치 않았다. 그 예가 최만리(崔萬理, ?~1445)를 비롯한 '한글 반대파'들의 준동이다. 훈민정음은 창제가 완료되었어도, 세종25년 겨울까지 기득권층의 반대 여론 때문에 시행에 옮길 수 없었다. 문자를 주요 권력 수단으로 생각하고 있던 당시 기득권층은 한글 창제에 과도하다 싶을 정도로 반발했다. 부제학 최만리를 중심으로 직제학 신석조·직전 김문·응교 정창손·부교리 하위지·부수찬 송처검·저작랑 조근 등이 대표적으로 반대했다. 그들은 한글을 그저 "신기한 재주에 지나지 않는 글자"로 폄하하며, "중화 제도를 따르지 않고 언문을 지은 것은 보고 듣는 이들이 이상하게 여길 것"이라며 이를 중국에서 알면 탄(劾)할 수 있다고까지 겁박했다. 이에 세

307

종은 어떻게 대응했을까? 정치적 이슈를 학문적 이슈로 전환하여 오히려 한글 반대파들이 음운학에 대해 공부할 수 있는 계기로 만들었다. 그 과정에서 한글은 더욱 탄탄한 이론적 배경을 갖추게 되었다. 창제에서 반포까지 만 3년이 소요되었지만, 끝내 한글을 포기하지 않은 결과는 우리의 일상생활과 소통 방식을 지배하고 있으며, 우리의 영혼에 세종이라는 임금을 불멸의 인물로 새겨놓았다. 치열하고 지칠 줄 모르는 끈기의 정신이 빚어낸 탁월성의 승리인 것이다.

세종이 재임했던 32년 동안 정력적으로 추진했던 사업들은 하나같이 국가와 민생에 중요한 국가 인프라 구축에 해당하는 것이었다. 또 그것은 하나같이 단기간에 이룩될 수 있는 것이 아니었다. 따라서 기간의 장구함만큼이나 그것을 달성했을 때의 자부심은 대단했다. 예를 들어 공법(貢法)은 확정하는 데만 26년이 걸렸고, 법전 정비에는 17년, 『오례의(五禮儀)』 정리에는 30여 년의 세월이 소요되었다. 또 훈민정음 창제에 십 수년, 『고려사(高麗史)』 편찬에 30여 년, 6진 개척에는 10여 년의 세월이 소요되었다. 이 과정에서 집현전을 필두로 다양한 조직에 소속된 요원들은 수많은 자료를 참고하였고, 수많은 기획과 실험과 실행을 감행했다. 그만큼 세종이 얻어낸 성과들은 오랜 시간 심혈을 기울여 이룩해낸 실로 값진 것들이었다. 특히 과학 및 기술 분야에서 세종이 보여준 실험 정신은 오늘날 국가적 차원의 R&D 활동보다 훨씬 크고 값진 것으로 평가된다.

세종 자신이 보여준 놀라운 정신력과 강인한 의지, 그리고 성실성은 끈기 있는 과제 수행의 원천이 되었다. 세종이 신하들과 더불어 지속적인 학습을 통한 지속 경영의 조건을 만들고자 한 것은 국가 경쟁력의 기반이 지식에 있음을 깊이 꿰뚫어보았기 때문이다. 그는 위대한 나라를 만들기 위해 한순간도 피나는 노력을 잊지 않았고, 말 그 대로 멸사봉공했다.

우리는 세종 시대처럼 변화와 도전이 몰아치는 시대의 강렬한 요 구를 인지하고, 다양한 경험, 열정과 사랑, 자기 긍정, 반복의 습관, 긍 정적 마음가짐, 사명감 같은 것들을 개발해나가야 한다. 더불어 끈기 와 지속성을 통해 이 시대의 과제들을 성공적으로 풀어나가야 한다. 그것이 오늘날 우리에게 필요한 문화유전자일 것이다.

이순신, 국가 위기를 극복한 탁월한 예측과 노력

국가적 위기 앞에 강력한 무비(武備)를 확 보하고 탁월한 전략으로 조총으로 무장한 왜군을 상대로 23전 23승 의 쾌거를 이뤄낸 이순신(李舜臣, 1545~1598)의 힘은 어디에서 온 것일 까? 이순신 장군이 국란을 극복할 수 있었던 힘의 원천은 '끈기'에 있 다고 할 수 있다. 이순신 장군이 거북선을 만들어낸 사실은 누구나 다 아는 바다. 그러나 거북선이 세 군데 선소에서 만들어졌다는 사실 을 아는 사람은 별로 많지 않다. 그 세 곳은 전라좌수영 본영 앞 선 소, 돌산 방답진의 선소, 쌍봉 선소를 말한다. 장군이 이 세 곳에서 거북선을 만든 것은 무엇 때문일까? 여기에는 숨은 이유가 있다.

우선, 목재 등 자원 채취의 용이성을 고려했기 때문이다. 거북선 건 조에는 수많은 조선 소나무가 목재로 사용되었기 때문에 원재료 조 달 차원에서 세 군데에 조선소를 운영한 것이다. 또 다른 이유는 언제 쳐들어올지 모르는 적을 상대로 싸우기 위해서는 동시다발로 거북선 을 제작해야 했기 때문에 선소를 각기 분리해 운영한 것이다. 마지막

이순신 장군 영정.

으로는, 건조 지역의 제반 조건을 반영하고 또 거북선 건조 프로젝트의 관리를 위한 일종의 백업 시스템을 구축하는 차원에서 선소를 분리한 것이다. 요즘 경영 용어로 하자면 '제작 포트폴리오'를 분산해 위험 요소를 줄이고 효과성을 높인 것이다.

그뿐 아니라 거북선 건조 후 진수식과 함께 작전 투입에 가장 적합한 곳을 골라 선소를 운영했음을 알 수 있다. 장군은 본영 선소를 남해를 통해 경상도 해역으로 출격하는 거점으로 삼았다. 방답진 선소는 고흥반도와 순천만 일대를 포함한 전라 인근 해역 출격 거점이었으며, 쌍봉 선소는 만의 가장 안쪽에 위치하여 두 선소를 지원하는 기능을 했다. 그래서 각 선소 간 거리는 쌍봉-본영 7킬로미터, 본영-방답진 15킬로미터, 방답진-쌍봉 17킬로미터로 지도 위에 자를 대고 그려보면 정확하게 바다를 향해 뻗어나가는 '진격형 골든 트라이앵글'의 모습을 취하고 있다.

한편 전라좌수군의 본영인 진남관의 위치상, 본영은 시제품 개발 센터로서 테스트 베드(test bed) 역할을 수행하면서 실질적으로 해상 전투용 거북선 건조를 총괄하는 곳으로 쓰였고, 방답진은 해상 최전방에, 쌍봉은 안쪽 깊이 위치해 제1R&D센터와 제2R&D센터 역할을 했다. 물론 이때 쌍봉 선소는 숨겨둔 제2의 R&D센터 역할을 수행한 것으로 보인다. 이순신 장군의 승리 배경은 이처럼 치밀하게 거북선 R&D센터를 분산시켜 프로젝트를 관리한 데 있다.

　그뿐만이 아니다. 이순신 수군이 적에게 완패를 안겨줄 수 있었던 것은 '무(無)시차 경영' 때문이었다. 이순신식 함포 발사 방식은 함포 발사 시 배를 리볼버 총처럼 360도 회전시켜

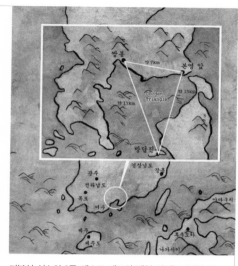

거북선 선소의 3중 테스트 베드와 백업 장치는 3면이 바다를 향해 뻗어 있는 '진격형 골든 트라이앵글'을 보여준다.(참고: 전경일, 『이순신, 경제전쟁에 승리하라』)

가며 화포 사격을 가하는 것으로, 1선에서 발사할 때 2선, 3선은 장약을 채워 넣는 제사 방식(왜군의 조총 사격 방식)을 보다 정교하게 아군에 적용한 것이다. 그 때문에 조선 수군은 시차 없이 100퍼센트 효율성을 올리는 함포 발사 프로세스를 만들어낼 수 있었다. 이순신 수군의 '360도 경영'은 해전에서 막강한 프로세스 혁신을 가져오며 전과를 거두었는데, 왜군의 발사법이 흔들리는 바다, 전함, 사수, 조총이라는 네 가지 불확실한 요소를 안고 있는 데 반해 거북선과 판옥선의 경우에는 움직이는 해상에서 배와 화포가 일치되어 불확실성의 요소가 두 가지로 줄어들면서 상대적으로 훨씬 정확도를 높일 수 있었다. 발사 거리도 정확하게 피타고라스 법칙을 이용하여, 적과 아군의 거리는 조총의 유효 사거리보다 크고 화포의 사정거리보다는 작은 지점에서 적함을 맞이해 전투를 치렀다. 거북선 R&D센터의 '골든 트라이

앵글'과 360도 회전의 화포 사격 '무시차 경영'은 이순신 장군의 알짜배기 지식의 일면을 보여주는 예라고 할 수 있다.

이 두 가지 승리의 원천적 배경을 구축하는 데 많은 시간이 주어진 것은 아니었다. 이순신이 전라좌수사가 된 것은 임진왜란이 일어나기 불과 1년여 전이었고, 화포 제작 및 발포 연습은 전란 전날 가까스로 실시되었다. 그러나 이순신은 전란을 예측하고 부단히 준비했고, 몸소 치러낸 각 전투에서 승리의 방식을 찾아내고자 끝없는 노력을 기울였다. 거북선 제작 시에는 자라와 거북을 방에 6개월 동안 놓아두고 관찰했다고 행장(行狀)은 전하고 있다. 또 한산도 활터에서 수없이 실시한 활쏘기 훈련은 기존 해상의 거리 측정용으로 활용되었다. 활쏘기 훈련을 하며 수없이 거리를 재봄으로써 함포 발사 시 거리 감각을 쉽게 익힐 수 있었고, 이는 승리의 밑바탕이 되었다. 이순신 장군이 이루어낸 이 같은 무결점의 승리는 끈기 있게 혁신을 추구하는 생존의 문화유전자가 밑바탕이 되었기 때문이다.

문익점, 의생활에 혁명을 가져온 끈기의 씨앗

일본 나고야에 있는 도요타산업기술기념관에 가면 방적기 등 일본 기계 공업의 역사를 한눈에 살펴볼 수 있는 전시관이 있다. 도요타자동차의 본산이자, 발전 과정을 한번에 살필 수 있는 이곳에는 한국 사람들도 많이 견학을 온다. 많은 사람들이 '도요타' 하면 자동차만을 연상하지만, 도요타의 시작은 사실 목화 한 송이었다. 도요타와 목화는 어떤 연관성이 있을까?

조선으로부터 일본에 목화와 직기류가 전래된 이후 일련의 기술 변천사에서 자주 등장하는 기업이 일본 도요타자동차의 전신인 도요타자동직기주식회사다. 이 회사는 직기 개발에 총력을 기울여 인력 직기를 동력 직기로, 동력 직기를 다시 자동 직기로 발전시키고, 또 평면 직기에서 환상(環狀) 직기를 개발하여 자동 직기를 혁신한,

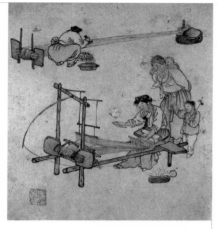

단원 김홍도의 풍속화 〈길쌈〉.

그야말로 기술혁신의 주역으로 자임해왔다. 그 결과 도요타는 마침내 산업의 패러다임 전환기에 도요타자동차를 출범시키게 되었다. 문익점(文益漸, 1329~1398)이 가져온 목화씨와 직기, 새로운 직기 기술이 일본에 넘어가 자동차 산업의 원류가 되었던 것이다.

문익점이 원나라에서 목화씨를 가져온 것은 1364년(공민왕 13년) 또는 1367년(공민왕 16년)으로 보인다. 사행사로 원나라에 갔던 문익점은 조정에서 내리는 벼슬을 마다하고 곧바로 고향으로 내려갔다. 그는 잘 알려져 있는 바와 같이 목화씨 10매를 배양했는데, 오직 1매만이 살아서 그해 종자 100매를 얻었다. 그 후 이 종자를 거듭 파종하고 번식시켜 3년 만에 드디어 목화 종자를 다량 수확하게 되었다. 그리하여 1367년 봄에 이르러 문익점과 장인 정천익은 목면 종자를 향리에 두루 나누어 주고, 이 종자를 수확해 퍼뜨릴 것을 권했다.

종자 채집에 성공한 후 목화 종자는 삼남 지방을 중심으로 급속도로 퍼져 나갔는데, 이때 확산에 주도적인 역할을 한 이들이 주변의 향리 사람들이었다. 그들의 노력으로 목화는 급속도로 확산의 임계치에

도달하게 되었다. 더 나아가 우리 풍토에 적응하고, 무명 직조에도 성공하게 된다. 그 결과 배양에 성공한 지 채 10년도 되지 않아 삼남 지방에서부터 황해도 평안도에 이르기까지 전국적으로 광범위하게 퍼져 나갔다. 이로부터 25년이 지난 1390년(공양왕 2년)에 조정은 백성에게 값비싼 비단 대신 무명으로 혼수품을 하라는 교지를 내렸다. 또 36년 뒤인 1401년(태종 1년) 3월에는 백성 상하가 모두 무명옷을 해 입게 될 만큼 면업이 엄청난 속도로 발달했다.

그렇다면 이 같은 성공 요인은 무엇일까? 다름 아닌 끈기의 릴레이 현상이었다. 문익점이 들여온 목화씨는 하나의 단순한 농작물 씨앗이 아닌, 모든 산업의 패러다임을 전환시킨 '혁신과 창조의 원천 씨앗'이었고, 그로부터 의(衣)혁명을 이뤄낸 진정한 힘은 모두가 자발적으로 참여하여 지식과 기술을 확산시키고, 끈질기게 퍼뜨려 나갔던 끈기에 있었던 것이다.

조엄, 먹거리 혁명의
시발점 '고구마 프로젝트'

먹을 것 천지인 세상에 먹을 것이 없어 흙까지 파먹었다는 얘기는 호랑이 담배 피던 시절의 이야기로 들릴 수 있다. 그러나 우리나라가 기아를 면한 것은 채 30년도 되지 않는다. 불과 50년 전까지만 해도 굶주림은 남의 일이 아니었다. 300년 전으로 거슬러 올라가보면 『조선왕조실록』만 보아도 가뭄, 홍수 등의 자연재해가 연이어 일어나 굶주린 백성들이 집을 버리고 먹거리를 찾아 전국을 유랑했다는 이야기가 부지기수로 나온다.

우리나라에 처음으로 본격적인 구황작물인 고구마를 들여온 이는 조엄(趙曮, 1719~1777)이다. 조엄은 조선 통신사로 일본에 파견돼 대마도에서 고구마를 보고는 기아 대책의 최적 작물임을 직감했다. 당대 최고 관료 집안 출신이자 세도 등등한 풍양 조씨 문벌가였던 조엄은 왜 고구마에 그토록 지대한 관심을 갖게 된 것일까? 이는 조엄이 살던 당시의 식량 사정을 살펴보면 잘 알 수 있다.

조엄의 영정

  조엄이 대일 통신사 최고 책임자로 발탁된 해는 1763년이다. 이해를 전후로 해서 조선 각처는 극심한 기아에 시달렸다. 조선 후기인 영조대에 들어서면 국가적으로 백성들의 먹거리 문제가 가장 중차대하고 시급한 사안으로 떠오른다. 사료를 살펴보면 조정이 권농책을 펼쳤음에도 불구하고 흉년이 계속 들고, 막을 방도가 마땅치 않은 자연재해까지 겹쳐 농민들의 삶이 극한에 이르렀음을 알 수 있다. 빈민 증가와 백성들의 기댈 곳 없는 처참한 상황은 조엄으로 하여금 조선 관리로서 무엇을 해야 할지 뼈저린 의무감을 느끼게 했다. 이 같은 상황에서 조엄은 일본에 조선을 대표하는 통신 사절로 파견된 것이다.

  일본에 통신사로 파견된 조엄은 첫 기항지인 대마도에 도착하자마자 그동안 고심해왔던 식량 문제를 해결할 수 있는 기막힌 해법을 목격하게 된다. 바로 고구마였다. 고구마는 원래 멕시코와 중남미 및 남미 북부 지역이 원산지로, 콜럼버스의 대항해 도중 발견되어 지구를 온전히 한 바퀴 돈 다음 조엄이 일본으로 파견되기 이전에 이미 대마도에 전파되어 재배되고 있었다. 대마도에서 운명적으로 고구마를 접한 조엄은 일본 열도로 통신사 일행이 떠나기 전에 사스우라(佐須浦)에서 급히 비선을 띄워 고구마 종자를 부산으로 보냈다. 그때 그는 종자만 보낸 것이 아니라 보관, 재배, 증식법에 관한 자료를 함께 보냈다. 이를 통해 조선에서 고구마의 첫 배양과 증식이 가능해졌으며, 그 후 고구마 종자와 관련된 지식은 그것을 퍼뜨렸던 초발 혁신가들에 의해 굳건한 지식으로 집대성되어 지식 경영의 큰 축을 이룬다. 이로써 조선의 식량 문제는 새로운 국면에 접어들게 되었다.

조엄이 시작한 '고구마 프로젝트'는 뒤를 이은 수많은 혁신가들에 의해 종자와 지식이 동시에 전수되고 퍼지며 재배 지식이 향상되는 누적의 힘을 발휘했다. 조엄은 먹거리 혁명의 방아쇠를 잡아당긴 초발 혁신가 역할을 했고, 시간이 갈수록 지식이 퍼지고 자발적 참여로 집대성됨으로써 고구마는 매우 구체적이고 실증적인 구휼 수단이 되었다. 이러한 끈기가 있었기에 고구마는 조선의 오랜 기근 문제를 해결하는 중요한 수단 중 하나로 자리 잡을 수 있었다.

한민족의
위대한 자산, 끈기

우리는 수많은 역사적 사례를 통해 선조들이 어떻게 그 시대의 문제를 해결하고 한국인의 웅비의 조건을 만들어왔는지 살필 수 있다. 그리고 그 사례들을 보면서 발견과 혁신의 힘이 심화되고 또 초발 혁신가들의 노력이 수없는 후속 혁신가의 활동으로 이어져 시대를 크게 변화시켜왔음을 알 수 있다. 물론 이 같은 성과가 지칠 줄 모르는 끈기가 토대가 되어 이루어졌음은 불문가지다.

끈기는 감성, 즉 고집의 영역이기도 하지만, 본질적으로는 한국인의 '지속성'을 뒷받침해온 정신적·체화적 뿌리이기도 하다.

역사적 사례를 심경(深耕)하다 보면, 오늘날 대한민국이 직면한 미래의 불확실성과 불투명성도 꿰뚫어볼 수 있다. 그런 의미에서 조선 초 국가적 역량이 바닥 난 상태에서 신생 조선을 르네상스로 끌어올렸던 세종 시기의 지난했던 국가적 프로젝트를 살펴보는 것은 한민족의 문화유전자 중 하나인 '끈기'의 힘을 여실히 체험케 한다. 더 나아가 이순신 장군의 국란 극복사에 나타난 혁신과 끈기의 정신과 문익점, 조엄의 사례에서 나타나는 의생활, 식생활 분야의 탁월한 경영은 우리의 힘이 지속적인 끈기에서 나오고 있음을 웅변해준다. 이처럼 끈기는 우리 민족의 가장 큰 자산 중 하나다.

역사는 자신의 존재성을 인식하는 민족만이 생존과 번영을 이루어내고, 변화하는 환경을 주도적으로 이끌어갈 수 있음을 잘 보여준다. 끈기는 순간의 편안함을 취하지 않고 장대하고 오랜 누림을 값진 것으로 받아들이는 우리 민족의 오랜 정신과 상통한다. 그 뿌리는 아무리 거센 도전이 몰아쳐도 면면한 우리의 역사처럼 어떤 도전도 막아낼 수 있는 한민족 고유의 유전자에 새겨진 힘이다. 우리 역사의 위대한 족적들이 바로 이 질김에서 나왔음은 지금도 뚜렷이 증명되어오고 있다.

반만년 역사에
아로새로겨진 끈기의 흔적

송은정(블로그 '송쓰의 명랑한 하루' 운영자)

끈기의 흔적을 찾아서

끈기와 인내의 나라 하면 바로 반만년의 역사를 이어온 우리나라 아닐까? 역사가 시작된 이후로 수많은 국가와 민족이 소멸했지만, 한국은 5000년이 넘는 기나긴 세월 동안 나라를 지켜왔다. 건국신화인 단군신화만 봐도 곰이 100일 동안 쑥과 마늘을 먹으며 인내해 사람이 되었다는 이야기가 나오지 않는가.

   그렇다면 이처럼 한국인의 유전자 속에 깊이 뿌리박힌 끈기의 힘은 과연 어디서 비롯되는 것일까? 이 글에서는 대한민국 곳곳을 여행하며 발견한 끈기의 흔적들을 찾아보려 한다.

독립기념관, 독립운동에 깃든 한민족의 끈기

충청남도 천안시 목천읍에 있는 독립기념관은 1987년 8월 15일 개관

독립기념관의 3의사 동상(왼쪽부터 윤봉길 의사, 안중근 의사, 김좌진 장군). 독립기념관은 그 공간 자체가 한국인의 끈기의 표상이다.

했다. 개관 바로 전해 큰 화마를 입고도 꿋꿋이 버텨온 데다, 우리나라의 독립을 이야기해주는 곳이니 어쩌면 공간 자체가 끈기의 표상일지도 모르겠다. 독립기념관의 본관 건물인 '겨레의 집' 내부의 중앙 홀에 서면 〈불굴의 한국인상〉을 볼 수 있는데, 여기 조각된 여덟 명의 인물은 한국의 팔도를 상징한다. 그리고 인물이 안고 있는 어린아이는 한국의 미래를 상징한다. 이 조각상만 봐도 35년간 일제의 탄압에 굴하지 않고 끈기와 인내로 독립을 위해 싸웠던 조상의 얼이 느껴져 마음이 뭉클해진다.

독립기념관의 전시관은 제1관~제7관으로 구성되어 우리 겨레의 뿌리부터 독립운동의 역사까지 한눈에 살펴볼 수 있다. 그중 제2관인 '겨레의 시련'관에는 우리나라가 일제에 강제 병합되기 전 근대 문물의 발달 현황과 일제의 침략 양상이 전시돼 있다. 일제는 서양의 새로운 문물을 받아들이고 조금씩 근대국가의 모습을 갖추며 발전해가던 대한제국을 자신들의 대륙 진출을 위한 식민지로 무참히 바꿔놓았다.

그림자놀이로 재현된 명성황후의 시해 장면은 끔찍하기만 하다. 그리고 을사늑약을 체결할 당시의 회의 장면은 움직이는 인형으로 처리해 긴박감이 넘친다. 태평양전쟁에 학도병으로 끌려가는 우리나라의 어린 학생들과 가족들의 열차 이별 장면과 한국인에게 가해진 끔찍한 태형의 상처는 또 어떠한가. 태형은 조선 말기에 잔인한 형벌이라 하여 금지되었으나, 일제가 조선의 독립투사들을 고문하기 위해 '조선 태형령'이라는 명령으로 부활시켰다. 애국지사들이 서대문형무소로 잡혀가는 장면과 머리채 천장에 매달기, 고춧가루 물 뿌리기 등의 고문 장면은 끔찍하기만 하다.

하지만 일제의 이러한 탄압에도 굴하지 않고 민족의 자주독립을 지키려는 끈기의 모습이 이어져 마음이 진정된다. 나라의 발전을 위해 외국으로 간 3차 수신사들이 최초의 태극기를 만들었고, 이 태극기가 1919년 3·1운동 당시 전국에서 물결쳤다. 인쇄소에서 독립운동을 의논한 민족 대표 33인은 태화관에 모여 독립선언서를 채택했고, 만세의 물결은 서울을 넘어 만주와 일본, 미국에까지 전파되었다. 그러자 일본은 한국의 독립 의지를 꺾기 위해 총과 칼로 철저하게 한민족을 탄압했다. 그때의 비극이 제암리에서 일어난 학살 장면에 생생히 나타나 있다. 3·1운동의 의지와 함성을 보여주는 전시물과 조각품들을 보니, 새삼 독립운동으로 일제의 탄압을 꿋꿋이 극복한 조상들에게 말로 다할 수 없는 고마움이 느껴진다.

그 밖에도 아우내 장터에서 만세 운동에 앞장섰다가 독방에 감금되어 고문을 당했던 유관순 열사, 해방의 선봉장 김구 선생과 안창호 선생, 독립운동의 세 주역 윤봉길 열사, 안중근 의사, 김좌진 장군의 모습을 보면 마음이 뭉클해진다. 마지막으로 '입체영상관'의 독립운동 영상까지 둘러보니, 독립을 위해 싸웠던 그들의 희생과 인내가 오늘날 대한민국의 밑거름이 되었음을 절실히 깨닫는다.

하회별신굿탈놀이의 전통을 이어온 끈기

"사람이 꽃보다 아름답다"라는 노래 가사가 있다. 안동에는 바로 이 노랫말처럼 꽃보다 아름다운 분이 있으니, 바로 하회별신굿탈놀이보존회의 류필기 씨다.

하회별신굿놀이란 경상북도 안동시 풍천면 하회마을에 전승되는 탈놀이다. 마을에 안 좋은 일이 있을 때 '별난 신'에게 굿과 함께 소원을 빌던 800년 역사의 한국 전통 놀이다. 유네스코 세계문화유산으로 지정된 하회마을에서 열리기에 매년 가을 안동에서 축제가 벌어질 때마다 빠지지 않는 놀이이기도 하다. 어느 추운 겨울날, 나와 일행들은 무거운 가방에 9개의 하회탈을 들고 온 류필기 씨를 안동 수곡고택에서 만났다. 하회별신굿탈놀이 전수자인 그는 일반인을 대상으로 하회탈춤을 가르쳐주는 사람이었다.

옹기종기 모여 앉아 기다리는 우리를 밝은 얼굴로 맞아준 류필기 씨. 그는 하회별신굿탈놀이에 쓰이는 탈을 하나하나 보여 주며 하회탈의 유래와 각 인물의 역할을 구수한 경상도 사투리로 설명해주었다. 웃고 있는 양반탈은 조선 시대의 넉넉한 양반의 모습이고, 선비탈은 높은 신분임에도 몰락하여 너무 힘들게 살아 눈과 얼굴이 툭 튀어나온 얼굴이었다. 살며시 미소를 짓고 있는 분네탈은 요염한 조선 시대 팜파탈(femme fatale)이라고 해야 할까. 류필기 씨가 분네탈을 쓰니 남정네인 그가 사뭇 수줍은 여인이 된 듯했다. 분네탈을 쓴 그가 하

321

하회별신굿탈놀이 장면.

회별신굿탈놀이의 분네가 되어 오줌을 싸다가 승려를 유혹하는 장면을 보여주니 우리들은 웃느라 자지러질 지경이었다. 겨울이라 공연이 열린 수곡고택의 마당에는 칼바람이 불었지만, 그는 추위에도 아랑곳하지 않고 우리를 위해 겉옷을 벗고 멋진 공연을 보여주었다. "~하니껴?"라는 구수한 안동 사투리를 맛깔나게 구사하는 그 재미난 말에 우리는 배꼽이 빠지도록 웃어댔다. 그의 공연은 더없이 재미나고 우스웠지만, 탈에 대한 열정만큼은 누구보다 진했다.

지금은 안동에서 하회별신굿탈놀이 공연을 하는 류필기 씨는 고등학교 탈놀이반에서 우연히 탈춤을 만났다고 한다. 하지만 그의 한 번 공연비는 고작 5만 원에 불과했다. 안동하회탈춤 공연은 관광객이 많이 오는 주말에 주로 열리기에 수중에 쥘 수 있는 돈은 늘 얼마 되지 않았고, 생계유지가 어려우니 탈춤을 그만두고 살길을 찾아 떠난 이들도 많다고 했다. 하지만 그는 부업을 하면서 꿋꿋이 이 전통을 지켜오고 있었다. 그러니 넉넉한 그의 웃음에 왠지 모를 슬픔이 묻어나는 듯했다.

공연에 빠져 있는 사이, 어느새 체험의 하이라이트인 하회별신굿놀이의 '바보' 류필기 씨의 이매 공연이 이어졌다. '이매'는 착하고 순수한 성품을 지닌 인물로 지금으로 치면 지체장애인이다. 그가 이매탈을 쓰자마자 마치 장애인처럼 몸이 구부러지며 목소리까지 변하는 모습에 여기저기서 감탄이 쏟아져나왔다. "와 나를 보고 웃노?"라며 능청스레 연기하는 그를 보면서 그야말로 진정한 예술가라는 생각을 했다. 안동의 전통 공연인 하회별신굿놀이에 깃든 한국의 웃음과 염원은 바로 그와 같은 사람들이 지켜온 것이 아닐까.

제주 올레, 인내로 만들고 인내로 걷는 길

제주도 여행을 꿈꾸는 이라면 한 번쯤 들어보았을 제주 올레. 그곳을 처음 밟아본 것은 2009년이었다. 지금은 20코스가 넘지만 당시 올레는 13코스까지 개장되어 있었다. 여행이라면 해외여행이 제일이거나 자동차 여행이 좋은 사람이라도 제주 올레 여행은 만족도가 높다. 왜냐하면 제주 올레는 제주도의 아름다운 산과 바다, 사람을 보고 만나며 걷는 여행의 멋이 가득하기 때문이다. 그중 에메랄드빛 바다를 바라보며 난대림 사이를 걸어가는 제주 올레의 재미는 육지에서 느낄 수 있는 것과는 차원이 다르다. 길을 걸으며 깊은 명상을 하다 보면 이런저런 쓸데없는 생각들을 잊고 마음도 차분히 정리할 수 있다. 올레 여행을 하는 내내 새벽 6시에 일어나 저녁 7시까지 하루 종일 걸었어도 지치지 않았던 것은 바로 그 자연 속 명상의 힘이었던 것 같다.

323

제주 올레 길에서 만난 우도의 돌담.

    2012년 제주 올레는 시작점인 서귀포를 넘어 제주시까지 이어져 제주도를 한 바퀴 도는 올레길이 완성되었다. 제주 올레는 일본 규슈 지방에도 올레길을 전파할 만큼 인기가 좋다. 제주 올레를 만든 사단 법인 제주올레의 서명숙 이사장은 세계적으로 유명한 스페인의 산티아고 순례길을 다녀온 후 한국에서 한국만의 길을 만들기로 마음먹었다고 한다. 그녀는 고향인 제주도에 내려와 예전에 걸었던 길을 회상하며, 많은 이들이 새롭게 걸을 수 있는 길을 만들겠다는 열정으로 올레길을 만들기 시작했다. 그 과정에서 때로는 제주도 사람들을 설득하며 도움을 받기도 했고, 해병대 군인들이 옮겨주는 돌로 해병대길을 만들기도 했다. 이처럼 제주 올레는 서명숙 씨뿐만 아니라 제주 도민들과 여러 이웃들, 그리고 올레를 걷는 올레꾼들이 함께 인내와 땀으로 만들어낸 길이다.

실제로 걸어본 제주 올레에는 편한 길만 있었던 것은 아니다. 등산화를 신고 걷는 하염없이 이어지는 아스팔트 길과, 비 오는 날 우비를 입고 올라가는 가파르고 구멍투성이인 현무암 산길은 만만한 길이 아니었다. 하지만 마음속에 새겨진 풍경을 카메라에 담으며 느리게 서로를 배려하면서 참고 걸었던 그 길은 여전히 선명한 기억으로 남아 있다. 걸어왔던 길을 지도에 칠해보면서 남아 있는 길이 조금씩 줄어들 때 느꼈던 희열과 쾌감은, 조금씩 천천히 '참아가는 여행'의 즐거움을 알게 해주었다.

제주 올레를 걷다 보면 어느새 다리가 떨려오고 발바닥에 물집이 잡히기도 한다. 하지만 이 길을 옛 우리 조상들은 제주 올레꾼과 같이 끈기와 인내로 걸었을 것이다. 제주 올레에는 참아내는 법을 가르쳐주는 끈기의 숨결이 있다.

송광사, 천 년 불심의 끈기

전라남도 순천시 송광면에 자리한 송광사는 우리나라 3대 사찰로 조용한 정취에 절로 탄성이 터지는 곳이다. 신라 말 창건된 작은 절이었던 송광사. 그 후 버려지고 폐허로 변한 이 절이 중창되고 한국 불교의 중심으로 각광받게 된 것은 보조국사 지눌 스님의 노력 덕분이었다. 지금의 송광사는 스님들이 공부하는 승보사찰로 이름난 절이다. 전각이 많고 스님이 많고 보물이 많아 '삼다(三多) 절'이라는 별명도 붙었다.

송광사는 경내가 꽤나 아늑하고 좁은데, 풍수지리적으로는 연꽃의 풍수를 지니고 있다. 2011년 이곳을 찾았을 때, 절 안 곳곳을 설명하던 심법 스님은 승보사찰인 송광사에 있는 것 두 가지와 없는 것 두

가지가 무엇이냐는 퀴즈를 내셨다. 정답은 이렇다. 우선 송광사에는 승보전이 있고, 세 부처를 모신 대웅전 뒤에 스님들이 공부를 하는 공간이 있다. 승보전은 송광사의 상징적인 건물로, 이곳이 스님들이 공부를 하는 절인 승보사찰임을 나타낸다. 또 대부분의 절은 대웅전이 가장 높은 위치를 차지하고 그 뒤에는 산 말고는 아무런 공간이 없는데 반해, 송광사 대웅전 뒤에는 스님들이 공부하는 선방이 있어 역시 이 절이 승보사찰임을 보여준다. 반대로 없는 것 두 가지는 탑과 석등, 그리고 풍경이다. 연꽃의 풍수인 송광사에 탑과 석등이 있으면 가라앉을까봐 두려워 없었고 풍경은 스님들의 공부에 방해될까 봐 없앴다고 한다. 예전엔 TV와 전화도 설치하지 않았는데 이제야 조금 설치했다고 한다. 또 절의 기둥에는 주련(기둥이나 벽 따위에 장식으로 써서 붙이는 글귀)도 없는데, 그것은 스님들이 자기 마음이 곧 부처임을 깨닫는 공부를 하기 위해서다.

송광사의 심장은 국사전이다. 고려 시대 보조국사 지눌을 중심으로 일어났던 정혜결사(현실을 비판하면서 불교의 신앙 본질에 충실하자는 개혁) 운동으로 선종과 교종의 대립을 극복한 불교 정화 운동이 일어난 곳이다. 고려 공민왕 때부터 손상되지 않고 그대로 이어져 내려온 목조 건물로 국보이기도 하다. 나라를 빛낸 16국사들의 영정을 봉안하고 그들의 덕을 기리기 위해 건립된 법당이다.

절 입구에 서 있는 고목도 800년 전 보조국사 지눌의 지팡이 나무로 알려져 있고, 삼일각, 천자암 등의 건물도 천 년을 이어온 송광사의 영광을 말해준다. "첫 마음을 잊지 않고, 이미 부처는 내 마음에 있다"는 깨달음을 고이 간직하고 싶다는 송광사 심법 스님의 말씀처럼 한국 불교의 끈기가 천 년 고찰에 담겨 있다.

송광사 승보전 송광사는 삼보(三寶) 중 하나인 승보(저명한 승려)를 모시고 있는 사찰이다.

면면히 이어져온 전통주의 맥

경기도 포천시 화현면에 있는 산사원은 한국 전통주 회사에서 만든 술 박물관이다. 한국 전통주 전시 공간으로 쓰이는 한편, 사람 키만 한 야외 술독, 한옥과 계곡물이 흐르는 정원을 만들어 다양한 술 문화를 보여주는 곳이다. 박물관 안에는 한국 전통주 관련 유물과 술을 빚는 과정, 한국 전통주의 아름다움을 담은 여러 글귀들이 눈을 즐겁게 한다. 술을 빚는 과정을 나타낸 인형들과 해외 전통주 현황도 볼 수 있는 아기자기한 박물관이다. 지하에서는 산사원을 만든 전통주 회사에서 술을 담그는 모습도 볼 수 있고, 전통주를 직접 만들고 맛보는 체험을 할 수도 있다. 내가 찾아간 날은 아쉽게도 시간이 부족해서 술 빚는 체험은 하지 못했지만, 술로 만든 안주와 현대의 여러 전통주를 맛볼 수 있는 흔치 않은 기회였다.

잘 익은 술을 빚기 위해서는 오랜 발효의 시간이 필요하다.

한국의 전통주는 만드는 법에서부터 인내가 묻어난다. 술은 특별히 정해진 시간, 정해진 계절에 나오는 발효주가 많기에 그 자체로 끈기의 미학을 간직하고 있다. 소주는 소줏고리 입구에서 한 방울 두 방울 똑똑 떨어지는 술을 모아야 한 병이 되었고, 쌀을 발효하여 만드는 막걸리는 지게미가 가라앉고 술이 위로 떠오르는 시간까지 참고 기다려야 했다. 한국 3대 민속주 중 무형문화재로 지정된 면천두견주는 진달래가 피어나는 산속의 봄을 기다려 정성껏 꽃잎을 따고 말려 술을 만든다. 천 년 전통의 문배향이 감도는 문배주는 적정한 온도에서 정성 들여 빚은 기다림에 그 미학이 있다. 울금, 생강, 계피 등의 재료를 넣어 증류 과정을 거치기에 오래 둘수록 그 향이 진해진다는 이강주도 맛의 아름다움을 기다리는 끈기의 미학에서 탄생한다.

요새 한국인들은 성격이 급하다. 술도 빨리 마시고, 더 빨리 취하려고 폭탄주도 예사로 만들어 마신다. 하지만 옛사람들은 술이 빚어지면 계절에 맞는 술의 색과 향을 천천히 음미하며 마셨다. 여기에 술 마시는 흥취를 돋우기 위해 노래 잘하는 이는 권주가를 불렀고, 악기 잘하는 이는 풍악을 울렸다. 또 친한 벗과 사랑하는 이와 술을 마시며 이런저런 살아가는 이야기도 나누며 느리게 시간을 음미했다. 술이 익으면 맛이 깊어지고, 같이 술을 마시면 정도 깊어지니 천천히 그 시간을 즐겼을 것이다.

산사원에 걸린 지도를 보니 한국의 전통주가 참 기가 막히게도 많다. 진도 홍주, 해남 진양주, 안동 소주 등등……. 각 지역으로 여행을 다녀온 동료들이 참 맛있었다고 이야기하던 그 술들이 아니던가. 일제강점기에는 우리나라의 전통주 제조를 금지하는 금주법이 생겨나 아쉽게도 많은 전통주가 없어지기도 했다. 부산 금정산성 근처 마을 사람들은 조선 시대부터 전해오던 금정막걸리를 지키기 위해 단속 나온 차량의 바퀴 아래 몸을 던지기도 하고 술지게미를 가지고 산으로 올라가기도 했다고 한다. 그처럼 꿋꿋이 술을 지켜온 사람들이 있었기에 전통주의 맥이 이어져오고 있는 것이다.

한국인의 끈기는 곧 한국인의 혼이다. 누군가 그런 말을 하지 않았던가. 힘들 때는 버티는 게 최고라고 말이다. 한국인들은 독립을 향한 염원과 예술을 향한 열정, 좋은 길을 만들고 걷겠다는 일념과 종교에 대한 일심, 깊은 향취를 위한 인내의 시간으로 끈기의 버팀을 만들어온 듯하다. 지금 우리나라가 경제적으로 풍요롭고 수준 높은 문화를 이룬 것도 어쩌면 한국인의 끈기의 힘일 것이다.

저자 소개(글 실은 순서)

박종천 | 한국국학진흥원 고전국역실장. 지은 책으로『예, 3천년 동양을 지배하다』, 『다산 정약용의 의례이론』, 『만화, 생사의 미궁을 열다』 등이 있다.

주영하 | 한국학중앙연구원 한국학대학원 문화예술학부 교수. 지은 책으로『음식 전쟁, 문화 전쟁』, 『그림 속의 음식, 음식 속의 역사』, 『차폰, 잔폰, 짬뽕: 동아시아 음식 문화의 역사와 현재』, 『음식 인문학』 등이 있다.

하경아 | 방송작가이자 여행칼럼니스트. 네이버 블로그 '글쟁이 하품하다'를 운영하고 있다.

송원찬 | 한양대학교 인문대학 수행인문학부 교수. 지은 책으로『문화 콘텐츠 그 경쾌한 상상력』, 『한자 콘서트』(공저), 『중국 문화의 즐거움』(공저) 등이 있다.

박선아 | 칼럼니스트. 지은 책으로『일곱 살 여행』이 있고, 네이버 블로그 '녹색희망의 집'을 운영하고 있다.

한형조 | 한국학중앙연구원 한국학대학원 인문학부 교수. 지은 책으로『붓다의 치명적 농담』, 『허접한 꽃들의 축제』, 『왜 조선 유학인가』, 『조선 유학의 거장들』 등이 있다.

박정연 | Grid-A 디자인 대표. 건축가. 네이버 블로그 '집을 그리는 사람의 건축 답사기'를 운영하고 있다.

김기덕 | 건국대학교 문화콘텐츠학과 교수. 인문콘텐츠학회 회장. 지은 책으로『한국인의 역사의식』, 『우리 인문학과 영상』, 『효문화와 콘텐츠』 등이 있다.

박성현 | 시인이자 문학평론가. 웹진 『시인광장』 편집위원. 네이버 블로그 '11월의 숲'을 운영하고 있다.

최재목 | 영남대학교 철학과 교수. 지은 책으로『동아시아의 양명학』, 『쉽게 읽는 퇴계의 성학십도』, 『멀고도 낯선 동양』 등이 있다.

정해경 | 사진작가이자 여행 칼럼니스트. 문화관광부 정책기자. 다음 블로그 '작은 천국의 아날로그 감성'을 운영하고 있다.

신광철 | 한신대학교 디지털문화콘텐츠학과 교수. 지은 책으로『천주교와 개신교 : 만남과 갈등의 역사』,『이능화 연구』(공저),『북한교회사』(공저) 등이 있다.

조정육 | 미술사가. 지은 책으로『그림공부, 인생공부』,『조선 화원의 하루』,『그림공부, 사람공부』 등이 있고, 다음 블로그 '조정육의 행복한 그림 읽기'를 운영하고 있다.

이상민 | 가톨릭대학교 ELP 학부대학 교수. 지은 책으로『옛이야기와 에듀테인먼트콘텐츠』(공저),『대중매체 스토리텔링 분석론』,『홀로그래피 기술과 응용』(공저) 등이 있다.

김선미 | 브랜드 매거진 편집장. 지은 책으로『친절한 뉴욕』,『친절한 북유럽』,『디자인확성기』 등이 있고, 디자인 담론 사이트 '디자인 읽기'를 공동 운영하고 있다.

이만열(임마누엘 페스트라이쉬) | 경희대학교 후마니타스 칼리지 교수. 지은 책으로『인생은 속도가 아니라 방향이다』 등이 있고,『박지원의 소설 세계』를 번역했다.

안명희 | 여행블로거. 네이버 블로그 '마리안의 여행 이야기'를 운영하고 있다.

강병호 | 배재대학교 한류문화산업대학원 원장. 지은 책으로『Colour Image Science』(공저), 옮긴 책으로『색채학원론』(공역)이 있다.

박신희 | 대중문화평론가. 한중 대중문화 교류 활동가. 지은 책으로『문화를 알면 중국이 보인다』가 있고, 네이버 블로그 '중국 대중문화 연구소'를 운영하고 있다.

전경일 | 인문경영연구소 소장. 지은 책으로『남왜공정』,『창조의 CEO 세종』,『이순신 경제전쟁에 승리하라』,『초영역 인재』,『더 씨드』 등이 있다.

송은정 | 국가브랜드위원회 콘텐츠 기획위원. 한국관광공사 파워트래블블로거. 블로그 '송쓰의 명랑한 하루'를 운영하고 있다.

한국인의
문화유전자

초판 1쇄 펴낸 날 2012년 11월 30일
초판 2쇄 펴낸 날 2014년 2월 20일

엮은이 | 한국국학진흥원
지은이 | 주영하 외

펴낸이 | 김삼수
펴낸곳 | 아모르문디
편 집 | 김소라·신중식
디자인 | 구윤회

등 록 | 제313-2005-00087호
주 소 | 서울시 은평구 웅암3동 287-21 202호
전 화 | 0505-306-3336 팩 스 | 0505-303-3334
이메일 | amormundi1@daum.net
홈페이지 | www.facebook.com/armormundibook
ISBN 978-89-92448-15-4 03900

* 이 책은 2012년도 정부재원(문화체육관광부 한국 문화유전자 사업비)의 지원으로
제작되었습니다.
* 이 책 내용의 일부 또는 전부를 재사용하려면 반드시 저작권자와 아모르문디 양측
의 동의를 받아야 합니다.
* 이 도서의 국립중앙도서관 출판시도서목록(CIP)은 e-CIP홈페이지(http://www.
nl.go.kr/ecip)와 국가자료공동목록시스템(http://www.nl.go.kr/kolisnet)에서 이용
하실 수 있습니다.(CIP제어번호: CIP2012005510)